大跨钢混组合桥面系钢桁梁悬索桥施工关键技术分析

主　编　朱红明　罗　勇
副主编　张清利　王康明　焦长青　王佳宇

中国矿业大学出版社
·徐州·

内 容 提 要

本书是《湖北省公路水路交通运输发展“十二五”规划纲要》建设重点项目宜都长江公路大桥的重要成果，系统地介绍了钢桁梁悬索桥的结构特点及施工关键技术点、主墩基础施工关键技术、锚碇深基坑及扩大基础施工技术、锚碇施工技术、主塔塔柱施工技术、主缆施工技术、钢桁梁制造与架设施工技术和基于BIM的施工管理应用。

本书可作为相关资质施工企业的施工参考用书，也可作为高等学校土木工程、道路桥梁与渡河工程专业的教学用书，亦可供从事桥梁施工、工程监理等工作的工程技术人员参考。

图书在版编目(CIP)数据

大跨钢混组合桥面系钢桁梁悬索桥施工关键技术分析/朱红明，罗勇主编. —徐州：中国矿业大学出版社，2022.5

ISBN 978-7-5646-5329-3

Ⅰ. ①大…　Ⅱ. ①朱…②罗…　Ⅲ. ①长跨桥—钢桁架桥—悬索桥—桥梁施工　Ⅳ. ①U448.21

中国版本图书馆CIP数据核字(2022)第050418号

书　　名　大跨钢混组合桥面系钢桁梁悬索桥施工关键技术分析
主　　编　朱红明　罗　勇
责任编辑　吴学兵
出版发行　中国矿业大学出版社有限责任公司
　　　　　　(江苏省徐州市解放南路　邮编 221008)
营销热线　(0516)83884103　83885105
出版服务　(0516)83995789　83884920
网　　址　http://www.cumtp.com　**E-mail**:cumtpvip@cumtp.com
印　　刷　江苏凤凰数码印务有限公司
开　　本　787 mm×1092 mm　1/16　**印张** 9.75　**字数** 249 千字
版次印次　2022 年 5 月第 1 版　2022 年 5 月第 1 次印刷
定　　价　42.00 元
(图书出现印装质量问题，本社负责调换)

前　言

本书依托《湖北省公路水路交通运输发展“十二五”规划纲要》建设重点项目中的宜都长江公路大桥，在充分调研目前国内外大跨悬索桥施工关键技术的基础上，基于大跨钢混组合桥面系钢桁梁悬索桥各施工阶段关键技术，针对宜都长江公路大桥在施工过程中的重点、难点技术及解决方案做了详尽阐述，各施工阶段严格对照施工规范及标准，并对未做规范处做了探索与创新，实现了标准化施工与创新探索技术的高度融合。

在编写理念方面，我们紧紧把握悬索桥标准化施工流程，注重实施性环节，将各关键施工技术方案尽可能翔实编入书中，并吸纳行业企业专家与高校学者参与本书编写，将企业建设理念、企业文化、职业道德与科研前瞻要素等融入书中，努力做到与生产、建设、管理一线的实际需求相适应。

依据最新标准、规程及规范，结合宜都长江公路大桥施工过程中重难点分部分项工程，湖北省路桥集团有限公司对主墩基础关键技术、锚碇深基坑施工技术、锚碇施工技术、大体积混凝土施工技术、主塔塔柱施工技术、主缆施工技术及钢桁梁整体架设施工等施工关键技术做了统筹编撰规划。本书具体编写人员及编写分工如下：湖北省路桥集团有限公司朱红明编写第1章绪论和第2章主墩基础关键技术，湖北交投宜昌高速公路建设管理有限公司罗勇编写第3章锚碇深基坑及扩大基础施工技术，湖北省路桥集团有限公司张清利编写第4章锚碇施工技术，湖北省路桥集团有限公司王康明编写第5章主塔塔柱施工技术，湖北省路桥集团有限公司焦长青编写第6章主缆施工技术，湖北省路桥集团有限公司王佳宇编写第7章钢桁梁制造与架设施工技术。全书由朱红明、罗勇担任主编，张清利、王康明、焦长青、王佳宇担任副主编，朱红明负责全书统稿。

本书得到武汉理工大学、武船重型工程股份有限公司、中交公路规划设计院有限公司、成都西南交大技术转移中心有限公司、山东交通学院等单位的大力支持，在此一并深表谢意。

由于编者的水平有限，书中疏漏在所难免，敬请广大读者批评指正。

编　者

2021年8月

目　录

第 1 章　绪　　论

1.1　悬索桥概述

悬索桥又称吊桥，是由受拉的主缆、锚固主缆的锚碇、支撑主缆的桥塔、传递加劲梁荷载的吊索、受桥面系荷载与活载作用的弹性支撑加劲梁以及实现转索和散索的索鞍等组成的几何非线性柔性结构。悬索桥的主要承重结构是主缆、主塔和锚碇，其传力途径是：主梁荷载通过加劲梁传递给吊索，然后由吊索传至主缆，最后由主缆将力传递至桥塔和锚碇。整个传力过程清晰明确且合理，能充分利用主缆高强钢丝的抗拉性能。

悬索桥在目前所有的桥型中有着最大的跨越能力，是大跨度结构优先选择的结构形式。当设计桥梁的跨径超过 600 m 时，应该将悬索桥作为首选桥型，这是因为悬索桥的受力合理，有着很大的跨越能力，且造型优美，施工安全方便、速度快。因此，悬索桥在国内外桥梁工程界得到越来越普遍的应用。

1.1.1　悬索桥的起源

悬索桥有着悠久的历史，早在原始社会，就有人利用藤、竹、树茎做成小桥用来跨越小溪，老挝等地出现的最原始的藤式桥就是早期悬索桥的雏形。远在公元前 3 世纪，在中国四川境内就修建了“笮”(竹索桥)。秦取西蜀，四川《盐源县志》记：“周赧王三十年(公元前 285 年)秦置蜀守，固取笮，笮始见于书。至李冰为守(公元前 256—251 年)，造七桥”，七桥之中有一笮桥，即竹索桥。1706 年建成于四川大渡河上的泸定桥，是由 9 条铁链组成的，至今保存完好。

1801 年，英国人詹姆斯·芬莱在美国雅各布修建了世界上第一座由吊杆悬吊桥面的桥——希腊人桥。该桥具备了悬索桥的主要构件，是近代悬索桥的雏形。1823 年，法国人迈克·塞格英用冷拔铁丝在瑞士日内瓦建成了首座永久性的悬索桥。1826 年，英国人托马斯·泰尔福特采用眼杆和销铰的方法，修建了跨度为 176 m 的门纳伊海峡桥。1855 年，尼亚加拉桥首次采用空中纺线法(简称 AS 法)编缆，使用木质桁架结构，双层桥面，上层为铁路桥面，下层是公路桥面。1864 年，跨度为 214 m 的悬链支承桥梁克利夫顿桥建成。进入 20 世纪后，出现了用钢缆绳、钢绞线和钢丝等现代钢材制造的悬索桥。

1.1.2　国外悬索桥的发展现状和前景

国外悬索桥建设和发展的典型国家主要有美国、日本、英国、丹麦和德国等。总的来说，悬索桥按加劲梁的结构和吊杆的形式分为美国式、英国式和丹麦式。

美国式悬索桥通常采用竖直吊杆和桁架加劲梁。这是技术成熟、应用较广的一种悬索桥，它通过增大桁架高度和刚度保证风荷载下的稳定性。日本明石海峡大桥是目前跨径最大的美国式悬索桥，其跨径达 1 991 m，如图 1-1 所示。我国早期的丰都长江大桥也属于美国式悬索桥，如图 1-2 所示。

图 1-1　日本明石海峡大桥

图 1-2　丰都长江大桥

英国式悬索桥与美国式悬索桥不同之处在于，其采用扁平翼状钢箱加劲梁和组成三角形的斜吊杆，通常主梁高度很小。钢箱梁的应用大幅减轻了悬索桥的自重，因此恒载减轻，主缆截面减小，降低了用钢量和造价；且其抗扭刚度大，所受横向风力小，从而减小了塔的横向力。但是，三角形斜吊杆吊点构造复杂，施工控制困难。英国恒伯尔桥是目前世界上最大跨径的英国式悬索桥，其跨径达 1 410 m，如图 1-3 所示。日本此花大桥是现有最早修建的特大跨径自锚式悬索桥，又是世界上唯一的英国式自锚式悬索桥，1990 年通车，跨径为 120 m＋300 m＋120 m，如图 1-4 所示。

图 1-3　英国恒伯尔桥

图 1-4　日本此花大桥

丹麦式悬索桥采用竖吊杆和钢箱加劲梁，既保持了钢箱梁抗风性好、节省钢的优点，又避免了斜吊杆对水平位移的受力敏感性和易疲劳性等问题。丹麦大贝尔特桥(图 1-5)及中国江阴长江大桥(图 1-6)都是丹麦式的大跨度悬索桥。

20 世纪初悬索桥的建设重心一直在欧洲，第一次世界大战后建设重心转向美国，第二次世界大战后其重心又转向日本，近年，建设重心开始向中国转移。随着悬索桥计算理论的不断完善，电子计算机的应用，新材料、新施工方法、模型试验、疲劳试验和断裂力学试验技术的不断发展，对风、地震作用的详尽分析和风洞试验、抗震试验技术的改进，以及更好的质量控制措施，悬索桥的跨径也在不断增大。

1.1.3　国内悬索桥的发展现状和前景

中华人民共和国成立后，我国现代悬索桥建设在不断摸索中发展。20 世纪 60 年代，跨度在 200 m 内的半加劲式单链和双链式悬索桥兴起，在西南山区运用，其中标志性的工程是 1969 年建成的重庆朝阳大桥。1984 年建成的跨越西藏拉萨河的达孜桥，跨径已达 500 m。到 20 世纪 90 年代，国内交通建设发展掀起高潮，大跨度悬索桥建设快速发展，取得一个又一个突

图 1-5 丹麦大贝尔特桥

图 1-6 江阴长江大桥

破。广东汕头海湾大桥主跨 452 m,1995 年建成通车,被誉为中国第一座大跨度现代悬索桥,其主跨上部结构采用预应力混凝土主梁;西陵长江公路大桥主跨 900 m,是国内自主设计建造的第一座采用全焊接施工工艺的钢箱梁悬索桥;江苏润扬长江公路大桥于 2005 年建成通车,主跨1 490 m,为主跨度世界第八大的悬索桥;2019 年新修建的武汉杨泗港长江大桥,主跨 1 700 m,位居世界第二;南沙大桥(虎门二桥坭洲水道桥),主跨 1 688 m,位居世界第三。显然,我国已经进入世界桥梁领先行列。在山区悬索桥建设上,中国同样成就显著。湖南矮寨大桥、雅康泸定大渡河大桥、贵州瓮安清水河大桥和安顺坝陵河大桥均属于山区高速高山峡谷设桥跨越的典型案例,桥面设计标高与地面高程相差大,地区运输条件受限,桥型方案均为跨径超千米的钢桁加劲梁单跨悬索桥。

随着时代的发展,桥梁的跨度在不断增长,现阶段大跨度悬索桥一般指主跨在 500 m 以上的大型桥梁。截至 2019 年底,悬索桥跨度世界前 10 名中,中国独占 6 座超级大桥,前 30 名中有 18 座大桥坐落于中国。

1.2 钢桁梁悬索桥结构特点

钢桁梁悬索桥与其他悬索桥结构不同之处在于,其主梁是钢桁加劲梁,由钢桁架和桥面系组成。钢桁架由主桁、横联、平联和抗风稳定板组成,桥面系由桥面板和桥面铺装组成。在大跨度钢桁梁悬索桥中,竖向荷载绝大部分由主缆承担,加劲梁主要起传递作用,但扭转荷载和偏心荷载大部分由加劲梁承担。在桁架结构中,内力通过主桁、横联、平联中的各杆件迂回曲折地传递。在桥面系结构中,桥面系直接承受集中荷载作用,然后将荷载作用分散传递给钢桁架。钢桁架和桥面系一起形成整体结构刚度,抵抗荷载作用的弯矩和扭转。加劲梁不仅起着力的传递作用,还要承担偏心荷载作用的扭转效应。

1.2.1 钢桁梁悬索桥桁架构造

组成桁架的杆件众多,不同的布置方式产生种类繁多的桁架形式。其主要构件主桁、横联和平联一起组合成种类更多的空间桁架。单就平面主桁架而言,其主要分为柏式桁架、华伦桁架和菱形桁架等。在悬索桥体系中,加劲桁梁的主桁形式集中在平行华伦桁架,如图 1-7(a)和图 1-7(b)所示。其他主桁形式如图 1-7(c)、(d)所示。

纯华伦桁架虽然能获得简洁的外观,但由于现代悬索桥往往是空间桁架,采用纯华伦桁架作为主桁不便于横联构造。钢桁梁悬索桥的加劲桁架的立面布置包括桁架形式、桁架高

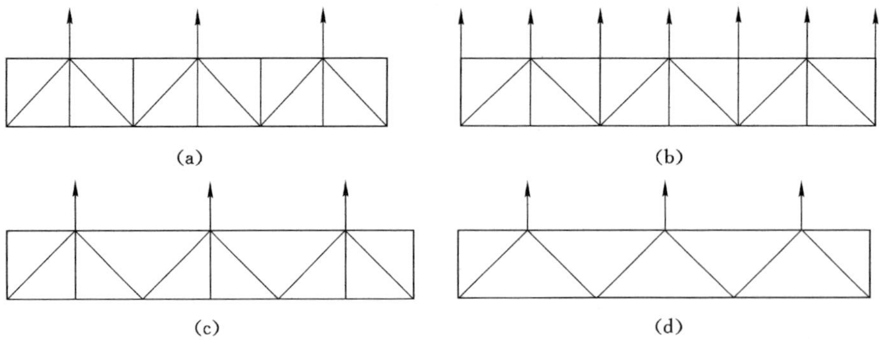

图 1-7　主桁形式

度、吊索间距和节间长度等内容。吊杆间距是悬索桥布置的另一个重要参数。吊杆间距须与梁高相配合，又与节间长度存在一定关系。实际桥梁中吊杆间距一般取节间长度的 1 倍或者 2 倍。从统计数据看，千米以下吊杆间距基本上随跨径增大而缓慢增加；当跨径达到千米以上后，可供选择的范围变大。

钢桁梁悬索桥加劲梁的典型横断面形式如图 1-8 所示。其中，图 1-8(a)将横断面也布置成桁架形式，称为桁架式。这种断面构造简单，横联杆件效率高，最容易获得良好的剪切刚度，因而是单层桥面的首选形式。世界最大跨径悬索桥明石海峡大桥即采用这种形式，我国贵州坝陵河悬索桥和湘西矮寨大桥也均采用这种形式。图 1-8(b)为框架式，通过强大的上下横梁杆件形成横向框架，这种形式适用于双层桥面。图 1-8(c)为小组桁架形式，将横向桁架分成上、下两部分，上部的副桁可看作整体横向桁架的上弦杆件，下部可通过变化斜杆的设置来适应双层或单层交通。日本许多公铁两用悬索桥即采用这种横断面形式，但也有比如关门桥和大鸣门桥等单层交通悬索桥也采用这种断面形式。

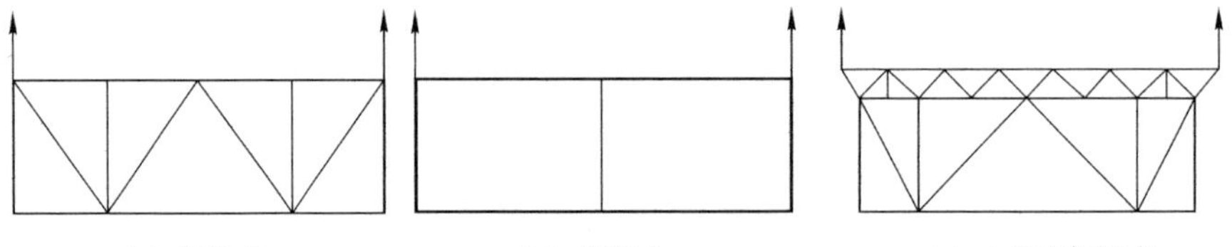

(a) 桁架式　　(b) 框架式　　(c) 小组桁架形式

图 1-8　横断面形式

钢桁梁悬索桥加劲梁的上、下平联是抵抗扭转的重要构件，有助于形成扭转性能良好的闭合截面。早期悬索桥设计对此重视不够，如金门大桥的加劲桁梁最初就由 3 片桁架组成——2 片竖向主桁架和 1 片水平桁架。该桥建成之后，显示出非灾难性的风激振动。后来在大桥的竖向主桁桁架下弦之间添加下横撑，形成 4 片桁架组成的闭合截面。

应用于加劲桁梁上的平联主要有 X 形、K 形和菱形 3 种形式，其中 K 形平联在实际应用中占多数。

1.2.2　钢桁梁悬索桥桥面系构造

钢桁梁桥面系通常分为钢桥面系和混凝土板桥面系，钢桥面系又分为合成型钢桥面系和非合成型钢桥面系。

（1）合成型钢桥面又被称为整体式钢桥面。在合成型钢桥面中，钢桥面板不仅支承局部车辆荷载，同时作为主梁截面的一部分承担整体荷载。合成型钢桥面形成连续水平联，同时起到桥面板、加劲梁和平纵梁等多种作用。

（2）非合成型钢桥面是相对合成型钢桥面而言的，其在钢桁梁悬索桥中应用更加普遍。非合成型桥面板不承担整体荷载，只具有将车辆荷载传递到主梁的单一功能。正交异性钢桥面板通过钢横、纵梁将车辆荷载传递到横联，进而传递到主桁。法国坦卡维桥、英国福斯公路桥均采用非合成型钢桥面，我国贵州北盘江大桥和坝陵河大桥亦采用这种形式。

比较而言，钢筋混凝土板作为桥面构件时桥体质量较大，对主缆、主塔和锚碇而言，经济性较钢桥面板差；但它能提供较大的重力刚度，改善悬索桥的整体力学性能，且混凝土桥面板铺装工艺成熟、造价低廉。钢桥面系的特点是质量轻，能节省主缆、主塔和锚碇材料，缺点是桥面板本身钢材用量大。此外，钢桥面板方案在体系形成过程中能够对桥面质量精确把握，有利于成桥线形控制，并且消除了桥梁运营期间桥面可能断缝漏水等病害风险。同时正交异性钢桥面板具有运输容易、起吊质量轻、施工速度快、经济性好等优势。在合成型钢桥面和非合成型钢桥面二者中，后者桥面板受力更明确。由于桥面系承受疲劳荷载，因此在钢桥面系中更多设计倾向于选择非合成型钢桥面。

1.3　钢桁梁悬索桥施工关键技术

现代悬索桥建设的起步阶段大都采用钢桁梁悬索桥形式，只有极少中小跨悬索桥采用钢箱梁。自从美国塔科马海峡桥钢箱加劲梁风毁以后，钢箱梁已不再用于大跨悬索桥。塔科马海峡新桥也改用钢桁梁作为加劲梁，以增强加劲梁的抗风稳定性。近半个世纪以来的悬索桥设计施工实例中，钢桁加劲梁减少，钢箱加劲梁日渐增多。目前，我国东部沿海地区所修建的穿越江河湖海大跨径悬索桥的加劲梁一般都采用钢箱梁。我国已建成的钢桁梁悬索桥只有十来座，最大跨度为 1 176 m。可以说，目前我国对钢桁梁悬索桥的建设经验和计算研究较少，大跨度钢桁梁悬索桥的成功经验相当有限。

本书以宜都长江公路大桥为工程背景，通过对大桥施工过程的计算分析与施工组织设计，总结跨江钢桁梁悬索桥新施工技术控制的方法。全书主要内容包括主墩基础关键技术、锚碇深基坑施工技术、锚碇施工技术、大体积混凝土施工技术、主塔塔柱施工技术、主缆施工技术及钢桁梁整体架设施工技术等。

1.3.1　宜都长江公路大桥项目概况

1. 项目简介及工程地理位置

宜都长江公路大桥是宜昌至张家界公路在湖北省宜昌市境内跨越长江的通道。宜张高速公路宜昌段是湖北省“753”骨架公路网中规划纵 6 线——郧县至五峰高速公路的重要组成部分；该项目北接保康至宜昌高速公路，南连宜昌至张家界高速公路湖南段，是《湖北省公路水路交通运输发展“十二五”规划纲要》建设的重点项目。纵 6 线由郧县至十堰、十堰至房县、神农架至保康、保康至宜昌、宜昌至张家界等高速公路项目组成，路线走廊总体呈南北向，是一条纵贯湖北省西部地区的省际通道。大桥施工前，郧十、十房、保宜等高速公路项目均已开工建设，湖南省也在同步开展与宜张高速公路对接的高速公路前期工作。因此，宜都长江公路大桥的建设不仅具有了良好的条件，同时也具备了一定的紧迫性。

2. 桥跨布置及结构

宜都长江公路大桥为主跨 1 000 m 的单跨悬索桥，主缆边跨跨度分别为 276 m 和 269 m，如图 1-9 所示。全桥设 2 根主缆，横向间距为 36 m，吊索与主缆处在一个竖直平面内。吊索与索夹为骑跨式连接，顺桥向标准间距为 15 m，主塔最近的吊索距主塔中心线 20 m，跨中最短吊索高度 4.23 m。大桥主跨矢跨比采用 1/9，跨中主缆中心高程为＋90.189 m，塔顶处主缆中心线理论交点高程为＋201.3 m。

3. 桥梁上部结构

（1）主桥

主桥部分为单跨地锚式悬索桥，主缆跨度布置：276＋1 000＋269＝1 545 m。

（2）加劲梁

加劲梁采用钢-混凝土结合梁的组合截面，如图 1-10 所示。钢梁采用 Q345qD 钢，桁高 7.5 m，全宽 36.7 m。桥面板采用 C50 普通混凝土。主梁标准节段吊装长 30 m，梁端节段吊装长 15.26 m，跨中节段吊装长 10.58 m。钢梁节段间采用高强度螺栓连接，在工厂拼装完成后通过船舶运输至现场安装。钢桁梁单个节段最大吊装质量 385 t，加劲梁吊装后，各节段上弦杆间用螺栓临时连接，全桥整体刚接在二期恒载加载完成且线形调整达到设计要求后进行。

（3）主缆

主缆横向布置 2 根，间距为 36 m。主缆采用预制平行钢丝束股法（ppws）形成，钢丝标准抗拉强度为 1 860 MPa。每根主缆由 169 股通长索股组成，每根索股由 127 根直径为 5.2 mm的镀锌铝高强钢丝组成，主缆索夹外直径 852 mm，如图 1-11 所示。

（4）吊索与索夹

吊索与索夹为骑跨式连接，与钢加劲梁为销接式连接。

吊索纵向标准间距 15.0 m，塔侧吊索中心线距离主塔中心线 20.0 m，横向间距 36 m，每吊点布置 2 根吊索，采用镀锌钢丝绳。下端锚头采用热铸锚。全桥索夹分为有吊索索夹和无吊索索夹，共分 10 种类型，边跨为无吊索索夹，中跨为有吊索索夹。索夹采用左右两半的结构形式，用高强螺杆连接紧固。

（5）主索鞍

主索鞍为铸焊组合结构，采用肋传力结构形式，如图 1-12 所示。鞍头采用铸钢 ZG270-480H 铸造，鞍身采用 Q345R 钢焊接。主塔为钢筋混凝土结构，主索鞍为间接传力的肋传力结构。

主索鞍安装时需要向边跨预偏，鞍体下设不锈钢板-聚四氟乙烯板滑动副，以适应施工中的相对移动。

塔顶设有格栅底座，以安装主索鞍。格栅悬出塔顶以外，以便安置控制鞍体移动的千斤顶，鞍体就位后将格栅的悬出部分割除。

为便于主缆索股架设，鞍槽内设竖向隔板，在索股全部就位后，顶部用锌块填平，再将鞍槽侧壁用拉杆夹紧。为减轻运输吊装质量，施工时将边塔主鞍鞍体分成两半，吊至塔顶后再用高强度螺栓拼接起来。

（6）散索鞍

散索鞍为摆轴式结构，采用铸焊结合的形式，鞍槽用铸钢 ZG270-480H 铸造，鞍体由 Q345R 钢板焊接而成，如图 1-13 所示。为增加主缆与鞍槽间的摩阻力，并方便索股定位，鞍槽内设竖向隔板，在索股全部就位并调股后，顶部用锌块填平，上紧压板及楔形块等压紧设

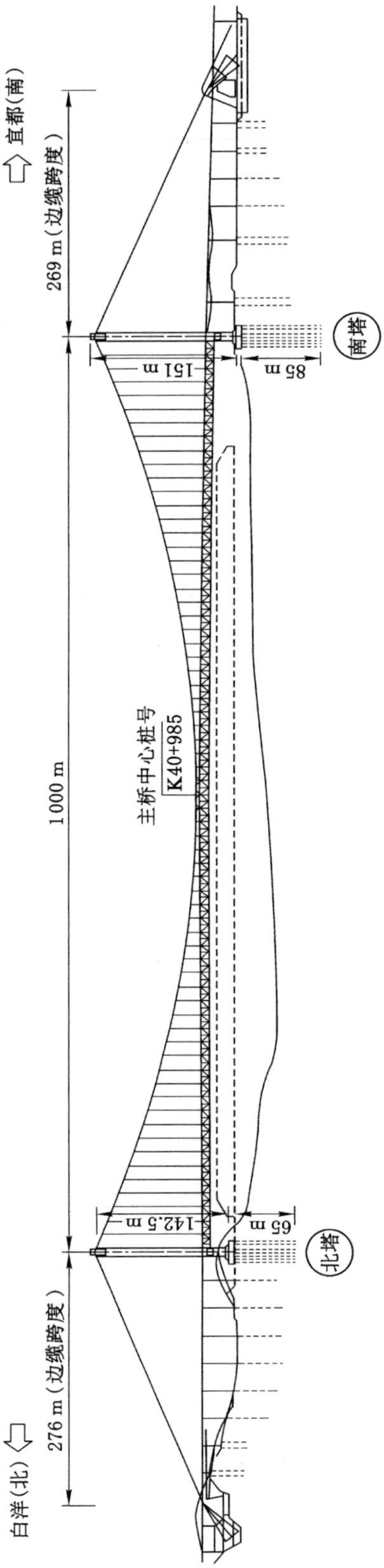
宜都(南)
269 m(边缆跨度)
1000 m
276 m(边缆跨度)
白洋(北)
151 m
85 m
142.5 m
65 m
南塔
北塔
主桥中心桩号
K40+985

图 1-9　主桥立面布置图

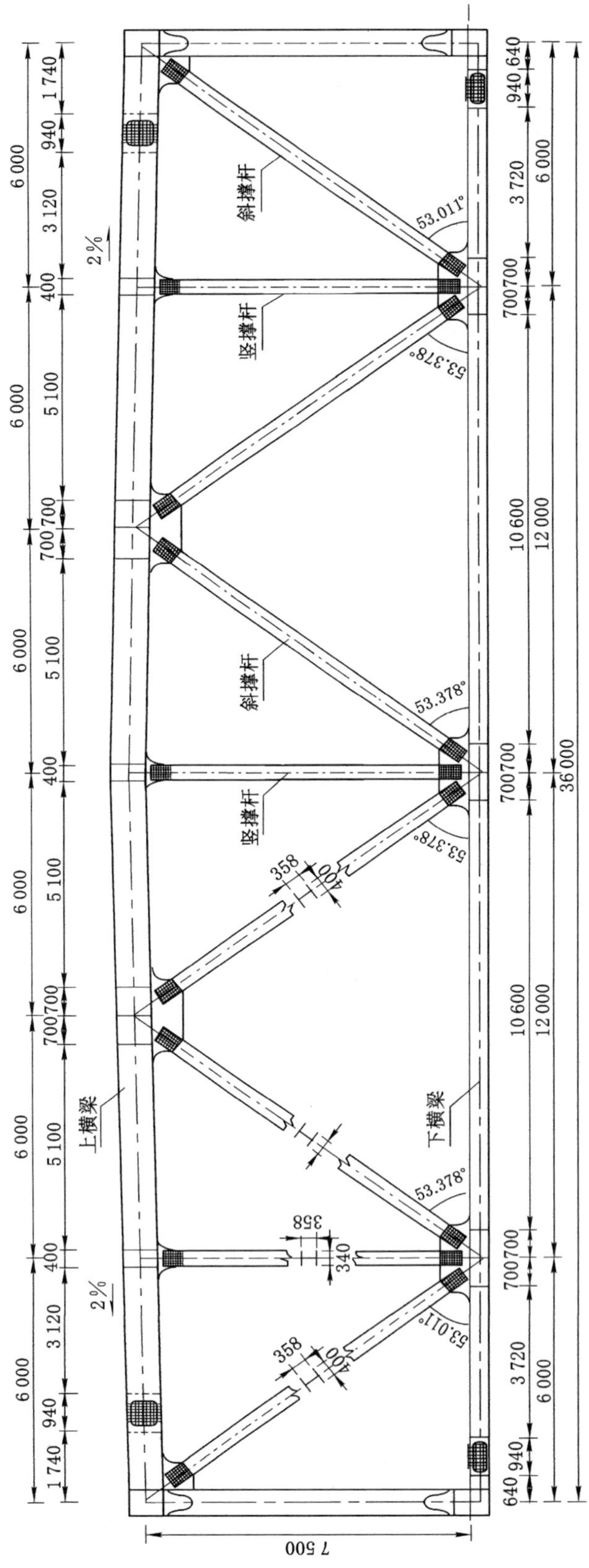

图 1-10　钢桁加劲梁断面

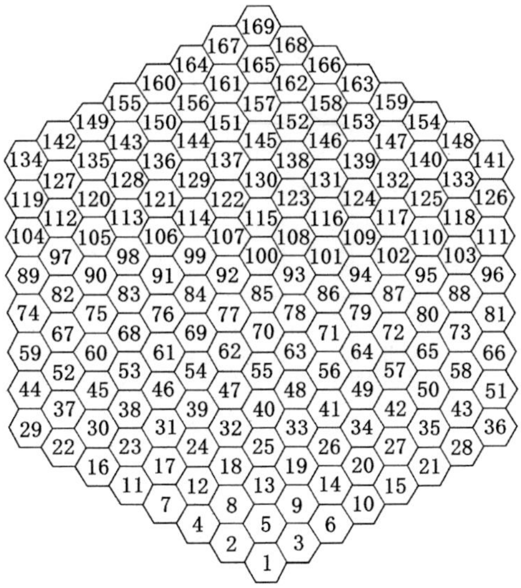

169-127 ϕ5.2 mm

图 1-11　主缆断面

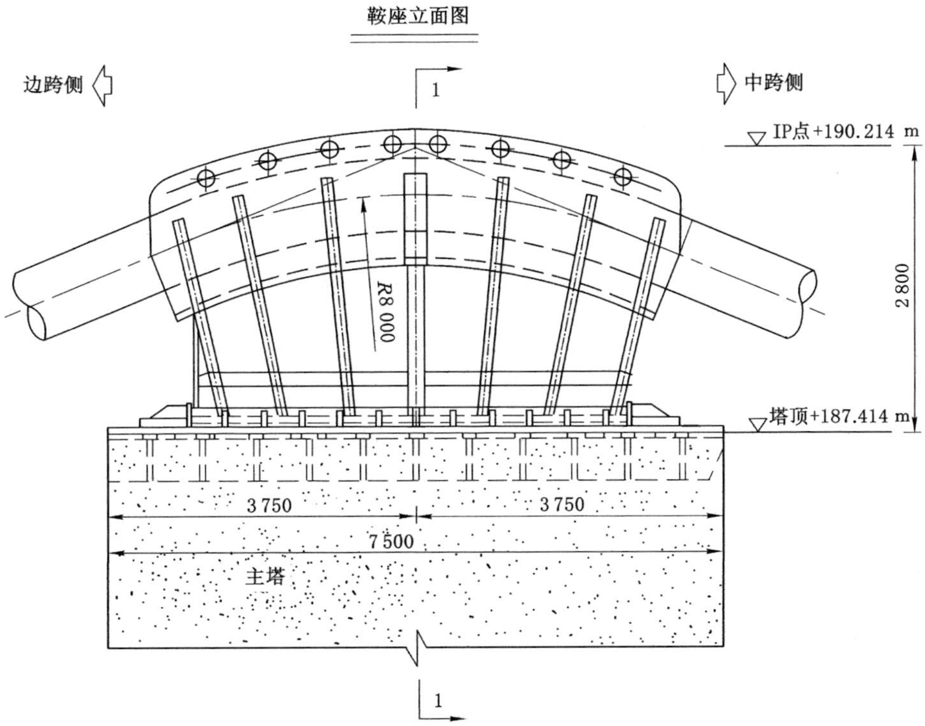

图 1-12　主索鞍结构图

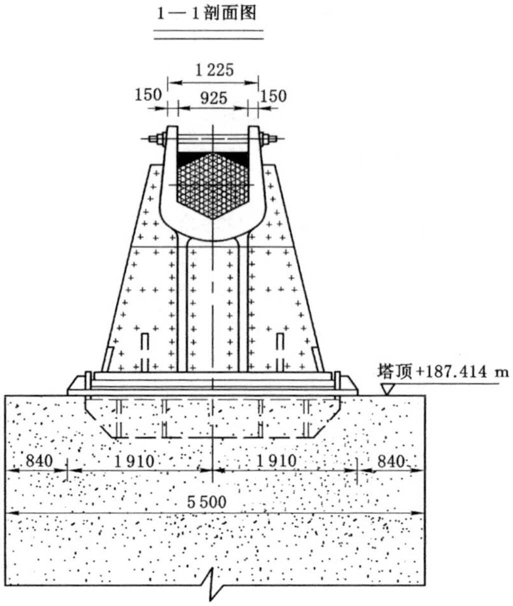

图 1-12 （续）

施，最后将鞍槽侧壁用螺杆夹紧。

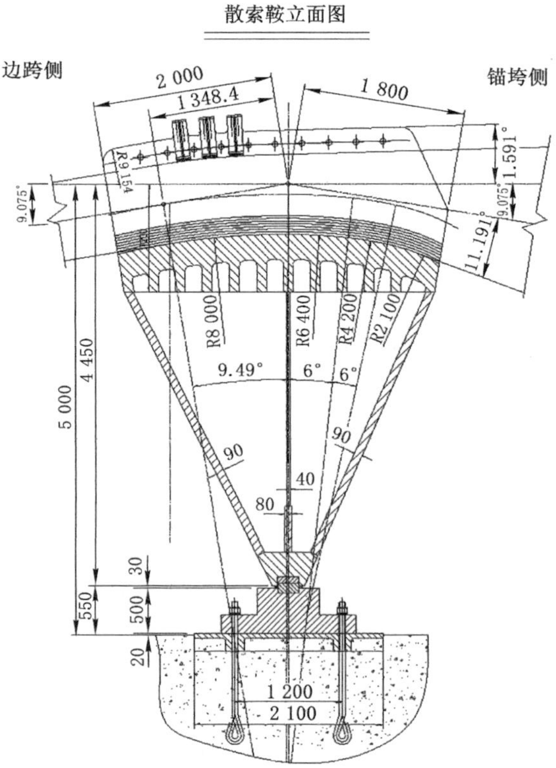

图 1-13 散索鞍结构图

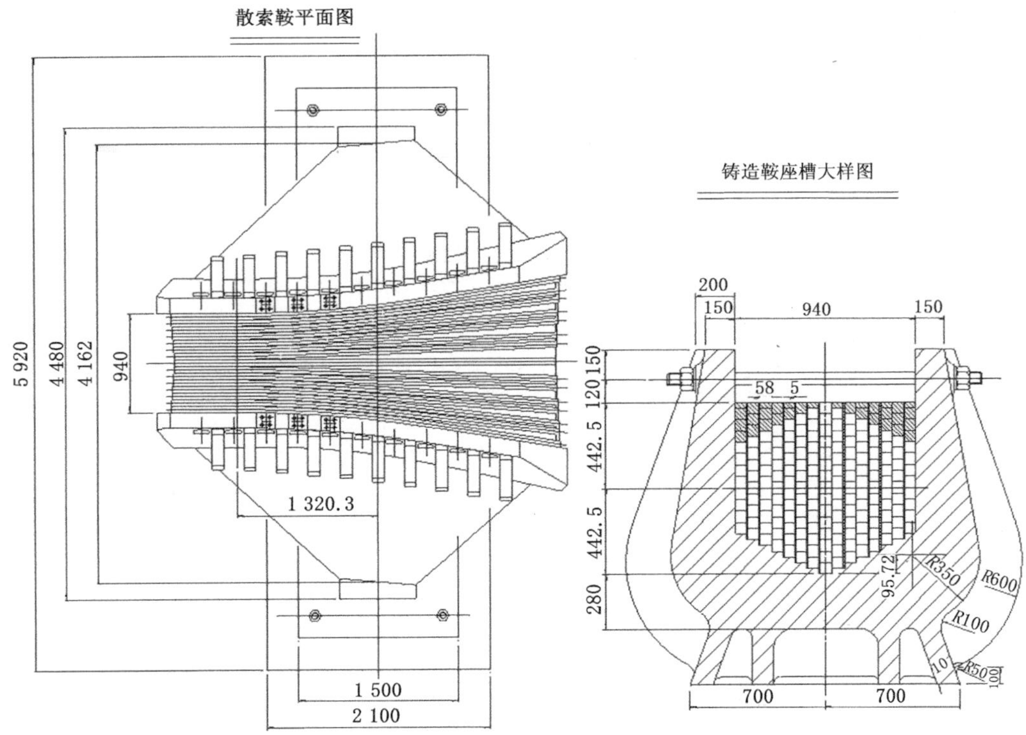

图 1-13 (续)

4. 桥梁下部构造

(1) 主塔基础

每个塔柱下设 12 根直径 3.0 m 的钻孔灌注桩，桩长 85 m，桩尖嵌入中风化泥质砂岩中。采用矩形承台，承台厚 6 m，平面尺寸为 25.5 m×19 m。为将塔柱承受的荷载更均匀地传递到基础上，在承台顶部设置了 2 m 高的塔座，如图 1-14 所示。

(2) 锚碇

宜都侧锚碇为重力式锚，锚碇基础采用扩大基础，平面尺寸为 101 m×71.50 m，高 8.0 m；基底标高为 37.500 m，持力层为卵石层，基底进入卵石层 2.5 m 左右。锚体长 62.65 m、宽 65.5 m，锚体顶设置卵石砂压重块，兼做行车道；锚体顶设置 2.5%的纵坡，与该段主线纵坡一致；横向对称桥中心线，在 33.5 m 宽的范围内设置 2%的“人”字形横坡，其余部分为平坡。宜都侧锚碇立面图如图 1-15 所示。

白洋侧锚碇为重力式嵌岩锚，锚碇对水平力的抗力依靠锚碇基底的摩阻力来平衡，锚碇基础前端对基岩的承压作为安全储备。为确保锚碇混凝土与岩石紧密接触，在锚块和支墩扩大基础前端混凝土内预埋接触灌浆系统和测缝计，待后期混凝土降温张开形成接触缝后，进行接触面水泥灌浆，兼起固结灌浆作用。其锚碇基础共设 4 级台阶，基础总长 62.50 m，最大开挖深度 48.0 m 左右。锚体顶设置 1.0%的纵坡，与该段主线纵坡一致；横向对称桥中心线，在 33.5 m 宽的范围内设置 2%的“人”字形横坡，其余部分为平坡。锚碇前端支墩扩大基础宽 61.7 m、长 22.5 m，基底标高 55.500 m；后端锚块基底标高 42.000 m，锚块形状与基坑开挖形状保持一致。

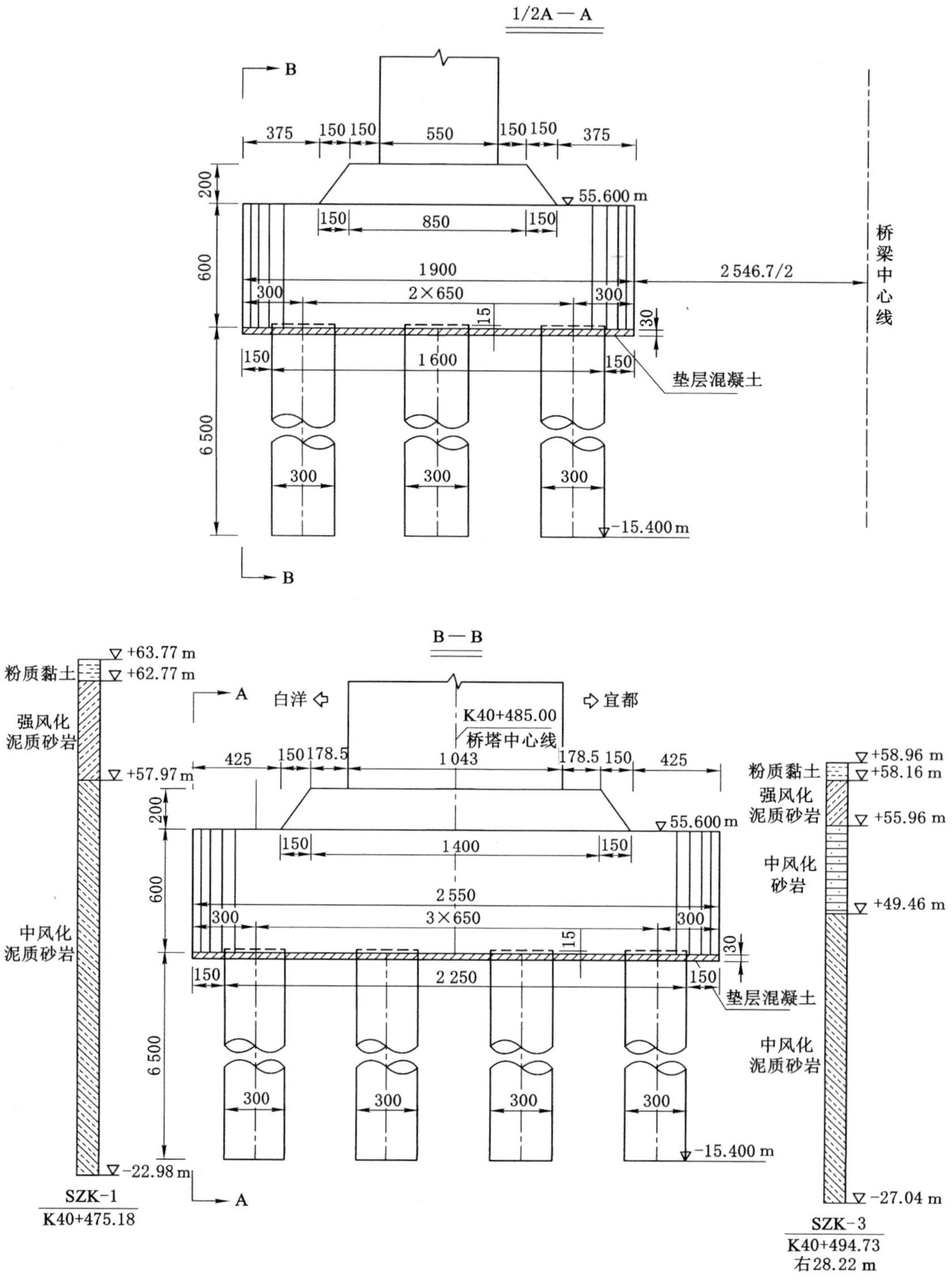

图 1-14　主塔基础布置图(单位:cm)

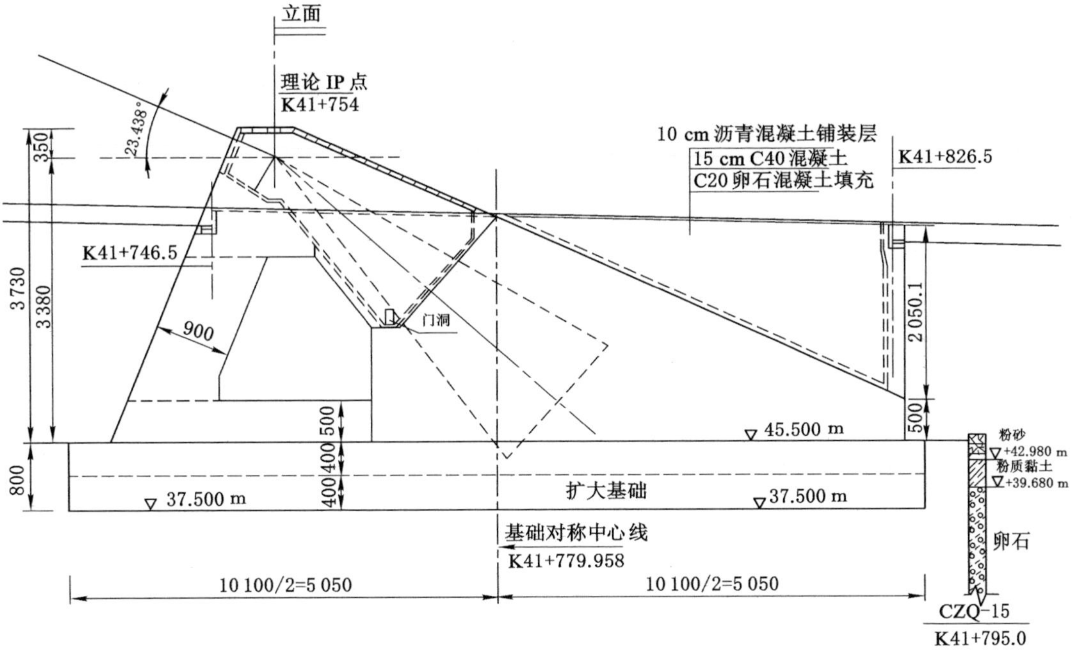

图 1-15 宜都侧锚碇立面图(单位:cm)

(3) 主塔

主塔采用钢筋混凝土框架结构,分别由塔座、塔柱、上横梁和下横梁几部分组成。塔柱高 151 m。两塔柱的横向中心间距,塔顶为 36.000 m,塔底为 44.968 m。塔柱为梯形单室截面,横桥向尺寸为 5.5 m。纵桥向尺寸从塔顶 7.5 m 变化到塔底 10.6 m。

1.3.2 关键施工点及技术对策

1. 宜都长江公路大桥工程特点

(1) 建设规模大,工程数量大

宜都长江公路大桥全长 2 207.65 m,主桥(276＋1 000＋269) m 为双塔钢桁梁悬索桥,桥梁规模大;南岸主桥结构主体混凝土总量约为 21.1 万 m^3,钢桁梁总质量 12 682 t,工程数量大。

(2) 施工技术含量高

主桥(276＋1 000＋269) m 双塔钢桁梁悬索桥在同类型公路桥梁中跨度较大,它集多项新技术于一身,设计、施工均为国内先进水平。

主塔墩基础尺寸大,承台平面尺寸为 25.5 m×19 m,混凝土体积单个达 2 886.4 m^3,大体积混凝土的施工组织难度大,施工工艺要求高;桩基础桩径 3.0 m,钻孔桩施工对施工机械和工艺提出较高要求。

主跨 1 000 m 钢桁梁制造、安装技术要求高;悬索直径大、索长、索力大,安装及调试要求严;怎样控制钢桁梁悬索桥的受力及变形,具有很高的技术难度。

(3) 施工条件复杂、施工难度大

桥位处航运极为繁忙;主桥桥位处水流速度大,锚碇扩大基础大体积混凝土的施工组织难度大，施工工艺要求高；长江水位变化大，长江汛期对桥梁基础施工的影响大。

(4) 环境保护、水土保持要求高

施工中必须做好各类环保设施，最大限度减小施工对环境的影响，特别是桥梁钻孔桩泥浆排放、钻渣弃土、弃渣等，必须满足环保要求，施工中做好大堤防护及施工垃圾、生活垃圾处理等，避免对地下、地表水、河流和周围环境造成影响。

2. 宜都长江公路大桥关键施工及技术对策

(1) 主塔墩基础施工

大直径深孔桩基：宜都长江公路大桥 2# 主塔桩基共 24 根，桩径 3 m，单根桩长85 m；原地面标高约 47.963 m，桩顶标高 41.1 m，桩底标高 −43.9 m；实际钻孔深度(从原地面至桩底)达 91.863 m。

地质条件复杂：原地面至 44.11 m 处为人工填土，以松散状卵石土为主；44.11～31.31 m段为可塑状粉质黏土；31.31～29.41 m 段为中密～密实状中粗砂混卵石；29.41～4.69 m段为松散～稍密状卵石混砂；4.69～−30.09 m 段为强风化泥质砂岩、细砂岩和砂质泥岩；−30.09～−39.286 m(桩底标高)段为中风化泥质砂岩、细砂岩和砂质泥岩。

长江水位影响：根据长江三峡水文资源勘测局提供的《长江宜都站水位月统计成果表》，长江历年最高水位都在 7—9 月，最高水位在 47.57 m；历年最高水位：2006 年 7 月长江水位为 44.34 m；2007 年 7 月长江水位为 47.57 m；2008 年 8 月长江水位为 46.06 m；2009 年 8 月长江水位为 45.99 m；2010 年 7 月长江水位为 46.62 m；2011 年 7 月长江水位为 43.13 m；2012 年 7 月长江水位为 47.25 m；2013 年 7 月长江水位为 44.60 m；2014 年 9 月长江水位为 46.87 m；2015 年 7 月长江水位为 43.63 m。

技术对策如下：复杂地质条件对钻机选型影响很大，本工程选择钻机型号为泵吸反循环钻机；根据调查研究，可供选择的钻机有 CK3000 冲击钻机、宝峨 BG38 旋挖钻机等，后期根据现场实际情况综合考虑后，将这 2 种钻机作为备选钻机，以保证钻孔顺利进行。

(2) 锚碇深基坑施工

基坑开挖面积大，深度达到 8.5 m，深基坑安全施工风险大。

技术对策如下：

① 开挖前，做好场内的截排水施工，同时布设相应的监控观测点。

② 基坑开挖过程中，严格按照逐级开挖逐级防护的原则进行。

③ 基坑开挖过程中，实施全方位施工监控，对边坡稳定与沉降、位移等进行监控观测。

(3) 主塔塔柱施工

主墩塔柱高达 151 m，为 H 形。塔身为变截面空心断面，施工采用爬模分节段施工，因此必须严密组织、规范施工、严格监控，从而保证制造和安装施工与设计相符。施工时，材料运输、高处作业、混凝土内实外美等方面对施工工艺和机械设备的要求较高。主塔上横梁采用在塔柱上预埋剪力销搭设斜撑支架施工方案，初步计算其受力状态，符合规范要求，后期可根据实际工况进行进一步的优化及验算。

技术对策如下：

① 采用合理的施工机械设备和混凝土泵送设备。

② 优化混凝土配合比设计，保障混凝土的工作性能。

③ 优化横梁支架设计，拟采用无支架柔性骨架法进行施工，减少支架数量，减小支架安

装风险。

④ 对各种预埋件进行专门设计,加强施工过程控制。

⑤ 主塔采用“清晨校模法”进行立模测量,并加强过程中的复核。

⑥ 定期对导线点与测量控制网进行复测。

(4) 主缆施工

主桥主缆索股的牵引过程中,索股的散丝、磨损和扭转是需要控制的重点。

索股在牵引和整形入鞍的过程中,索股股丝的质量控制是施工控制的重点。

主缆架设期间对环境非常敏感,要求在恒温状态下进行主缆架设和调整,特别是在遇雨、雾、大风等恶劣天气条件时,停止索股架设;因此,主缆施工期间对环境的预测非常重要。主缆施工是本项目关键性工程,须组织专业施工队伍、监控单位等相关人员共同研究专项施工方案。

技术对策如下:

① 采用高精度测量仪器,加强基准索股的测量控制。

② 在索股架设过程中,采用索股保持器进行索股临时固定,确保索股按顺序排列。

③ 采取被动放索机构,克服“呼啦圈”等现象。

④ 保持索股放索速度与牵引速度,确保索股持有一定张力,防止散丝等现象。

⑤ 牵引过程中,拽拉器与索股锚头刚性连接,并设专人进行全程跟踪管理,防止索股扭转现象。

⑥ 加密塔顶、散索鞍支墩位置的支承间距,在不影响横移索股的情况下,尽可能增大塔顶、散索鞍支墩处竖向曲率半径,同时调整两边猫道相邻托辊高度。索股架设过程中,对索股全程进行检查,防止索股有损伤的情况而未发现。

(5) 钢桁梁吊装

钢桁梁吊装为本项目施工重点之一,后期需根据设计图纸,组织专业施工队伍、监控单位等相关人员共同研究专项施工方案,将缆载吊机的选型及验算、钢桁梁起吊方案作为重点研究对象。

技术对策如下:

① 精心设计吊装系统,拟采用缆索吊装方式进行吊装。

② 吊装前对吊装系统、机具设备等进行全方位检查,确保吊装系统的结构安全。

③ 吊装系统完成后,进行试吊测试,检验吊装系统工作状态和受力安全。

④ 建立高效的吊装指挥系统,统一指挥、协调。

⑤ 吊装过程中,设专人对各个系统进行检查,确保吊装过程中的安全。

⑥ 加强吊装过程中主梁的整体线形控制,并根据监控数据进行主缆线形调整,选取适当时机进行节段之间的连接。

(6) 大体积混凝土施工

本项目主塔承台、锚碇扩大基础和锚体均属于大体积混凝土施工,施工时利用 Midas 软件计算混凝土水化热,对其进行监控,保证结构质量。

技术对策如下:

① 优化混凝土配合比,降低混凝土水化热,适当掺配粉煤灰,降低水泥用量的同时增加和易性。

② 采取措施控制混凝土原材料温度，控制混凝土入模温度，可以采取降低骨料温度、对混凝土运输罐车表面进行冷却、对长距离输送泵管表面进行覆盖冷却等措施。

③ 合理布设冷却管，严格控制冷却水流量和混凝土降温梯度。

④ 做好混凝土的养护，做好“内降外保”温控措施，利用冷却循环水进行混凝土的养护，以保证混凝土内外温差的控制，加强大体积混凝土浇筑过程监控。

第 2 章　主墩基础关键技术

2.1　基础概况

宜都长江公路大桥跨江主桥主缆跨度布置为 276 m＋1 000 m＋269 m，2# 主塔桩基共 24 根，桩径 3 m，单根桩长 85 m，实际钻孔深度(从原地面距离桩底)91.863 m。

地质状况参见 1.3.2 节相关内容。

相应水文条件为：根据长江三峡水文资源勘测局提供的《长江宜都站水位月统计成果表》，长江历年最高水位都在 7—9 月份，最高水位在 47.57 m，如图 2-1 所示。

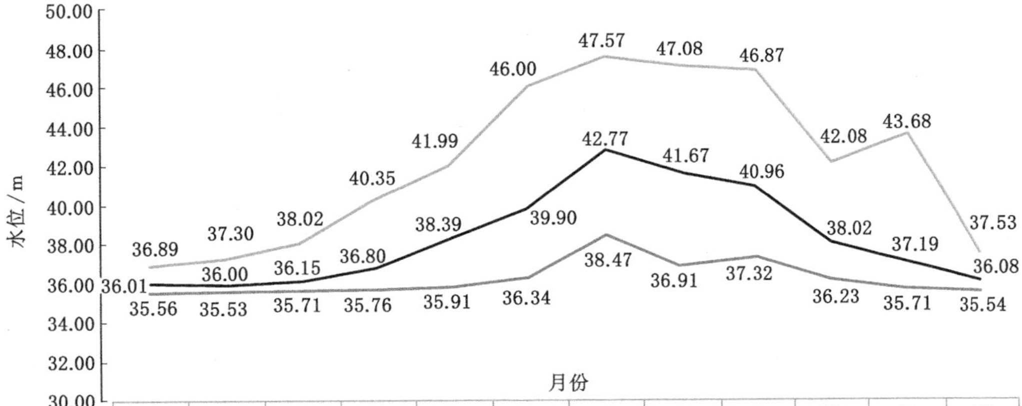

月份	1	2	3	4	5	6	7	8	9	10	11	12
最小值	35.56	35.53	35.71	35.76	35.91	36.34	38.47	36.91	37.32	36.23	35.71	35.54
平均值	36.01	36.00	36.15	36.80	38.39	39.90	42.77	41.67	40.96	38.02	37.19	36.08
最大值	36.89	37.30	38.02	40.35	41.99	46.00	47.57	47.08	46.87	42.08	43.68	37.53

图 2-1　2006—2015 年长江宜都站逐月水位变化包络图

2.2　钻孔设备

2.2.1　钻机选型

根据试桩钻孔施工，经对比，TL-500 型钻机更适合本钻孔桩基础的施工。

所选取的泵吸反循环钻机为改装升级版，具有以下优点：

(1) 履带式底盘，机动灵活，钻机就位方便。

（2）全锰钢机身，自重大，刚度大，保证成孔垂直度。

（3）液压系统，扭矩大，进尺速度极快，最大钻孔深度可达 150 m。

（4）多段式渐进牙轮钻头、锥形牙轮钻头，强劲耐磨，穿透卵石层、泥岩层及砂岩层效率极高，且钻头上方带校正圈，保证垂直度。

（5）钻杆直径分 370 mm 和 530 mm 两种，其特点为：排渣粒径大，出浆排量大，能将大直径漂石等切削后顺利排出孔外。

钻杆厚度达 22 mm，坚实耐磨，接口采用螺纹式，连接及拆除方式均为全自动机械拆装，省时省力，保证进尺速度。

（6）机身配套大功率泥浆泵，出浆量大，出渣效率高，成孔后孔底干净，保证成桩质量。排出钻渣可用挖机直接装入翻斗车运走，浆液流入孔内继续使用。非运废浆量较少，既节约成本又满足环保要求。

（7）此套钻机全程柴油机组提供动力，无须安装变压器，大大节约施工成本。

2.2.2　钻进深度

根据泵吸反循环钻进原理，循环动力为砂石泵的真空度，一般砂石泵工作压力为 0.090～0.098 MPa，最大连续工作吸程 8 m 左右。若泥浆循环时不携带岩屑，不考虑管道内摩阻力，则钻孔深度基本上不受限制；但在实际钻探中，反循环的深度受到内摩阻力、砂石泵与泥浆面高差等因素的影响，钻进深度必会受到限制。根据实践经验，一般在孔深 50 m 以内为反循环钻进高效区，在 80 m 以内可维持额定泵量和最大排屑能力，而超过90 m 效率降低，因此一般泵吸反循环的合理孔深为 90 m。

2.2.3　工艺措施

1. 钻孔直径

泵吸反循环适用于直径 0.80 m 及以上大口径钻孔施工。上述钻杆内径中提到只要吸入管道直径比钻孔直径相对较小，即可获得较高的泥浆流速，所以携带钻渣的能力大；但孔径受砂石泵排屑能力的制约，不同口径有不同的钻进速度。对于较小直径的钻孔，必须避免泥浆流速太快对孔壁产生破坏，防止产生坍孔、埋钻等事故；对于稳定的地层，只要钻孔与钻具间通道对泥浆回流不产生明显阻力，钻孔均可取得较高的钻进效率。

2. 钻头选用

反循环钻进所使用的钻头对钻进效率有很大的影响。为充分发挥钻头将钻碎的岩屑吸入钻杆内的能力，钻头在回转过程中应使井底形成一个中心凹下的圆锥体，以利于抽吸。

钻头的形式根据地层有所变化。常用的泵吸反循环钻头有翼状钻头、牙轮钻头和取芯式钻头等，项目部根据钻机实际情况选用翼状钻头。

翼状钻头常见的有弯臂翼状钻头和三翼钻头。它们是靠底部翼片上做成梳齿状的牙齿破碎地层，将黏土破碎成条带状，便于被吸水口抽吸；因此，此类钻头适用于黏土或粉砂类的岩石中钻进。为避免吸水喉管被堵，钻头制成弯臂或在吸水喉管前加一矛式翼片。

牙轮钻头有很多种形式，其中四牙轮组合的钻头效果比较好，牙轮钻头的齿形数量根据地层的软硬程度选择，因此，组合牙轮钻头较其他类型钻头应用较广。

取芯钻头一般用于基岩的取芯钻进。

3. 钻进技术参数

钻压反循环钻进的钻压应根据钻头类型、地层情况和设备能力而定。一般第四纪松散地层，若采用组合牙轮钻头时，可按钻头直径单位长度上的压力 0.60～1.20 kN/cm 选用；若采用翼状钻头，钻压可控制在 0.30～0.60 kN/cm。在卵砾石层钻进时，钻压可适当加大。

转速一般以不憋车、岩屑排出正常为宜，大口径钻孔控制钻头外径线速度在 0.50 m/s 以内，过大的转速会引起钻杆对孔壁的碰撞。

钻速根据不同地层选择。在松散的粗颗粒地层，若钻速较高，则使吸入管道内岩屑过多，泥浆密度增大，管内外压差减小，造成管道堵塞；若钻速较小，则影响生产效率。在实际施工中，地层变化情况较大，钻速选择也不尽相同。

2.2.4　钻机安装及钻孔顺序

护筒埋设完成后，旋转钻机随机就位。钻机底座安装平稳，确保钻孔过程中不产生位移和沉降。控制钻机对位偏差小于 2 cm。安装后其钻孔顺序如图 2-2 所示。

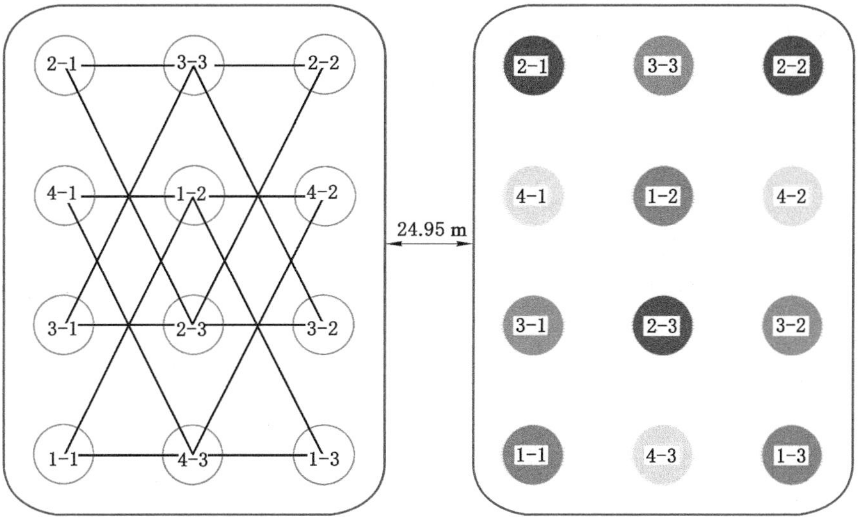

图 2-2　钻孔顺序

2.3　钢护筒及泥浆池施工

2.3.1　钢护筒施工

桩基直径及深度大，地质条件复杂，施工难度大，应根据实际情况选用合适的钻孔设备及工艺措施。

1. 钢护筒结构

采用 20 mm 厚钢板卷制成直径 3.3 m 的护筒，护筒上、下部各部加焊 20 mm 厚加劲板，20 cm 宽加劲板作为刃角，每节钢护筒长 5 m，并且在护筒内部设置 2 道十字撑避免护筒运输及吊装时变形。钢护筒总共 24 个，采用螺旋焊管直接在厂内卷成护筒，通过航运方式运至现场。

2. 钢护筒埋设

(1) 混凝土面板凿除后，测量组放桩位，并做好引桩。

(2) 根据地质报告结果，上层为黏土层，土质情况良好(暂不受长江水位影响)，可初步设计护筒埋设深度为 4.2 m 左右。

(3) 利用挖掘机开挖基坑，埋设钢护筒，根据护筒的埋设深度和尺寸大小决定基坑开挖的尺寸，基坑挖设好后根据桩位复核，如果开挖尺寸达不到施工要求，则须利用机械或人工修整至满足施工要求。基坑尺寸达到施工要求后方可埋设护筒，护筒在埋设过程中一定要保证护筒的中心点与桩位中心点在同一垂直线上，平面位置偏差小于25 mm、倾斜度不大于1/100。护筒对中定位好后，利用黏土填充护筒壁与基坑壁之间的空隙，并人工夯实。

3. 钢护筒之间泥浆钢管施工

为使泥浆能够循环使用和增大储浆能力，可按照钢护筒之间的间距直接通过下料好的 ϕ63 cm 钢管把每个护筒都串联起来。钢管与钢护筒焊接难度大，需要技术熟练的电焊工进行施工焊接，以保证焊接质量。所有护筒与钢管连接完成后做通水试验，观察钢管焊接处是否有漏水情况，如有漏水则须找到漏水位置重新补焊。

2.3.2 泥浆池施工

1. 泥浆池位置布设

根据实际情况可选择在主墩承台右侧各设一泥浆池和沉淀池，中间设置一储浆池，左侧各设一泥浆池、沉淀池和储浆池，每个泥浆池均可以蓄浆 800 m^3。泥浆池高 1.5 m，墙身采用 C25 钢筋混凝土，墙身宽度 30 cm。

2. 泥浆池墙身钢筋施工

泥浆池墙身主筋采用 ϕ16 mm 螺纹钢，钢筋间距为 20 cm；分布筋采用 ϕ12 mm 螺纹钢，钢筋间距为 20 cm。主筋在原地面混凝土植入 20 cm。

3. 墙身模板安装

可选用 1.5 m×1.5 m 平钢模施工，安装前对模板用打磨机打磨除锈并涂脱模剂，模板背方采用钢管上下各 1 道，在原地面上按 6 m 一节拼装好后再行安装，两面模板用 ϕ12 mm 螺纹钢拉杆拉接。模板安装时，要注意模板的线形和垂直度，并保证墙身的宽度。

4. 墙身混凝土浇筑

泥浆池墙身采用 C25 混凝土，采用天泵浇筑，混凝土振捣密实，墙身混凝土的施工缝尽量预留在长边墙面位置。

2.3.3 泥浆制备及性能要求

根据地质报告结果，2# 主墩地质以粉质黏土(上层 14 m)、中粗砂卵石、卵石混砂及砂质泥岩为主(下层)，所采用的钻孔机具有正、反循环两种钻进方式，但以反循环钻进方式为主(钻进速度快、排渣效果好、成桩质量较好)。为避免在卵石层(卵石层为松散～较密状)位置钻进时漏浆造成水头下降出现质量事故，桩基泥浆的制备可选用以下两种方法：

(1) 粉质黏土层利用正循环方式钻进(该土层适合于钻机用正循环自身造浆)，用来保证在卵石层钻进时泥浆的性能。

(2) 卵石层钻进时视黏土层造浆性能情况，还可以在原有的泥浆中加入适量的膨胀土、烧碱及纤维素来改善泥浆的 pH 值、胶体率和黏度等性能指标。

在钻孔过程中，应检测泥浆的性能指标，每 2 h 检测 1 次，当土层变化时应增加其检测次数。泥浆性能的指标选择如表 2-1 所示。

表 2-1　泥浆性能的指标选择表

钻孔方法	地质情况	泥浆性能指标							
		相对密度	黏度/(Pa·s)	含砂率/%	胶体率/%	失水量/(mL/30 min)	泥皮厚度/mm	静切力/Pa	pH 值
正循环	一般地层	1.05～1.20	16～22	8～4	≥96	≤25	≤2	1.0～2.25	8～10
	易坍地层	1.20～1.45	19～28	8～4	≥96	≤15	≤2	3～5	8～10
反循环	一般地层	1.02～1.06	16～20	≤4	≥95	≤20	≤3	1～2.5	8～10
	易坍地层	1.06～1.10	18～28	≤4	≥95	≤20	≤3	1～2.5	8～10
	卵石土	1.10～1.15	20～35	≤4	≥95	≤20	≤3	1～2.5	8～10

根据试验桩得出的钻孔阶段、泥浆循环净化再生阶段及清孔阶段各泥浆的指标应符合表 2-2 的要求。

表 2-2　各阶段钻孔中泥浆性能指标

性质	阶段			试验方法
	新制泥浆	循环再生泥浆	清孔泥浆	
相对密度	≤1.1	1.08～1.28	1.06～1.10	泥浆相对密度计
黏度/(Pa·s)	22～29	20～25	20～28	标准漏斗黏度计
失水量/(mL/30 min)	≤10	14～16	≤10	滤纸、玻璃板
泥皮厚度/mm	1.0～1.5	1～2	≤1	尺
胶体率/%	100	≥96	≥95	量筒
含砂率/%	<1.0	0.3～3	<1.0	含砂率计
pH 值	8～10	8～9	8～10	pH 试纸

2.4　桩基施工

针对工程实际情况，选用桩基施工工艺流程如图 2-3 所示。

2.4.1　施工技术准备

1. 桩位测量

钻孔平台搭设完成后，测量组应重新对桩位进行测定，并由专人做好桩位护桩。在钻机未上钻孔平台前，须将所有桩位钢护筒顶部用钢板封盖起来，以便钻机和履带吊后期在平台上作业有充足的工作面并保证施工安全。在钻机钻孔施工期间再依次吊走钢板。

2. 钻机就位

钻机进场之前，必须检查各部件是否完好、齐全，如发现有损坏绝不能勉强使用，必须更换或配齐，确保对机械的运行无影响。选择具有丰富钻孔桩施工经验的队伍承担钻孔桩施工。在打设好的钢护筒上对称地用油漆标出桩位中心，确保其偏差不大于 20 mm。

待钻机就位后，再次进行复测，检查钻头中心位置与桩位中心的对中情况及钻机水平情况，保证钻机在钻进过程中的稳定性，其控制指标为四角高差不大于 2 mm、钻头对中误差

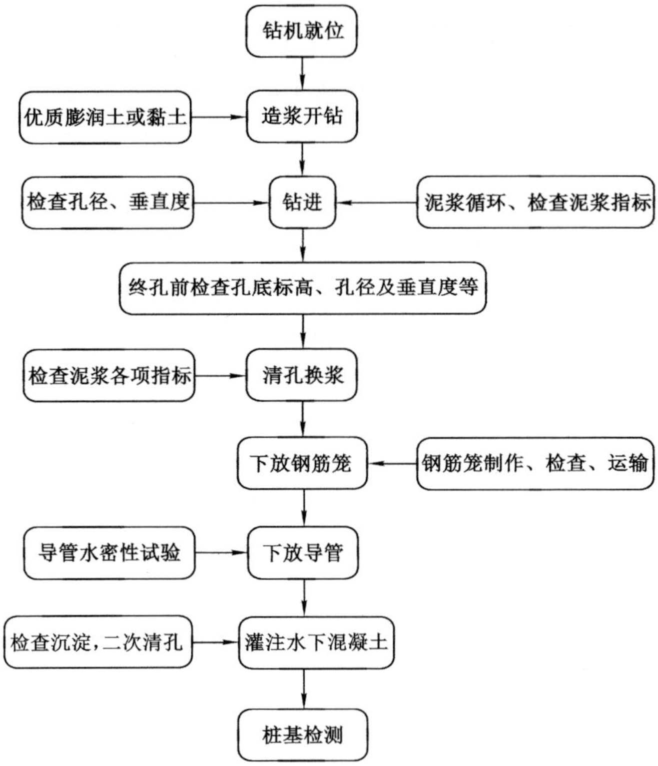

图 2-3　桩基施工工艺流程图

不大于 10 mm。钻机在钻进过程中应时刻观察其平整度(观看水平气泡),避免钻机倾斜而导致成孔位置倾斜。

配套的钻杆、导管、钻头在使用之前进行检查、实物编号,并准确丈量记录各测量结果,汇总制表记录备案。

3. 泥浆制备与循环

护壁泥浆在钻孔中非常重要,泥浆性能的好坏决定钻孔时的成孔质量。由于土层为杂填土、卵石层,无法造浆且容易漏浆,因此泥浆控制尤为重要。

泥浆制备:根据地质报告结果,施工区域内上部有将近 14 m 的粉质黏土层,适合于自身造浆,在钻进过程中利用正、反循环过程中钻头的旋转可以自身造浆。若自身造浆的泥浆性能达不到护壁及钻进要求,或者在钻机钻进到卵石层地质而出现漏浆需要补浆的情况下,可以在原有的泥浆里加入膨胀土、烧碱或纤维素。

2.4.2　钻孔施工

1. 护筒内钻进阶段

护筒内钻进采用“正转反吹法”钻进施工,主要目的是引孔、造浆、调浆。护筒内钻进应注意以下几点。

(1) 泥浆控制:根据地质报告结果,施工区域上部地层有部分粉质黏土、粉土,因此在钻进时,对自造的泥浆应进行有效的监测。泥浆过稠,则会大大降低钻进效率,甚至可能引起糊钻现象;泥浆过稀,则给出护筒后的粗砂混卵石层钻进的泥浆护壁与排渣增加难度、带来不便。因此，钻进时应重点监测泥浆的性能指标（泥浆相对密度<1.20，黏度 25～28 Pa·s，含砂率≤4%），及时排浆、加水稀释泥浆，既要提高钻进效率，更要保证泥浆浓度满足粉砂层的钻进施工要求。

（2）护筒底口反循环钻进时，应采用慢转速、降低进尺，不扰动护筒底口土层，确保底口不漏浆，保证护筒的稳定性。

2. 正常钻进过程

（1）根据实际地质情况选取钻头，本工程可选用典型的三级渐进式钻头钻进，对应地层为黏土层、粉砂层、小卵石层和泥岩层。当钻头进入粒径较大的卵石层时，应注意观察钻具运转情况、进尺速度和排渣情况。当进尺速度小于 6 cm/h，或者没有进尺、出渣困难时，更换为锥形钻头（钻头压力集中，提高卵石破碎效率）；当穿透大粒径卵石层后，再采用三级渐进式钻头钻进。渐进式钻头如图 2-3 所示，三翼钻头如图 2-4 所示。

图 2-3　三段式渐进牙轮钻头

图 2-4　三翼钻头

（2）当地质情况变化频繁，层面交界无规律时，应控制钻进速度，防止斜孔发生，因此必须及时调整钻机的水平度和垂直度，确保钻孔的垂直度。

（3）钻孔桩在钻进过程中要观察长江水位情况，始终保持孔内泥浆高于护筒外水位2 m以上。试桩施工过程中，由于标高 24～30 m 范围内土层为大粒径卵石层，在钻孔过程中存在严重的漏浆现象，因此钻机在钻进该地层时多注意孔内水头位置，以清除孔底沉渣并将管道内的钻渣携出排净，然后再加接钻杆。

（4）加接钻杆时，钻杆采用法兰盘连接，认真检查密封圈，以防钻杆接头漏水、漏气而使反循环无法正常工作；升降钻具应平稳，尤其是当钻头处于护筒底口位置时，必须谨慎操作，防止钻头钩挂护筒而破坏护筒底部的孔壁。

（5）钻进过程中定期对钻头和钻杆进行检查，防止每节钻杆的法兰盘有坏丝或损坏的情况而导致钻杆或钻头脱落掉入孔中，造成钻进过程中的事故。

（6）钻进过程应连续操作，详细、真实、准确地填写钻孔原始记录。钻进过程中发现异常情况时，应及时上报处理。

（7）测绳测量孔深距孔底标高差 50 cm 左右时，钻具不再进尺，先停钻、停气，清理掉沉渣池钻渣，以增加清渣效果；再采用大气量、低转速开始清孔循环，对泥浆进行全部净化，经过 2 h 后，停机用测绳测孔深，此时若不到孔底标高，则由钻具补钻至孔底设计标高。通过以上工艺来防止超钻、孔过深而导致沉渣少的假象。

2.4.3 钻孔常见问题

1. 坍孔

(1) 现象

孔内水位突然下降,孔口冒细密的水泡,出渣量显著增加而不见进尺,钻机负荷显著增加等。

(2) 原因

① 泥浆密度不够或其他泥浆性能指标不符合要求,使孔壁未形成坚实的泥皮,护壁效果不好。

② 掏渣后未及时补充泥浆,或孔内出现承压水,或钻孔通过砂砾等强透水层,孔内泥浆流失等,造成孔内水头高度不够。

③ 钻机装置在护筒上,振动使孔口坍塌,扩展成较大坍孔。

④ 在松软砂层钻进,进尺太快;清孔后泥浆密度、黏度等指标降低,使孔内水位低于地下水位,清孔时间过久或清孔后停顿时间过长。

(3) 预防措施

① 在松散粉砂土或流砂中钻进时,应控制进尺速度,选用相对密度大、黏度高、胶体率高的泥浆护壁。

② 如坍孔严重时应全部回填,待回填物沉积密实后再行钻进。

③ 清孔时指定专人补新制备的泥浆,保证钻孔内必要的水头高度。

2. 钻孔偏斜

(1) 现象

成孔垂直度超过设计要求。

(2) 原因

① 钻孔中遇到有较大的孤石或探头石及大粒径卵石。

② 岩面强度不一、软硬互层,钻头易出现“顺层跑顶层进”而造成孔斜。

③ 钻具的垂直度不好,钻压过大等。

④ 钻机未安置水平,或产生不均匀沉陷。

(3) 预防措施

① 严格检查钻具的垂直度和同心度,不符合要求的钻具绝不下入孔内。同时,在钻进时设置扶正器。

② 动力头回转中心、孔位中心保持在同一垂线,钻机底盘平稳。

③ 钻孔过程中根据施工的具体情况采取合理的钻进参数,进入岩层宜采用低压慢转速钻进,时常观察钻机的水平度。

④ 将扫孔纠斜钻头下到偏斜值超过规定的孔深部位的上部,慢速回转钻具,并上下反复窜动钻具。下放钻具时,要严格控制钻头进尺速度,减压慢钻。

(4) 纠正措施

① 重新下钻至斜孔处,进行扫孔。

② 如果偏斜过大无法通过正常扫孔进行纠偏,则应重新回填后再进行钻进成孔。

3. 扩孔与缩径

(1) 现象

孔径扩大或缩小。

(2) 原因

① 扩孔是孔壁坍塌而造成的结果，在各种钻孔方法中均可能发生。若仅孔内局部发生坍塌而扩孔，钻机仍能达到设计深度，则不必处理，只是混凝土浇筑量大大增加；若因扩孔后继续坍塌影响钻进，则应按坍孔事故处理。

② 缩径原因有两种：一种是钻头修补不及时，严重磨耗的钻头往往钻出较设计桩径稍小的孔；另一种是由于地层中有软土，遇水膨胀后使孔径缩小。

(3) 预防措施

① 使用与钻孔直径相匹配的钻头以气举反循环工艺钻进成孔，采用高黏度泥浆清渣护壁。

② 在亚黏土层采用小钻压、中等转速钻进成孔，并控制进尺。

③ 根据钻孔的钻进参数、孔径检测情况，适当调整钻进参数，以期达到设计要求。

④ 当发现钻孔缩径时，可通过提高泥浆性能指标，降低泥浆的失水量，以稳定孔壁。同时，在缩径孔段注意多次扫孔，以确保成孔直径。

4. 钻孔漏浆

(1) 现象

在透水性能强或有地下水流动的地层中，稀泥浆向孔外漏失。

(2) 原因

含水地层孔壁护壁不牢而产生漏浆。

(3) 预防措施

为防治漏浆，可加稠泥浆或倒入黏土慢速转动，提高泥浆的护壁能力；同时加入其他堵漏材料进行堵漏。

5. 掉钻、落物

(1) 现象

钻头或物品掉至孔内。

(2) 原因

① 钻头连接不牢固，钻杆与钻杆或钻杆与钻头之间的连接承受不了扭矩或自重，使接头脱落、断裂或钻杆断裂所致。

② 持物者操作不慎。

(3) 预防措施

加强钻杆及法兰盘接头的质量检查，避免有裂纹或质量不过关的钻具用于施工中；同时钻进施工时要中低压、中低速钻进，严禁大钻压、高速钻进，减小扭矩。

当发生掉钻时，宜迅速用打捞钩、叉、绳套等工具打捞。若钻头已被泥砂埋住，应按前述各条，先清除泥砂，使打捞工具接触钻头后再打捞。

根据以往施工经验，采用偏心钩打捞，速度快，成功率高。打捞要及时，不可耽搁，以免孔壁不牢，出现塌孔，故现场需备好打捞钩，以防万一。

6. 钻机钻头不进尺

(1) 现象

钻头磨损严重却不进尺。

（2）原因

可能遇到了强度较高的胶凝卵石层。

（3）预防措施

针对不同的地质情况，选择不同型号的钻头和合理的钻进参数，必要时对钻头齿头进行改良（一般是改齿头的内切角，加大削切力）。

7. 主墩周边长江堤岸变形位移等问题

处理措施如下：

① 若出现长江堤岸边有泥浆渗漏，应及时调整泥浆性能，并往孔内填黏土来堵塞卵石层空隙，及时补充孔内泥浆，保证孔内水头高度。

② 在钻孔期间对长江堤岸进行边坡测量监控（每小时监控 1 次），如果有局部位移，则应增加监控频率，停止钻孔，提钻后采取黏土回填。

2.4.4 成孔质量控制

钻孔质量控制三大要素：桩孔的深度、桩径和垂直度。

1. 垂直度控制

（1）钻机就位，完成所有准备工作，开钻前，必须再次校正水平和“三点一线”，做到横平竖直。每班不少于 2 次检查水平，不少于 1 次检查“三点一线”，并做好记录。发现倾斜或偏位时必须立即纠正，并查明原因，详细记录。

（2）所有钻杆必须平直、圆滑，发现有弯曲、破损等现象时应及时调换或修补。熟悉地质情况，根据地层的变化随时调整钻进参数。特别是在地层变化或软硬互层的界面，要减压慢钻，待进入正常层位后，再正常钻进。

（3）淤泥质黏土层轻压快钻，砂土层、粗砂混卵石层等轻压慢钻。卵石层钻进采用大配重孔底加压，慢钻，且根据具体情况按照设计要求的钻孔垂直度设置扶正器。

（4）加钻杆或提钻（换钻头或检查钻具）时注意观察动力头的受力变化、孔口板位置钻具的平面位移，发现异常、动力头水平晃动（偏移）或孔口板位置钻具有平面位移时，立即查明原因。如钻孔垂直度有问题，计算出垂直度变化较大的范围，进行扫孔纠偏。

2. 桩径的控制

（1）施工过程中必须确保钻机的稳定性。

（2）每次下钻前严格检查钻头直径，应与设计桩径匹配。

（3）根据设计图纸，准确计算护筒底面标高和变截面标高。在这些位置应减压慢钻，控制好钻进参数，尽量减少扫孔次数，从而有效控制护筒底口段孔壁的完整性和变截面上下段的孔径。

（4）控制孔内的泥浆指标，确保孔壁的稳定。

3. 孔深的控制

（1）孔深以设计图纸提供的孔底标高或者其他技术要求为准。

（2）钻进到设计孔深时，通知质检员及监理人员确认孔深；钻进达到设计孔深后会同监理人员验收。

（3）孔底沉渣满足规范和设计要求。

（4）孔深测量以测绳为主、钻具为辅。

2.4.5 清孔

1. 第 1 次清孔

清孔时将钻具提离孔底 30～50 cm，缓慢旋转钻具，补充优质泥浆，进行反循环清孔，同时保持孔内水头，防止塌孔。经检测孔底沉渣厚度满足设计及规范要求，孔内泥浆指标符合泥浆控制技术规范要求后(循环时间控制在 2～4 h)，及时停机拆除钻杆(提钻过程中，保证钻机的稳定、垂直，防止钻头将孔壁的泥皮刮落)、移走钻机，尽快进行成桩施工。

在钻孔和清孔的过程中，孔内泥浆携钻渣经过砂石泵抽入沉渣池内，沉渣经过沉淀分离后的优质泥浆继续返回到孔内循环使用，而钻渣通过排渣槽收回到指定堆放处。钻渣要求集中堆放，运输到场外指定地点。废浆排入混凝土罐车拖走。当桩位偏差≤30 mm、偏斜度≤1/150、沉渣厚度≤5 cm 及泥浆指标达到要求后，及时报验。成孔质量控制标准如表 2-3 所示。

表 2-3 钻孔桩成孔质量控制标准

序号	检查项目	规定值或允许偏差	检查方法
1	孔的中心位置/mm	≤100(群桩)	全站仪或经纬仪
2	孔径/mm	不小于设计值	测孔仪
3	垂直度	≤1/100,且不大于 500 mm	测孔仪
4	孔深	不小于设计值	测绳量
5	沉渣厚度/mm	<50	沉淀盒或标准测锤
6	钢筋骨架底面高程/mm	±50	水准仪

2. 检孔

当钻孔达到孔底设计标高后，提起钻头，对孔径、垂直度、沉渣厚度和孔壁形状进行检测，检测设备采用 JL-KJ 智能孔径超声数字成像仪，经监理工程师验收认可后，应立即采用反循环清孔。清孔时将钻头下放至距离孔底 20 cm 左右位置，钻机慢速空转，保持泥浆正常循环，同时置换泥浆。当泥浆指标达到相对密度<1.06、黏度 22～24 Pa・s、含砂率<0.3%、胶体率 100%后，停止清孔，拆除钻具，移走钻机。严禁使用超钻加深钻孔的方法代替清孔。

3. 第 2 次清孔

成孔检测合格后，进行钢筋笼的孔口安放并做好检验与验收工作。钢筋笼安放完成后，须对孔底沉渣厚度进行检测；超标时，必须在灌注混凝土前，借助钻机砂石泵法兰盘连接导管利用反循环原理进行二次清孔。

2.4.6 钢筋笼施工

钢筋笼半成品钢筋均在后场钢筋加工厂集中制作，制作好的半成品用平板拖车运至场外制作厂，钢筋笼整体制作成型拆节后再利用平板车运到桩位处存放。利用 150 t 履带吊下放钢筋笼。

1. 钢筋笼分节及下料

钢筋笼标准节按 9.0 m 长度进行制作，下料前应将钢筋调直并清理污锈，钢筋表面应平直，无局部弯折。钢筋笼下料后采用切割机将钢筋的两头切平，使切口端面与钢筋轴线垂直，不得有马蹄形或挠曲，以保证钢筋连接的顺利进行。

2. 质量检查

(1) 钢筋的品种和质量必须符合设计要求和有关标准的规定,必须有出厂质量证明书和试验报告单。

(2) 连接套筒的规格和质量必须符合要求,必须提供产品合格证,一般为低合金钢或优质碳素结构钢,其抗拉承载力应大于等于被连接钢筋的受拉承载力标准值的 1.20 倍。套筒长为钢筋直径的 2 倍,其尺寸要求如表 2-4 所示,出厂质量要求如表 2-5 所示。

表 2-4 套筒尺寸偏差及精度要求表

套筒直径 D/mm	外径允许偏差/mm	长度允许偏差/mm	螺纹精度
≤50	±0.5	±0.5	6H(GB/T 197)
>50	±0.01D	±0.5	6H(GB/T 197)

表 2-5 套筒出厂质量检验要求表

序号	检测项目	量具名称	检验要求
1	外观质量	目测	表面应无裂纹和影响接头质量的其他缺陷
2	外形尺寸	卡尺或专用量具	长度及外径应满足图纸要求
3	螺纹尺寸	通端螺纹塞规	能顺利连接套筒并达到旋合长度,塞规允许从套筒两端分部分旋合,旋入量不应超过 $3p$(p 为螺距)

(3) 直螺纹钢筋接头应经力学性能检验并达到合格。

(4) 加工钢筋丝扣外观质量应符合表 2-6 的要求。

表 2-6 钢筋丝扣质量检验要求表

序号	检测项目	量具名称	检验要求
1	外观质量	目测、卡尺	牙型完整、螺纹大径低于中径的不完整丝扣累计长度不得超过 2 倍螺纹周长
2	外形尺寸	卡尺或专用量具	标准套筒长度的 1/2,其公差为 $2p$(p 为螺距)
3	螺纹直径	通端螺纹环规	能顺利旋入螺纹

3. 成品存放与保护

(1) 连接套筒丝扣质量检验合格后,一端用塑料密封盖保护,另一端戴上套筒,防止丝扣生锈及机械损伤。

(2) 长期堆放情况下,对钢筋进行垫高覆盖,防止生锈。

(3) 丝头或连接接头在运输过程中应妥善保护,避免雨淋、沾污、遭受机械损伤。

(4) 丝扣检验合格后的钢筋,应分类堆放整齐,并做好标示、标牌。

4. 钢筋笼的制作

(1) 本桩钢筋笼总长 87 m,因为受施工场地限制钢筋笼在 2# 主墩钢筋场内加工,采用两次性整体成型制作,钢筋笼制作台采用 2 根主纵梁 I25 型钢,总长为 48 m,按 1.5 m 宽设置并挂线调平后,每隔 3 m 用 ϕ25 mm 钢筋做一道横向连接,使型钢连成总体,以保证钢筋笼的整体顺直。

(2) 由人工将 2 根主筋按图纸间距顺向摆放在型钢台上，并在主筋上等距焊接加劲圈，在加劲圈顶部焊接 1 根主筋，依次利用调节挂钩把其他主筋分别布置在加劲圈上，整体焊接成型，整体骨架成型后再布置骨架外的盘条钢筋。钢筋笼制作成型后再把它拆分成单节，每节长度为 9 m，并且每节钢筋笼套筒接头处都用红油漆做好记号(便于在孔内下放钢筋笼时重新连接)。拆分后的钢筋笼用平板车转运到桩旁的钢筋笼存放区，并做到上盖下垫。

(3) 钢筋的连接采用滚轧直螺纹接头，即通过钢筋端头直接滚轧或剥肋后滚轧制作的直螺纹和连接件螺纹咬合形成的接头。同一截面内主筋接头数量不得超过全部主筋数量的 50%。

(4) 钢筋笼加工时要确保主筋位置准确，并在钢筋笼外侧安装保护层垫块，保护层钢筋沿桩长每隔 2.0 m 设 1 道，每道沿圆周对称地设置 4 块，以确保设计要求的钢筋混凝土保护层厚度。

5. 声测管安装

(1) 声测管采用 ϕ57 mm×3 m 无缝钢管，分别有中管、低管及接头，长度有 9 m、6 m、3 m。声测管连接采用卡扣式接头。

(2) 桩基钢筋笼内部等距设置 4 根声测管，在钢筋笼没有下放前利用铁钩挂在钢筋笼底端，顶端用铁丝绑扎，避免钢筋在起吊时声测管掉落。

(3) 声测管上端必须高出护筒顶 20 cm。

6. 钢筋笼定位架制作安装

(1) 由于本桩基是大直径桩基，且钢筋笼质量达到 42 t，钢筋笼安装时不可能采用常规施工方法进行钢筋笼的定位，项目部决定采用制作钢筋笼定位架方法进行钢筋笼安装定位施工。

(2) 钢筋笼定位架采用钢护筒和型钢组合而成，如图 2-4 所示。

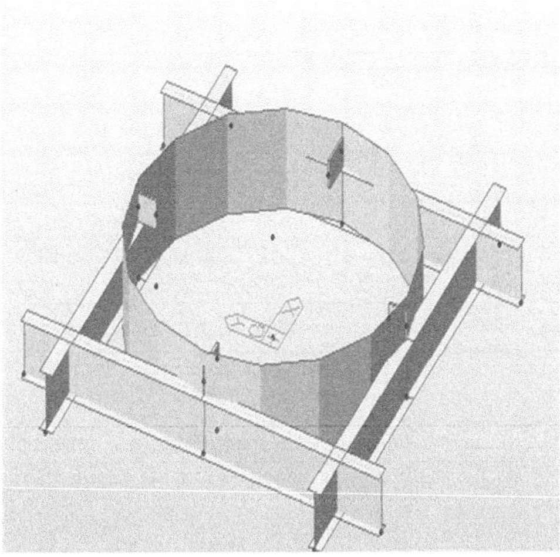

(a) 效果图

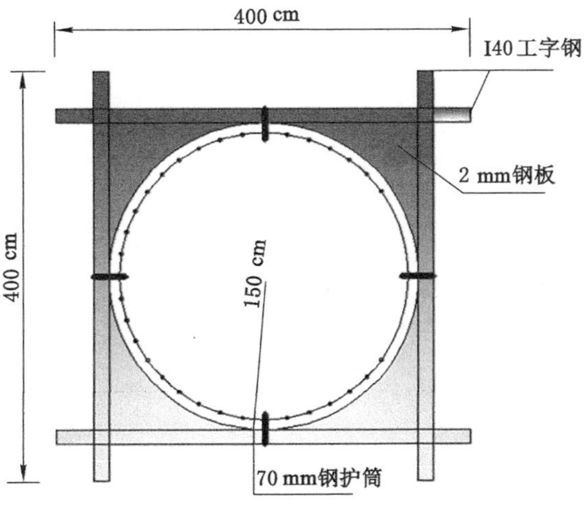

(b) 平面图

图 2-4　钢筋笼定位架构造图

7. 钢筋笼安装

(1) 钢筋笼吊装时需用专用平板车或吊车运至现场，钢筋笼牢固固定在平板车或吊车上，防止运输时变形，严禁用翻滚的方式运输钢筋笼。钻孔桩成孔经检验合格后，把钢筋笼定位架对中孔心放置后即可开始钢筋笼吊装施工。为保证钢筋笼起吊时不变形，采用长吊绳小夹角的方法减小水平分力，起吊时顶端吊点采用 4 根等长吊绳(利用专业吊具)，单节钢筋笼 1/3 长底部位置设置 1 根吊绳，吊点设置在钢筋笼加强箍筋上(加强箍筋吊点位置必须与主筋焊接牢固，并用其他钢筋补强)。吊机主钩吊顶端吊绳，副钩吊根部吊绳，先起吊顶部吊绳，后起吊根部吊绳，使平卧变为斜吊，根部离开地面时，顶端吊点迅速起吊到 90°后停止起吊，解除根部吊点及木垫。检查钢筋笼是否顺直，如有弯曲应整直。当钢筋笼进入孔口后，应将其扶正徐徐下降，严禁摆动碰撞孔壁。当钢筋笼下降到顶部吊点附近的加劲箍接近孔口时，用插销钢板穿过定位架钢护筒卡在加劲箍的下方，将钢筋笼临时支撑于孔口。此时吊装第 2 节钢筋笼，使上、下 2 节钢筋笼位于同一竖直线上，进行套筒连接，对接时要衔接迅速，减少作业时间；连接完成后再进行声测管的连接，声测管连接时要保证接头被液压钳压紧，并且在接头处涂玻璃胶防止液体进入管内，声测管必须顺直牢固地绑扎在钢筋笼主筋上。声测管安装完成后稍提钢筋笼，抽去临时支托，将钢筋笼徐徐下降，如此循环，使全部钢筋笼降至设计标高为止。钢筋笼安装完成后需要对 4 根声测管灌满清水，并用橡胶套盖住管口。

(2) 根据测定的孔口标高计算出定位吊筋(采用 4 根 ϕ28 mm 光圆钢筋)的长度，核对无误后进行吊筋与主筋的焊接，焊接完成后把钢筋笼下放至设计标高，然后将定位架的插板分别插入吊环内将整个钢筋笼骨架支托于定位架上，其后撤下吊绳。

8. 注意事项

(1) 钢筋笼下放前应严格检查钢筋笼尺寸、间距及保护层厚度，各项指标如表 2-7 所示，确保其满足设计要求。

表 2-7　钻孔灌注桩钢筋安装实测项目

<table>
<tr><th>编号</th><th colspan="2">检查项目</th><th>单位</th><th>允许偏差</th><th>检查方法和频率</th></tr>
<tr><td>1</td><td colspan="2">受力钢筋间距</td><td>mm</td><td>±10</td><td>尺量：每构件检查 2 个断面</td></tr>
<tr><td>2</td><td colspan="2">螺旋筋间距</td><td>mm</td><td>±20</td><td>尺量：每构件检查 5～10 个间距</td></tr>
<tr><td rowspan="2">3</td><td rowspan="2">钢筋骨架尺寸</td><td>长</td><td>mm</td><td>±10</td><td rowspan="2">尺量：按骨架总数 30%抽查</td></tr>
<tr><td>宽、高或直径</td><td>mm</td><td>±5</td></tr>
<tr><td>4</td><td colspan="2">保护层厚度</td><td>mm</td><td>±20</td><td>尺量：检查 8 处</td></tr>
</table>

(2) 两节钢筋笼对接时，按照长线法拼接的标记对位，使上下节中心线保持一致，各钢筋的对位准确。在钢筋笼的接长、安放过程中，始终保持骨架垂直；钢筋笼接长时每节接长应保证垂直度满足要求，接头牢固可靠。

① 必须使用力矩扳手拧紧。

② 套筒连接主筋的长度上下应一致，严禁出现一头入丝长一头入丝短。

③ 上下主筋接头截面不允许有间距。

④ 严禁电焊焊接套筒。

(3) 钢筋笼安装过程中应采取有效的定位和下放措施，要以桩位放样中心定位，不得以护筒中心代替。确保钢筋笼准确定位和防止碰撞孔壁，当下放困难时，应查明原因，不得强行下放。不得将变形的钢筋笼放入孔内。对接时要衔接迅速，减少作业时间，力争尽快下笼。

(4) 钢筋笼安装到位后及时固定，防止脱落，并采取有效措施防止钢筋笼在混凝土灌注过程中上浮。钢筋笼下笼时要安装触底装置，避免钢筋笼变形。

(5) 下笼过程中，保证声测管的位置准确顺直，接头连接牢固、密封性好。

(6) 钢筋笼吊筋的设置：根据现场实际情况看是否需要设置钢筋笼吊筋。吊筋的作用主要是使钢筋笼悬空以保证钢筋笼底部的保护层和对钢筋笼的定位。吊筋长度计算公式为：吊筋长度＝地面标高－桩顶标高－桩内钢筋伸入冠梁的锚固长度＋搭接长度。

2.4.7　混凝土灌注

1. 导管安装

在安装导管之前应检查每节导管制作是否坚硬、牢固，内壁是否光滑、顺直、光洁和无局部凹凸。导管直径应与桩径及混凝土浇筑速度相适应，各节导管内径应大小一致，偏差不大于±2 mm。导管在使用前和使用一段时期后，应对其规格、质量和拼接构造进行认真检查。导管直径为 350 mm，每节长度为 3 m，调节管长度分为 1.5 m、1 m、0.5 m，总长度应满足混凝土灌注要求。先把导管首尾用密封扣件相连。导管可在钻孔旁预先分段拼装，在吊放时再逐段拼装。分段拼装时应仔细检查，变形和磨损严重的不得使用。导管组装后轴线偏差，不超过钻孔深度的 0.5％并不大于 10 cm。

导管底口至桩孔底端的间距控制在 0.3～0.4 m。首批混凝土储料斗设计容积应满足导管初次埋置深度大于 1 m。

2. 混凝土供应

混凝土由后场拌合站集中供应，采用汽车泵或卧泵输送。应保证基桩混凝土灌注连续、快速地进行，做到一气呵成。

按 3 倍浇筑桩身混凝土体积备齐砂、石、水泥、外加剂等原材料，当钻孔灌注桩成孔时间较集中时加大储备量，并确保原材料质量满足施工要求。

3. 混凝土灌注

在浇筑桩基混凝土前，须对桩孔进行全面的检查，当孔深、沉淀厚度满足设计要求，泥浆相对密度达到 1.03～1.10、黏度 17～20 Pa·s、含砂率＜2％、胶体率＞98％的要求时，可以进行混凝土灌注。

混凝土具有良好的和易性，灌注时保持足够的流动性，其坍落度宜控制在 16～20 cm，首批混凝土的初凝时间控制在 8 h 以内。

灌注设备由导管、首批混凝土储料斗（14 m^3）及小料斗等组成。导管接头为螺旋式，壁厚 δ＝12 mm，直径 350 mm，刚性导管，容许承受的最大内压力为 2.5 MPa，采用履带吊提拔、拆除刚性导管。开始灌注首批混凝土时，首盘混凝土按 14 m^3 控制可满足要求，采用剪球法或设置隔水栓隔水（减少首盘混凝土灌注时与孔内泥浆接触而导致混凝土离析影响桩底混凝土质量）。首批混凝土方量计算式如下：

首批灌注混凝土的数量应能满足导管埋置深度（≥1.0 m）和填充导管底部的需要，所需混凝土数量计算如下：

$$V \geqslant \pi(H_1 + H_2)D^2/4 + \pi h_1 d^2/4$$

式中 V——灌注首批混凝土所需数量，m^3；

D——桩孔直径，m；

H_1——桩孔底至导管底端间距，取 0.4 m；

H_2——导管初次埋置深度，取 1 m；

d——导管内径，m；

h_1——桩孔内混凝土达到埋置深度 H_2 时，导管内混凝土柱平衡导管外泥浆压力所需的高度，m，$h_1 = H_w \cdot r_w / r_c$；

H_w——孔内泥浆的深度，m；

r_w——孔内泥浆重力密度，kN/m^3；

r_c——拌合物重力密度，kN/m^3。

经计算，首批混凝土方量应不小于 13.5 m^3，实施过程中，按首批混凝土 14 m^3 控制。首批混凝土灌注后，连续灌注，为防止混凝土供应中断造成断桩，采用备用供应系统。尽可能缩短拆除导管的间隔时间，必须时刻用测深锤探测孔内混凝土面标高，并做好相关记录填写（灌孔桩基记录表），测算混凝土上升高度和导管埋深，以便及时调整导管埋深，一般情况下导管埋深控制在 2～6 m。混凝土导管不宜埋置过深，拆除导管应迅速及时，拆除后导管要检查密封圈好坏，及时更换密封圈，并保证导管有足够的安全埋管深度。测算混凝土上升高度和导管埋深要勤、要准。

灌注混凝土过程中，严格控制混凝土质量，随时检测混凝土坍落度，并根据规范要求抽样制作混凝土试件，以检验桩基混凝土质量。

为确保成桩质量，桩顶加灌 0.5～1.0 m 高度。灌注过程中，指定专人负责填写水下混凝土灌注记录。

基桩施工完成且混凝土强度达到检测要求后，及时联系检测单位进行检测。

第 3 章　锚碇深基坑及扩大基础施工技术

3.1　锚碇基坑概况

白洋侧锚碇所在场地覆盖层较薄，基础较好，基岩裂隙水贫乏，基坑开挖采用放坡开挖，覆盖层采用 1∶1.0 放坡，基岩采用 1∶0.5 放坡。基坑开挖采用锚杆、挂网、C30 混凝土锚喷支护，同时设置相应的临时排水管、汇水沟和集水井；基岩裂隙水贫乏，属弱含水、弱透水地层，基坑开挖过程中采用井点降水以确保干处开挖。

宜都岸基底标高为 37.500 m，基坑总深度为 8.5 m，采用两级放坡，边坡坡率为 1∶1.25。卵石层采用 C20 喷射混凝土封面。

基坑开挖顺序为：

(1) 场地平整，三通一平，相应设备机械进场。在基坑周边设置 4 个地下水位观测井，密切关注地下水位；基坑放坡开挖至 39.0 m，边坡坡率为 1∶1.25，边坡顶部应设置截水沟。

(2) 基坑采用分块开挖，先开挖基坑前后趾，后开挖基坑中间段；基坑前后趾放坡开挖至 37.600 m，边坡坡率为 1∶1.25，卵石层边坡采用 C20 喷射混凝土封面。

(3) 在标高 37.600 m 处进行基底相关荷载试验，如基底承载力不满足要求，须进行注浆等地基处理措施，确保基底承载力、均匀性等满足要求。相关试验及地基加固处理措施完成后，基坑开挖至标高 37.200 m，采用 C20 素混凝土作为垫层。开挖至基底设计标高附近，尽可能进行人工开挖，防止基底扰动。

(4) 锚碇前后趾混凝土分块浇筑，注意预留后浇段；严格按照大体积混凝土施工工艺进行施工。

(5) 基坑中间段开挖至设计基底标高，相关试验及基底加固措施完成后，基坑中间段混凝土分块浇筑，注意预留后浇段。

(6) 扩大基础底层后浇段施工，扩大基础后浇段采用微膨胀混凝土。密切关注基坑地下水位，合理安排工期。

(7) 扩大基础第 2 层浇筑：按照大体积混凝土施工工艺，进行扩大基础顶层分块浇筑。

开挖完毕按规范做基底试验，保证地基承载力极限值、地基变形模量、地基承载力特征值、地基变形模量极差等参数满足规范要求。

3.2　锚碇扩大基础施工

桩基直径及深度大，地质条件复杂，施工难度大，应根据实际情况选用合适的钻孔设备及工艺措施。

基坑开挖施工完成后，进行基底承载力及均匀性试验。试验满足要求后，填筑 30 cm 厚级配碎石，浇筑 20 cm 厚 C20 垫层混凝土。之后浇筑扩大基础混凝土，扩大基础高 8 m，分 2 层施工，每层 4 m，每层又分为 6 块施工，块与块之间设置后浇带，后浇带采用微膨胀混凝土，第 2 层中部 2 块混凝土施工前要进行锚固系统安装。

锚碇扩大基础施工顺序为：基坑开挖→基底试验→填筑级配碎石→浇筑垫层混凝土→扩大基础第 1 层第 1～6 块混凝土施工→第 1 层后浇带施工→回填卵石混凝土→扩大基础第 2 层第 7～10 块混凝土施工→锚固系统安装→扩大基础第 2 层第 11、12 块混凝土施工→第 2 层后浇带施工→基坑回填。

3.2.1 垫层施工

锚碇基坑开挖完成后，进行基底承载力及均匀性试验，试验结果满足要求后，根据设计图，基底填筑 30 cm 厚级配碎石，级配碎石级配应符合规范要求，通过水稳拌合楼拌合后运至现场铺筑，履带式机械进行压实，压实遍数不少于 5 遍；级配碎石铺筑检验合格浇筑 20 cm厚 C20 垫层混凝土并及时收平抹面，保证顶面平整度。换填级配碎石 2 324 m^3，C20 垫层混凝土 1 550 m^3。

3.2.2 钢筋及冷却水管施工

1. 钢筋制作及运输

锚碇钢筋采取直螺纹连接，钢筋的车丝及螺纹套筒的一端套接均在 2# 钢筋场完成，对于两端都为车丝的钢筋，一端套上螺纹套筒，另一端用塑料包裹套对端头进行保护，待钢筋运输到前场安装到位后利用管钳在安装现场完成连接。为了保证钢筋连接的顺利进行，加工好的钢筋在运输及吊装过程中要加强保护，尤其是钢筋的外露螺纹及套筒的内螺纹。

由于扩大基础钢筋型号较多，钢筋长度变化不一，每种型号量都很大，应做好标识；对底板钢筋采用分层分块的办法进行堆放，通长钢筋（即 12 m 一节钢筋）先按分层分块要求捆绑在一起，再集中在一个地方统一堆放。

2. 钢筋绑扎

扩大基础根据后浇带及分层，分为 2 层 12 次浇筑，每层浇筑高度为 4 m，钢筋按照扩大基础混凝土浇筑分层分块情况进行分层分块绑扎。

扩大基础钢筋绑扎分成 4 个部分：底板钢筋、侧面分布钢筋及架立钢筋、顶板钢筋、预埋钢筋。

（1）底板钢筋绑扎

底板钢筋为网片式结构，设置 1 层，钢筋网片直接分布在垫层混凝土上，采用砂浆垫块支撑，垫块间距按 1 m 一个梅花形布置。

（2）侧面分布钢筋及架立钢筋绑扎

在底板钢筋绑扎完成之后，进行侧面分布钢筋及架立钢筋的绑扎，侧面分布钢筋绑扎与架立钢筋采取同时绑扎、连接成整体的施工方法。

（3）顶板钢筋绑扎

顶板设置一层钢筋网片，采用架立钢筋进行固定。根据设计图纸位置，安装顶板钢筋。底板与顶板钢筋施工中应做到上、下层网格对齐，层间距准确。为了确保钢筋的保护层厚度，施工中防止由于绑扎扎丝深入保护层内形成腐蚀通道。

（4）锚块、散索鞍支墩预埋钢筋施工

钢筋预埋固定是通过架立钢筋来实现的，具体做法如下：在绑扎底板钢筋前，先测量出扩大基础内预埋钢筋的平面位置，然后与架立钢筋焊接固定，钢筋平面位置和倾斜度通过测量控制。当预埋钢筋与其他钢筋位置相冲突时，适当移动面层钢筋，保证预埋钢筋位置准确。

3. 预埋件制作安装

扩大基础上需埋设施工时所需的各种预埋件，如塔吊、接地、定位钢架等，并注意预埋件不得成为永久结构物的腐蚀通道。扩大基础第 2 层施工需要预埋后锚梁，施工过程中注意定位钢架的预埋，详见宜都岸锚固系统安装方案。

4. 冷却水管制作安装

扩大基础为大体积混凝土，须埋设冷却水管，冷却水管采用 ϕ42 mm×2.5 mm 的钢管，冷却水管在架立钢筋上绑扎牢固，钢管间的连接采用专用接头，为检验接头的质量，在混凝土施工前进行通水检查，在混凝土浇筑时注意不要让振动棒直接接触冷却水管，确保冷却水管不会出现位移、变形、堵塞。通水时间不少于 14 d，冷却水管在通水冷却完成后压入水泥浆（微膨胀）进行封闭，管头露出混凝土面部位切割平整，循环水采用井水。现场制作 8 个水箱保证冷却水循环。

冷却水管的出水口和进水口采取集中布置、统一管理，并标识清楚，冷却水管由离心泵供水。用分水器将各层各套水管集中分出，分水器设置相应数量的独立水阀以控制各套水管冷却水流量，并设置一定数量的减压阀以控制后期通水速率。

3.2.3　扩大基础模板施工

扩大基础模板采用精制的大块定型钢模板，加工厂分块加工，现场采用吊车、履带吊组拼，模板的固定采用外支撑及内设拉杆。模板安装完毕后，由测量组进行校核，确保平面位置、标高满足设计及规范要求。模板尺寸采用 250 cm×200 cm、250 cm×150 cm、200 cm×200 cm、200 cm×150 cm、150 cm×150 cm、100 cm×150 cm 等大块钢模板组合拼装。模板根据扩大基础的分层浇筑高度可对其支立方向进行调整，模板面板采用 Q235 钢板制作，面板厚度 6 mm，相邻法兰采用 ∟75 mm×5 mm 角钢，横肋采用 ∟75 mm×5 mm 角钢，竖肋采用 6 mm 扁钢，模板间连接采用 M20 螺栓。模板加工时保证面板的平整度及焊缝的质量，模板背方采用双[14 槽钢，每块模板设 2 层背方。

安装架设使用吊车，第 1 次浇筑高度为 4 m，采用[25a 槽钢＋2 m 模板＋1.5 m 模板＋[25a 槽钢的组合；第 2 次浇筑高度为 4 m，采用 2 m 模板＋1.5 m 模板＋[25a 槽钢＋[25a 槽钢的组合。

模板安装时，沿周边外侧间隔 2～4 m 设置型钢斜撑，增强模板的整体稳定性，如图 3-1 所示。

模板安装前要进行除锈，均匀涂刷脱模剂，模板组拼后的位置、尺寸、平整度等满足规范要求，连接螺栓和对拉螺杆均紧固到位。对拉螺杆利用扩大基础内架立钢筋连接，安装架立钢筋时适当调节层间距，使架立水平钢筋与模板对拉螺杆在同一水平面上。

3.2.4　扩大基础混凝土施工

1. 混凝土配合比设计

大体积混凝土的配合比应根据实际施工时所采用的砂石料、水泥、粉煤灰及外加剂的性能进行交叉配合比试验，确定最佳的混凝土施工配合比；但是应遵循以下总的原则：大体积

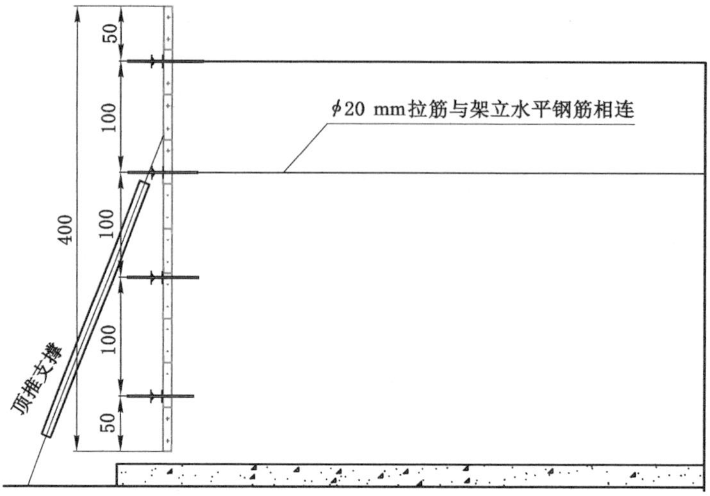

图 3-1　型钢斜向支撑(单位:cm)

混凝土应采用低水化热水泥,并采用“双掺技术”,采取降低混凝土的入仓温度等措施,以改善混凝土的性能,减小混凝土的水化热。混凝土的性能要求如下:

初凝时间:不小于 30 h。

坍落度:16～20 cm。

具有良好的流动性、和易性及可泵性。

每立方米混凝土的设计配合比如表 3-1 所示。

表 3-1　扩大基础混凝土设计配合比

序号	设计强度	水胶比	砂率/%	水泥/kg	粉煤灰/kg	细集料/kg	粗集料/kg	水/kg	外加剂/kg
1	C40	0.35	42	252	168	779	1 076	147	3.78

其中:水泥采用华新水泥厂 P.O42.5 级水泥,拌合生产时的温度不宜高于 60 ℃。

粉煤灰采用国电长源荆门发电有限公司生产的 F 类Ⅱ级粉煤灰。

细骨料采用洞庭湖黄砂,细度模数控制在 2.6～2.9,含泥量不大于 3%,其他指标符合规范要求。

粗骨料为 5～25 mm 连续级配碎石,级配优良,来源稳定。

减水剂采用聚羧酸高性能缓凝减水剂,初凝时间不小于 30 h。

井水及自来水应符合《混凝土用水标准》(JGJ 63)要求。混凝土适配工作性能及力学性能如表 3-2 所示。

表 3-2　混凝土适配工作性能及力学性能

序号	水胶比	砂率/%	初始坍落度/mm	1 h 后坍落度/mm	初始扩展度/mm	1 h 后扩展度/mm	表观密度/(kg/m³)	7 d 强度/MPa	28 d 强度/MPa	3 d 劈裂强度/MPa	7 d 劈裂强度/MPa
1	0.35	42	200	190	450	440	2 420	41.2	46.6	2.4	4.1

2. 扩大基础混凝土生产运输

扩大基础混凝土总方量 57 772 m^3，分 2 层 12 次浇筑，如表 3-3 所示。

表 3-3　扩大基础混凝土分次浇筑汇总表

分块划分	总浇筑方量/m^3	浇筑次数	单次浇筑混凝土方量/m^3
①	8 131.5	2 次	4 065.75
②	8 131.5	2 次	4 065.75
③	10 981	2 次	5 490.5
④	8 131.5	2 次	4 065.75
⑤	8 131.5	2 次	4 065.75
⑥	10 981	2 次	5 490.5
后浇带	3 284	2 次	1 642(C40 微膨胀混凝土)
合计	54 488		

通过计算扩大基础混凝土单次最大浇筑方量为 5 490.5 m^3，混凝土拌合站集中拌合，一条 180 m^3/h 生产线和一条 120 m^3/h 生产线同时生产，最大拌合能力为 $180\times0.6+120\times0.6=180$ m^3/h，浇筑所需时间为 30.5 h。每次混凝土浇筑前，对拌合机组进行仔细检查，确保拌合设备状态良好，同时提前做好材料存储，确保各原材料存储数量满足最大单次混凝土浇筑的需求。

采用 8 台 10 m^3 的混凝土运输车，将混凝土运输至墩位，以 1 台混凝土汽车泵及 2 台地泵入模，地泵在环形便道的布置，确保施工中混凝土罐车能顺利到达泵车位置，天泵布置在基坑内，组合后可覆盖到扩大基础的各个区域。

3. 混凝土原材料供应

最大单次混凝土所需原材料数量如表 3-4 所示。

表 3-4　最大单次混凝土所需原材料数量表　　单位：t

水泥	粉煤灰	砂	碎石	减水剂	水
1 384	922	4 277	5 908	21	807

拌合站储备能力：水泥 700 t，粉煤灰 460 t，砂、碎石 13 650 t，通过以上计算砂、碎石、减水剂可一次备足，水从水井抽取，不足部分已安装好自来水水管随用随补充。水泥、粉煤灰需求量大于储存能力，提前安排试验人员在厂家做好检验后，由粉料运输车提前运输至现场补充。按 40 t/车计算，每车运输 2 次，则需要提前到场备料水泥运输车 9 辆，粉煤灰运输车 6 辆。

4. 浇筑工艺

(1) 混凝土浇筑顺序

混凝土浇筑顺序如图 3-2 所示。

(2) 混凝土布料、振捣

扩大基础最大单次浇筑混凝土方量 5 490.5 m^3，采用 8 辆运输车运输，1 台天泵、2 台地

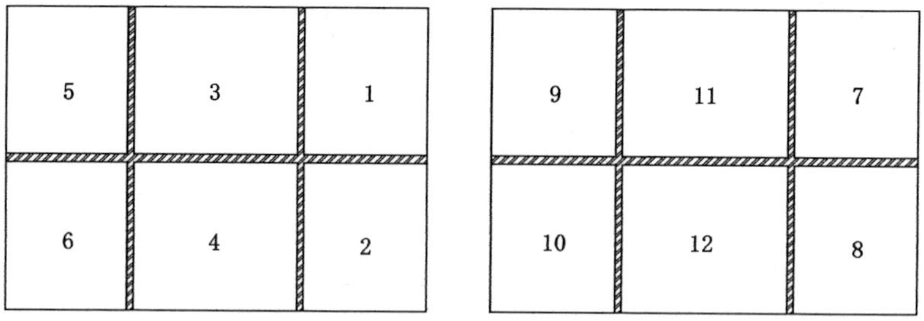

(a) 第1层浇筑顺序平面图　　(b) 第2层浇筑顺序平面图

图 3-2　混凝土浇筑顺序

泵输送布料。

泵车布置在环形便道上，地泵泵管在基坑边坡上通过搭设钢管脚手架平台安接到扩大基础边缘，仓内在定位钢筋上搭设竹跳板作为泵管及振捣操作人员施工平台。

从远边向近边分层顺序浇筑，每层浇筑厚度控制在 30～50 cm，混凝土自由下落高度在 2 m 以内，现场采用溜管布料，并在溜管顶加小漏斗，溜管采用 ϕ32 mm×3 mm 的 PE 管，长度 2 m，小漏斗采用钢板制作，现场准备 4 套。

天泵浇筑扩大基础 1/4 平面面积约 343 m^2，地泵每台浇筑约 515 m^2，地泵每层浇筑方量 258 m^3 需 4.3 h，每小时需泵送 6 车共 60 m^3 混凝土。

混凝土浇筑连续进行，特殊情况下其间歇时间小于前一层混凝土的初凝时间。采用 ϕ50 mm 管长 6 m 插入式振捣器进行振捣，振捣时要快插慢拔，以便捣实均匀。对每一个振捣部位，一般振捣时间为 20～30 s，要求振捣到该部位混凝土密实为止，即混凝土停止下沉、不出现气泡、表面呈现浮浆为度。在浇筑上层混凝土时，振动棒要求插入下层混凝土中的深度为 50～100 mm，距离侧模 50～100 mm。

混凝土浇筑前对螺栓、对拉螺杆、模板接缝等进行全面检查，浇筑过程中安排专人观察模板受力后的状况，发现异常情况及时处理，确保混凝土浇筑安全。

(3) 混凝土养护

常温季节，混凝土浇筑完成后，在混凝土终凝后顶面及侧面采用土工布覆盖洒水养护(拆模前保持模板湿润)，混凝土养护时间不小于 14 d，并满足大体积混凝土温控要求；冬季施工，混凝土浇筑完成后，在混凝土终凝后顶面及侧面采用 6 cm 厚玻璃棉被覆盖保温养护。

(4) 混凝土分界面表面处理

混凝土浇筑分界面在混凝土终凝后，浮浆较厚，应在混凝土终凝后及时进行混凝土表面浮浆凿除，可采用人工配合风镐凿除。为保证施工进度及随着龄期增加混凝土强度的提高，增加施工人员分块进行凿毛处理。凿除标准为露出新鲜混凝土骨料，且骨料分布均匀。在上层混凝土施工前，将浮渣用高压风或高压水冲洗干净。

施工缝的位置根据设计图纸，设置于分层面及后浇带分块面。

应凿除处理层混凝土表面的水泥砂浆和松弱层；凿除时，处理层混凝土须达到下列强度：用水冲洗凿毛时，须达到 0.5 MPa；用人工凿除时，须达到 2.5 MPa；用风动机凿毛时，须达到 10 MPa。

经凿毛处理的混凝土面，应用水冲洗干净，在浇筑次层混凝土前，对施工缝洒水保持湿润。

在浇筑过程中或浇筑完成时，如混凝土表面泌水较多，须在不扰动已浇筑混凝土的条件下，采取措施将水排除。

第 2 层结构混凝土浇筑完成后，应及时对混凝土裸露面进行修整、抹平，待定浆后再抹第 2 遍并压光或拉毛。当裸露面面积较大或气候不良时，应加盖防护；但在开始养生前，覆盖物不得接触混凝土面。

3.2.5　基坑回填

1. 卵石混凝土回填

在扩大基础每块的浇筑间期进行回填施工，浇筑完成一块基础后，进行卵石混凝土回填，采用天泵进行浇筑，如图 3-3 所示。在后浇带处安装两端侧模，基坑底边坡平台可作为施工平台。

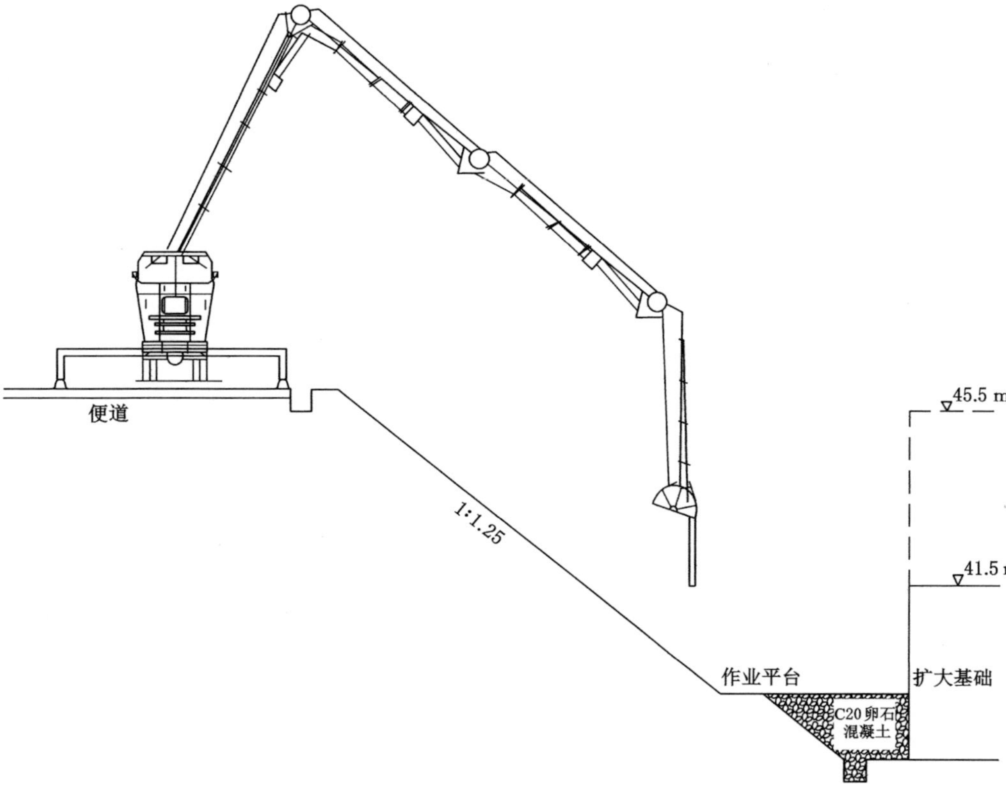

图 3-3　卵石混凝土回填

2. 回填土施工

基坑回填卵石混凝土以上标高采用土方回填，土方来源为原基坑开挖土方，存放在附近弃土场，回填土一次虚铺厚度不得超过 30 cm，用小型挖机进行摊铺整平，考虑作业面较小，且靠近混凝土无法夯实，因此底部用打夯机夯实，每层夯实遍数一般不得少于 4 遍，并且随压随整平；当回填至第 1 层基础顶面标高 41.5 m，宽度满足要求，采用压路机进行压实，紧贴基础部位采用打夯机进行夯实，直至分层回填至原地面标高。

3.2.6 扩大基础温控措施

1. 温控计算结果

根据温控仿真计算结果，混凝土内部最高温度为 56.6 ℃，内部最高温度计算值均符合《大体积混凝土施工标准》(GB 50496)“混凝土浇筑体在入模温度基础上的温升值不宜大于 50 ℃”的基本规定。

最小抗裂安全系数为 1.40。锚碇Ⅰ号块计算满足要求；锚碇Ⅱ号块计算的最小抗裂安全系数为 1.33，不满足要求，故将冷却水管间距由 100 cm×100 cm 加密至 100 cm×70 cm，可以提高 10%左右的抗开裂能力，即增加一层冷却管。

2. 温控标准

温度控制的方法和标准根据气温、混凝土配合比、结构尺寸及约束情况等具体条件确定，并宜设置主控标准进行严格管控，并设置参考标准对混凝土温度发展进行辅助评价。本工程设置浇筑温度、内表温差及降温速率 3 个主控标准，其他为参考标准。

根据仿真计算结果，结合本工程的实际情况，参考《公路桥涵施工技术规范》(JTG/T 3650)、《大体积混凝土施工标准》(GB 50496)和《水运工程大体积混凝土温度裂缝控制技术规程》(JTS 202-1)等的相关规定，对锚碇基础大体积混凝土制定的温控标准如表 3-5 和表 3-6 所示。

表 3-5 大体积混凝土温控标准主要指标

构件	浇筑温度/℃	内表温差/℃	降温速率/(℃/d)
锚碇基础	≥5 且≤22	≤25	≤2.0

表 3-6 大体积混凝土温控标准参考指标

构件	内部最高温度/℃	混凝土表面与大气或与养护环境温差/℃	冷却水管进、出水口水温之差/℃	冷却水与混凝土内部最高温度之差/℃	养护水与混凝土表面温差/℃
锚碇基础	≤60	≤20	≤10	≤25	≤15

3. 混凝土浇筑温度控制

锚碇基础大体积混凝土工期为 2017 年 1—3 月，从宜昌市历史气温(图 3-4)来看，1—3 月日均最低气温为 2 ℃、日均最高气温为 16 ℃。

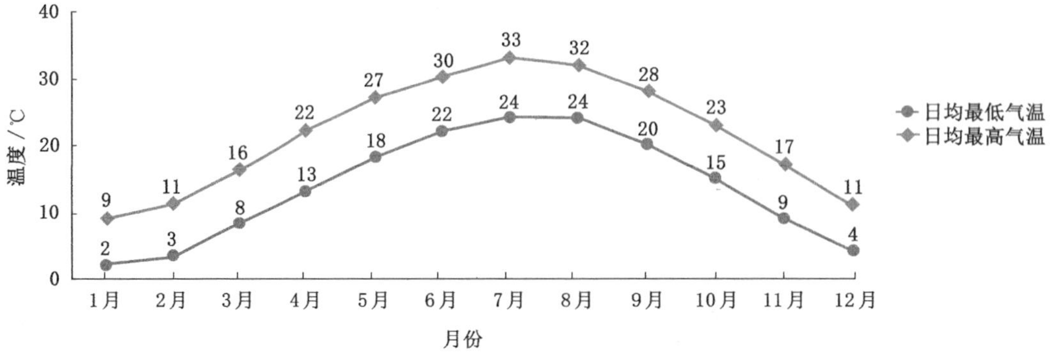

图 3-4 宜昌市全年平均气温

根据温控计算，混凝土浇筑温度应大于 5 ℃且小于等于 22 ℃。

冬季施工时混凝土原材料温度一般不做特别控制；若遭遇极端严寒天气，气温低于 5 ℃，则应采取措施来提高各原材料温度，措施如下：

(1) 采用热水（温度 40 ℃±3 ℃）拌制混凝土。

(2) 搅拌站原材料储罐包裹保温防寒被。

(3) 防止混凝土在运输过程中受冻，运输车罐体覆盖黑色棉篷布、土工布、保温防寒被等，以减少混凝土的热量损失，确保混凝土入模温度高于规定温度。

4. 冷却水控制

(1) 冷却水管布设

冷却水管采用 ϕ42 mm×2.5 mm、具有一定强度、导热性能好的铁皮管制作，弯管部分采用冷弯工艺预处理；管与管之间采用挤压式接头连接，弯头位置采用软管连接，水管悬空部分焊接竖立筋对其进行固定。

锚碇基础Ⅰ号块第 1、第 2 浇筑层均布设 4 层冷却水管；水管水平管间距为 100 cm，垂直管间距为 100 cm，距离混凝土表面/侧面 50～87.5 cm；单层 6～8 套水管，每套水管各设置 1 个进出水口，管长小于 200 m。

锚碇基础Ⅱ号块第 1、第 2 浇筑层均布设 5 层冷却水管；水管水平管间距为 100 cm，垂直管间距为 70 cm，距离混凝土表面/侧面 60～87.5 cm；单层 9～10 套水管，每套水管设置 1 个进出水口，管长小于 200 m。

(2) 冷却水所需材料计划

锚碇基础共 6 块 12 层，分 12 次浇筑；基坑占地面积达到 7 000 多平方米，仓面过大，资源共享度有限。于基坑外侧打井，使用水泵（或大于 7 m 的高差）将井水抽入循环水箱，再由循环水箱抽入分水器，由分水器供给各层各套水管；水流经混凝土后由出水管排回循环水箱，如图 3-5 所示。

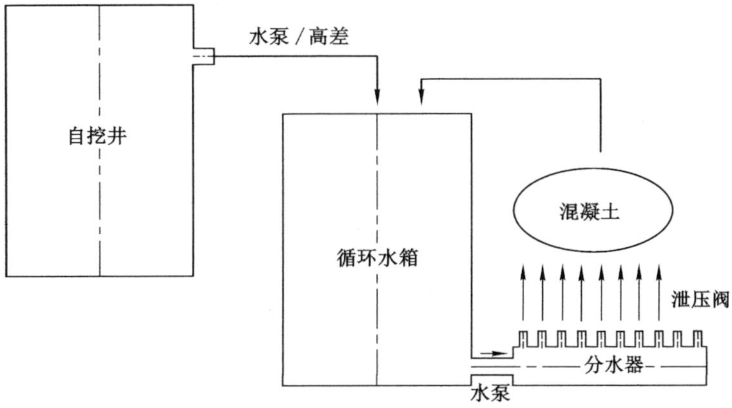

图 3-5　锚碇基础循环通水示意图

按照最大作业能力即Ⅱ号块 2 块短暂间歇浇筑，共 10 层水管、每层 10 套，需要准备 10 个分水器，每个分水器设置 1 个进水口、10 个出水口及 10 个泄压阀，每个分水器对应 1 台进水泵；每个浇筑块对应 1 个容量≥20 m^3 的循环水箱，每个循环水箱对应 1 台补水泵。

冷却水经出水箱流出，经过水泵增压流入分水器，分水器分水至每层冷却管，水通过冷却管流出至汇水箱，汇水箱外安装抽水泵将水抽至出水箱，形成一个循环，同时不断从井中抽水至出水箱，保证循环用水量及调节水温。锚碇Ⅰ号块长边每层布置 6 套冷却管即 6 进 6 出，短边每层布置 8 套冷却管即 8 进 8 出，长边短边各 2 层冷却管各设 2 套分水器。锚碇Ⅱ号块长边每层布置 10 套冷却管即 10 进 10 出，短边每层布置 9 套冷却管即 9 进 9 出，长边 3 层冷却管 3 套分水器，短边 2 层冷却管 2 套分水器。

(3) 冷却水管的使用及控制

用分水器将各层各套水管集中分出，分水器设置相应数量的独立水阀以控制各套水管冷却水流量，并设置一定数量的减压阀以控制后期通水速率。

混凝土浇筑前，确保进行不短于 0.5 h 的加压通水试验，查看水流量大小是否合适，发现管道漏水、阻水现象要及时修补至可正常工作。对水管的焊接位置采取一定的保护措施，施工过程中应避免混凝土直接落到冷却水管上，严禁施工人员踩踏水管。

前期抽取井水作为冷却水，后期根据温度监测结果，通过循环水箱(冷却水管出水)调控水温使进水温度与混凝土内部最高温度之差小于 25 ℃，降温阶段通过往水箱中补充井水降低循环水温度。

待水管停止循环水冷却并养生完成后，先用空压机将水管内残余水压出并吹干冷却水管，然后用压浆机向水管压注与混凝土同强度的微膨胀水泥浆，以封闭管路。

具体通水要求如表 3-7 所示。

表 3-7　锚碇基础大体积混凝土通水要求

开始通水时间及升温期要求	降温期通水时间及要求	停水时间
混凝土覆盖冷却水管前开始通水，水流量≥50 L/min，进、出口水温差≤10 ℃	根据测温结果降低水流量，确保降温速率≤2.0 ℃/d，进、出水口温差≤10 ℃	通水可同时保证混凝土降温速率≤2.0 ℃/d、最大内表温差≤25 ℃，有超标风险则关闭

5. 养护控制

养护的控制原则是：通过加强混凝土保温养护，降低混凝土内表温差；通过加强混凝土保湿养护，减小混凝土收缩引起的表面应力。具体养护措施如表 3-8 所示。

表 3-8　锚碇基础混凝土养护措施

<table>
<tr><th colspan="2">结构部位</th><th>拆模前</th><th>拆模后</th></tr>
<tr><td colspan="2">侧面</td><td>带模养护，模板外贴 5 cm 厚泡沫板</td><td>包裹保温层＋防雨布</td></tr>
<tr><td rowspan="2">上表面</td><td>分层面</td><td colspan="2">凿毛后覆盖保温层，养护至上层浇筑为止</td></tr>
<tr><td>永久暴露面</td><td colspan="2">边收面边覆盖塑料薄膜，初凝后覆盖保温层，养护时间大于 21 d</td></tr>
</table>

锚碇基础四周采取带模加保温层的方法。因为浇筑的过程时间比较长，不能避开低温时段，新浇混凝土更易受冻，保温措施须在浇筑前到位。在基础模板支立并加固完毕后，于模板间空挡填塞满 5 cm 厚泡沫板，顶面及拆模后包裹 1 层防火性能良好的玻璃棉，玻璃棉两面均为防水防风层。玻璃棉的搭接长度为 10 cm，搭接须严密。准备 5 cm 厚泡沫板

1 200 m^2、6 cm厚玻璃棉被 4 200 m^2。

保温层厚度根据施工时气温按照《水运工程大体积混凝土温度裂缝控制技术规程》(JTS 202-1—2010)附录 E 进行计算。按照日均最低气温 2 ℃、混凝土内部最高温度 56 ℃、内表温差 25 ℃、玻璃棉导热系数 0.15 kJ/(m · h · ℃)进行保温层厚度计算。保温层厚度 $=[0.5\times4.0\times0.15\times1.3\times(56-25-2)]/(8.28\times25)=0.055\ m=5.5\ cm$。即气温最低时玻璃棉厚度超过 5.5 cm 即可满足养护需求。

混凝土拆模时间按照龄期及实测温度进行双控：浇筑完成 7 d 后方可拆模，7 d 之内不松模、不拆模；拆模时须确认混凝土内表温差小于 15 ℃、混凝土表面温度与气温差小于 15 ℃。应避免在夜间或气温骤降期间拆模，拆模时间应选择一天中较高温度的时段，边拆模边覆盖进行保温保湿养护。

6. 浇筑间歇期控制

应尽量减少上下层混凝土之间的浇筑间歇期，锚碇基础各层混凝土浇筑间歇期一般控制在 7～10 d，最长不宜超过 14 d。新老混凝土的间歇期需要满足以下条件：① 老混凝土最高温度与表面温度差小于 20 ℃；② 老混凝土的强度超过设计强度的 50%。

锚碇基础Ⅱ号块混凝土因锚固系统安装需要，第 1 浇筑层与第 2 浇筑层间歇期超过 14 d，为克服过长龄期差引起的上下层混凝土膨胀收缩不一致、避免老混凝土对新浇混凝土约束力过大引起的开裂，可采取加密冷却水管的措施(冷却水管间距可由 100 cm×100 cm 加密至 100 cm×70 cm)。

7. 现场温度监测

(1) 现场温度监测内容

对大体积混凝土进行温度监测主要内容包括混凝土温度场测量和环境体系温度测量。

(2) 测温元件的埋设

参照《混凝土坝安全监测技术规范》(SL 601)，并根据桥梁大体积混凝土的特点加以改进，测温元件埋设如图 3-6、图 3-7 所示，由具有埋设技术和经验的专业人员操作。为保护测温导线和测点不受混凝土振捣的影响，应焊接 ∟36 mm 以上的等边角钢进行保护，避免混凝土直接砸落在测温线上。

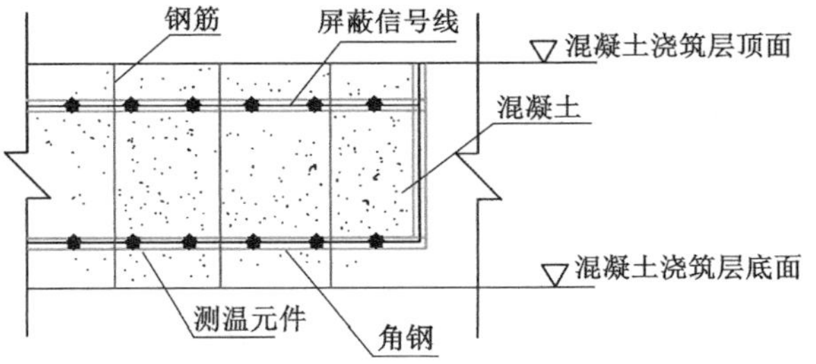

图 3-6　测温元件埋设示意图

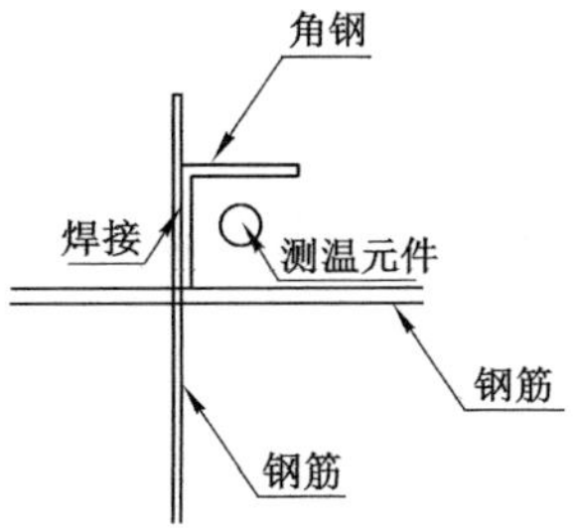

图 3-7　测温元件埋设大样图

监控混凝土的出机温度、入模温度、浇筑温度、内部温度、进出水口温度及养护温、湿度，对混凝土的温度发展历程和养护情况进行监控。其中内部温度测点的布置原则如下：

① 根据构件对称性的特点，选取构件的1/4块布置测点，竖直中间部位布置监测点，靠近上下表面布置校核点；于第2层的底面靠上5～10 cm位置增加1层测温元件，用于监测已浇筑混凝土层对新浇筑混凝土层温度的影响。

② 根据温度场的分布规律，对高度方向的温度测点间距做适当调整，其与水管间距≥25 cm。

③ 充分考虑温控指标的测评。温度测点布设包括表面温度测点(在锚碇基础中心部位短边、长边中心线表面以下5 cm布置)、内部测温点(布置在锚碇基础中心处)；距离中心50 cm增加测温元件，提高内部最高温升数据采集的准确性。

(3) 温度场测量

构件混凝土的温度场是指在现场各种环境因素的影响下，已浇筑构件各部位的实际温度及温度分布。温度场监测是大体积混凝土温控工作最为重要的内容之一。需要结合温度场的分布特征，通过合理布置一定数量的温度传感器，监测大体积混凝土内部的温度场变化情况，以指导温控措施的实施或调整，使温控指标满足要求。温度测点的布置应具有代表性，做到既突出重点又兼顾全局。

(4) 环境体系温度测量

环境体系温度测量包括气温、冷却水进出水温度。选取代表性的冷却水管，在水管进水口、出水口安装温度传感器，测量冷却水的温度。

(5) 温度监测频率及要求

混凝土温度监测频率和记录要求如下：

① 浇筑块温度场测量：混凝土浇筑过程中，每2 h测量1次温度；浇筑块混凝土浇筑完毕后至水化热升温阶段，每2 h测量1次；水化热降温阶段第1周，每4 h测量1次，1周后每天选取气温典型变化时段进行测量，每天测量2～4次。

② 大气温度测量：与混凝土温度同步观测。

③ 通水冷却过程温度测量与浇筑块温度场测量过程同步进行。

④ 特殊情况下，如大风或气温骤降期间，适当加密测量次数。

⑤ 锚碇基础混凝土全部浇筑完毕后，根据温度场及应力场的预测计算结果，结合与监测结果的对比分析，确定终止测量时间。

⑥ 每次观测完成后及时填写温度监测记录表。

(6) 温控监测

在混凝土浇筑前完成传感器的选购及铺设工作，并将屏蔽信号线连接到测试棚，各项测试工作在混凝土浇筑后立即进行。

(7) 现场监测的应对措施

如果现场监测温度超出温控标准，可采取下列应对措施：

① 如果混凝土浇筑温度超过目标值(>22 ℃或<5 ℃)，则及时对原材料采取一定的措施，保证混凝土浇筑温度在可控范围内。

② 如果混凝土内部最高温度偏高，则可以采取加大冷却水通水流量、降低冷却水温度的措施，但注意冷却水温度控制在比混凝土中心温度低10～25 ℃。

③ 如果内外温差偏高，则可以加大通水流量、降低进水温度以加强内部降温，或加强外部保温，增加保温层厚度，做到外保内散。

第 4 章　锚碇施工技术

4.1　锚碇简介

宜都长江公路大桥锚碇分两种结构形式，即重力式锚和重力式嵌岩锚，本书主要介绍宜都侧重力式锚碇。宜都侧锚碇位于宜都长江公路大桥 K41+716.5～826.5 段，锚体长 62.65 m、宽 65.5 m、高 37.3 m。锚体顶设置卵石混凝土压重块，兼做行车道；锚体顶设置 2.5%的纵坡，与该段主线纵坡一致；横向对称桥中心线，在 33.5 m 宽的范围内设置 2%的"人"字形横坡，其余部分为平坡。

散索鞍支墩纵桥向底长 12.85 m，支墩高度 32.097 m，截面形式为单箱单室的结构形式。锚室外侧墙厚 0.7 m，墙总高 23.8 m，内侧墙行车道侧桥面以下墙厚 1.5 m，行车道以上有墙厚 0.7 m、宽 0.8 m 的进入人洞。前墙厚 0.7 m、高 5.22 m、宽 11.6 m，其上预留直径 1.0 m的主缆通过孔。锚室顶板盖由预制盖板及现浇混凝土层组成，盖板置于侧墙之上，其上现浇 8 cm C35 钢纤维混凝土层，盖板长 10.96 m、宽 1.55 m、厚 0.5 m。

宜都侧锚碇为钢筋混凝土结构，锚体由基础、锚块、散索鞍支墩、前锚室、压重块和行车道等 6 部分组成，如图 4-1 所示，锚块和散索鞍支墩分层分块进行浇筑，锚体横向设置了2 m 宽的补偿收缩混凝土后浇带。主缆索股锚固采用型钢锚固系统，由后锚梁及锚杆组成。后锚梁埋于混凝土内，锚杆一端连接到后锚梁，另一端伸出锚体前锚面，与主缆索股相连接。索股拉力通过锚杆传递到后锚梁，再通过后锚梁的承压面传递到锚碇混凝土。

图 4-1　宜都侧锚碇图

4.2　施工部署

提前做好施工机械设备及设施准备，主要包括：钢筋加工、运输设备；混凝土拌合、运输、浇筑设备；混凝土振捣、养护机械；施工塔吊、履带吊、泵管、水管、电焊机及小型机具设备等。做好施工材料进场、施工测量准备及沉降位移观测工作。

4.3 锚碇施工

4.3.1 总体施工工艺流程

锚体混凝土工程主要施工工艺流程如图 4-2 所示。

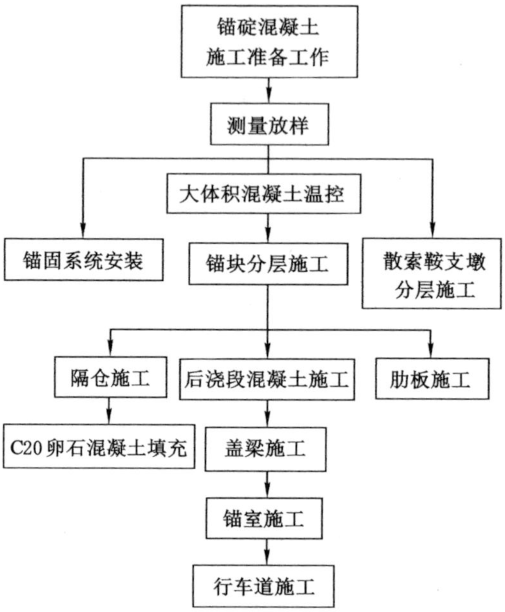

图 4-2 锚体混凝土主要施工工艺流程

4.3.2 锚体分层分块

锚体混凝土总体分块分层如图 4-3 所示。

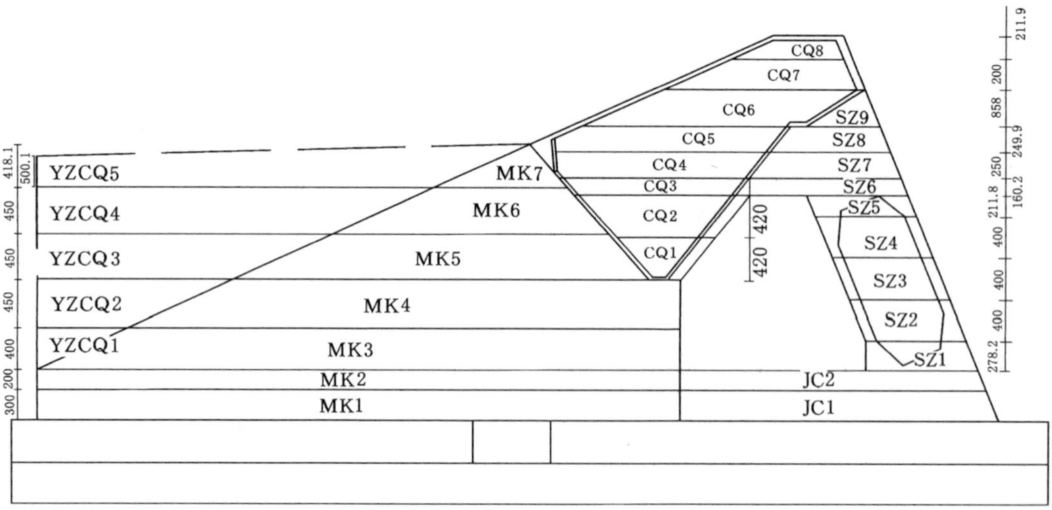

图 4-3 锚体混凝土总体分块分层示意图(单位:cm)

4.3.3 锚体施工模板体系

为了保证锚体混凝土施工的外观质量，锚体模板体系采用 WA-200 悬臂模板。悬臂模板主要用于锚块、散索鞍支墩、压重块隔仓、锚室内外模、肋板及盖梁外模。其余锚体结构采用钢木模板施工。

1. WA-200 悬臂模板组成体系

WA-200 悬臂模板主要由模板、主背楞、斜撑、后移装置、三角架、埋件系统、吊平台和挑架等组成。

2. WA-200 悬臂模板组装顺序

(1) 货物送到现场后，工地模板方面的负责人应将各部件分门别类码放于工地木工房，不得随意乱堆，以免丢失。

(2) 在木工房的平台上将模板拼装好，注意保证其平整度，上好吊钩。

(3) 组装主背楞、斜撑，连接件安装要紧。

(4) 第 1 次浇筑混凝土时首先要在浇铸底板时埋预埋件，以加固模板使用。

(5) 先将三角架和后移装置组装起来，插好销子，上好平台立杆。

(6) 第 1 次浇筑拆模，安装受力螺栓，挂三角架、模板及主背楞，合模，第 2 次浇筑混凝土。

(7) 提升模板及支架，安装吊平台，第 3 次浇筑混凝土。

(8) 重复第 3 次浇筑。

(9) 组装过程如下：

① 安装三角架。备 2 片 300 mm×2 000 mm 木板，按照爬锥中到中间距摆放在水平地面上。保证两条轴线绝对平行，轴线与木板连线夹角 90°，两对角线误差不超过 2 mm。将三角架扣放在木板轴线上，保证三角架中到中间距等于爬第 1 次浇筑爬锥中到中间距。两三角架对角线误差不超过 2 mm，安装平台立杆，用钢管扣件连接。两三角架间同样用钢管扣件连接。注意加斜拉钢管，如图 4-4 所示。

② 安装三角架平台。平台要求平整牢固，在与部件冲突位置开孔，以保证架体使用，并再次校正两三角架中到中间距是否为第 1 次浇筑爬锥中到中间距，如图 4-5 所示。

③ 固定三角架。将拼装好的三角架整体吊起，平稳挂于第 1 次浇筑时埋好的受力螺栓(挂座体)上，插入安全插销并用发卡固定，如图 4-6 所示。

④ 安装主背楞、斜撑。先在模板下垫 2 根木梁，然后在模板上安装主背楞、斜撑、挑架，注意背楞调节器与模板背楞的支撑情况，安装背楞扣件，用钢管扣件将挑架连接牢固，加斜拉钢管。斜撑用铁丝和模板背楞绑在一起，防止在吊起过程中晃动。如图 4-7 所示。

⑤ 安装上平台。平台要求平整牢固，在与部件冲突位置开孔，以保证架体使用，如图 4-8所示。

⑥ 组装。将组装好的模板整体吊起，安装在三角架的后移装置上，利用斜撑调节角度，校正模板，完成吊装过程，如图 4-9 所示。

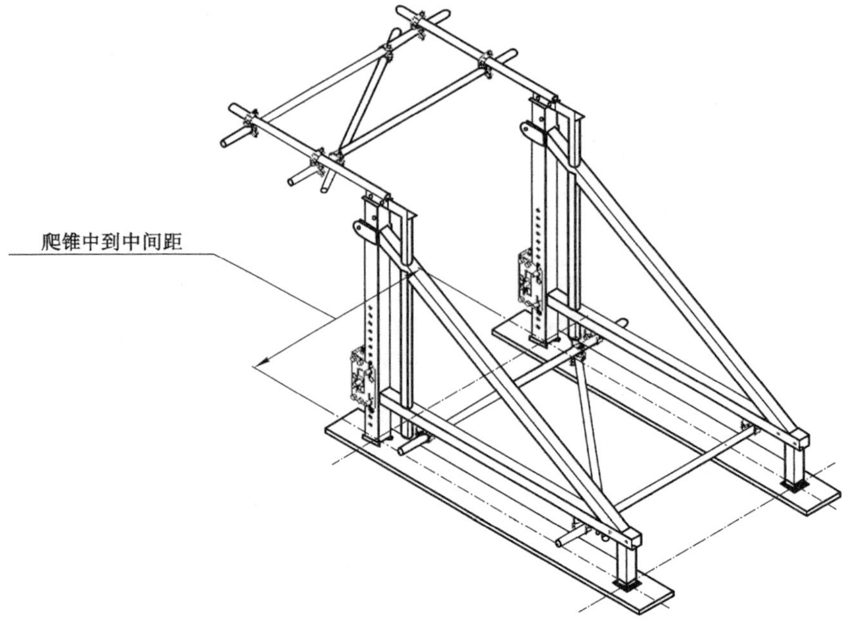

图 4-4　安装三角架

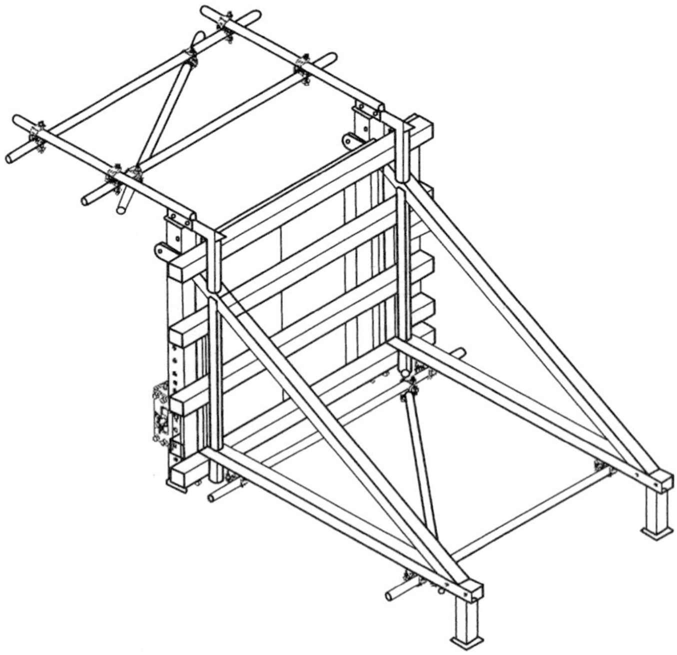

图 4-5　安装三角架平台

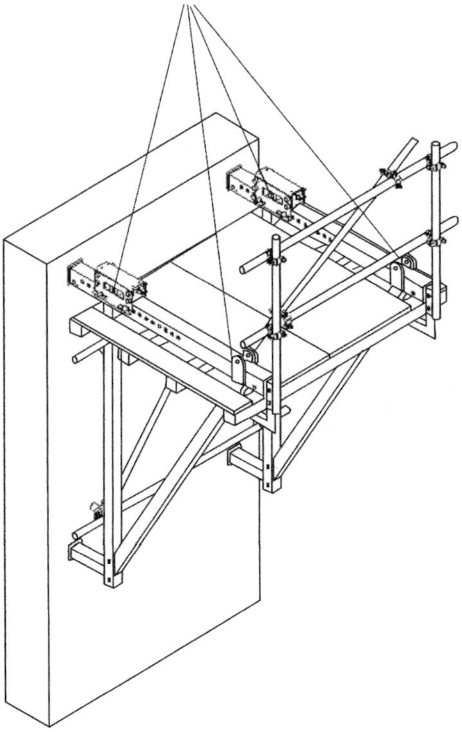

图 4-6　固定三角架

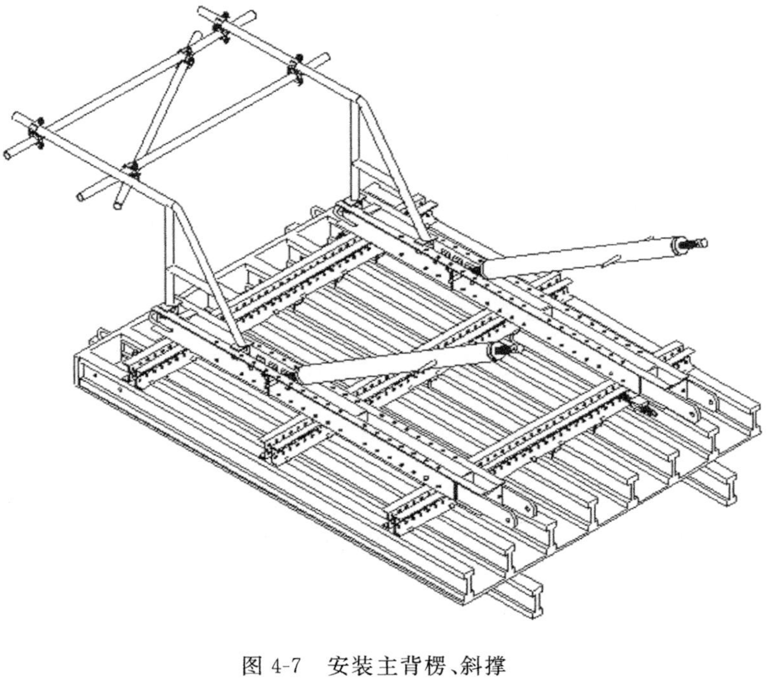

图 4-7　安装主背楞、斜撑

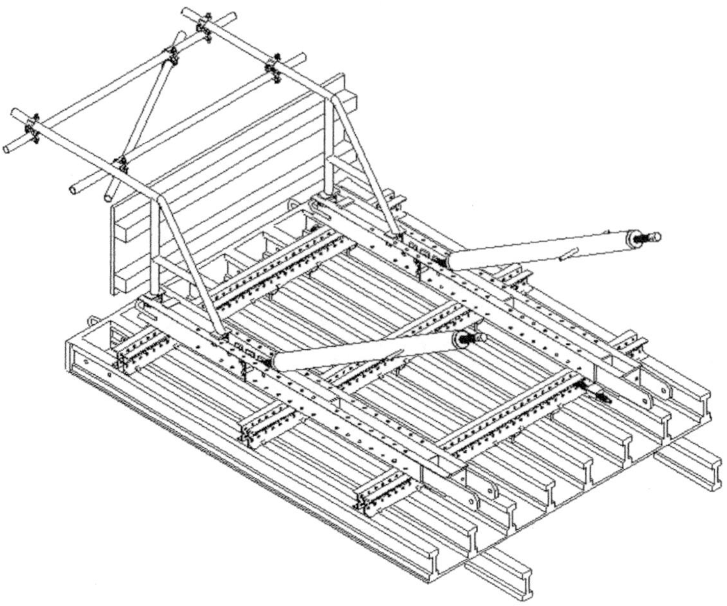

图 4-8　安装上平台

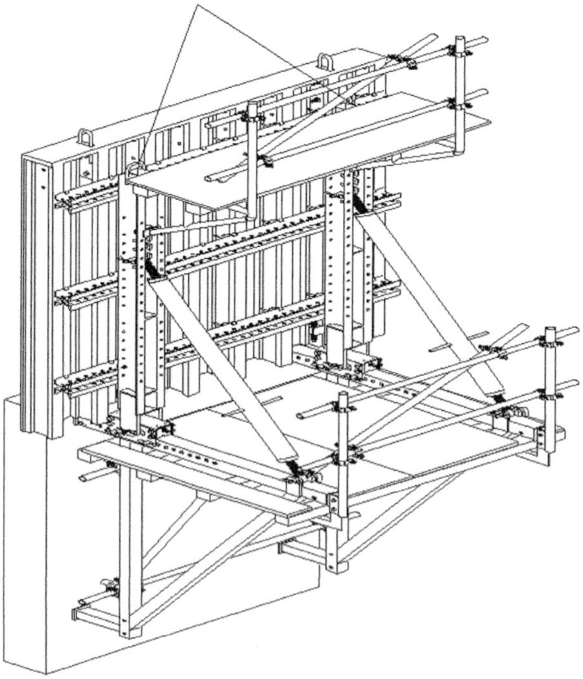

图 4-9　组装

3. 后浇带及施工缝收口网施工

后浇带及施工缝位置模板采用收口网作为模板面板。收口网的工作原理：当混凝土在模板后面浇筑时，网眼上的余角片就嵌在混凝土里，形成一个与邻近浇筑块相连的机械式楔。

4. 质量保证措施

(1) 拼缝处模板面板保护措施：模板在拆除和安装时，面板与面板之间相互错动，易导致面板端头破损，因而在面板端头增设边肋角钢进行保护。

(2) 模板底口封闭防止漏浆措施：每层墙体浇筑完成后，在混凝土墙体上弹线找平，沿线切割混凝土表面，切线应平直。要求将混凝土上表面冲洗干净，再合模夹紧。

4.3.4 钢筋施工

1. 钢筋安装

(1) 底板钢筋绑扎。按弹出的钢筋位置线，先铺下层钢筋。根据底板受力情况，决定下层钢筋哪个方向钢筋在下面，一般情况下先铺短向钢筋，再铺长向钢筋。钢筋绑扎时，靠近外围两行的相交点每点都绑扎，中间部分的相交点可相隔交错绑扎，双向受力的钢筋必须将钢筋交叉点全部绑扎。摆放底板混凝土保护层用砂浆垫块，垫块厚度等于保护层厚度，按每 1 m 左右距离梅花形摆放。如底板厚或用钢量较大，则摆放距离可缩小。

(2) 侧面钢筋绑扎。先绑 2～4 根竖筋作为定位钢筋，并画好横向筋分档标志，然后在下部及齐胸处绑 2 根横筋定位，并画好横筋分档标志。一般情况横筋在外，竖筋在里，所以先绑竖筋后绑横筋。横竖筋的间距及位置应符合设计要求。

(3) 顶板钢筋绑扎。在进行顶板钢筋绑扎前应该先对该基础再次施工放样，即对已经施工完成的钢筋绑扎进行检查，能确定基础的平面尺寸。根据放样进行顶板的钢筋绑扎。绑扎的工艺与底板的施工工艺基本一致。

(4) 架立钢筋安装。根据混凝土分层控制架立钢筋立筋长度，架立钢筋在满足结构稳定性的前提下，可以按照冷却水管层数来控制分层高度，方便冷却水管安装。

(5) 预埋件钢筋绑扎。根据测量放样放出结构位置线，将上层及其他结构的预埋钢筋伸入基础的插筋焊接牢固，插入基础深度要符合设计要求，伸出长度不宜过长，其上端应采取措施保证甩筋垂直，不歪斜、倾倒、变位。钢筋制作绑扎须满足规范要求，如表 4-1 所示。

表 4-1 钢筋制作绑扎规范要求

项目		允许误差/mm
主筋间距	两排以上排距	±5
	同排主筋间距	±20
箍筋间距		0、−20
钢筋骨架尺寸	长	±10
	宽	±5
	高	±5
保护层厚度		±10

2. 注意事项

（1）钢筋安装根据混凝土浇筑分层逐层进行，安装时严格按施工图要求进行，确保安装精度和偏差及保护层满足施工规范要求。对局部因浇筑或振捣混凝土需要，需对钢筋间距做适当调整的，应先报监理和设计单位认可。锚下螺旋筋与锚块钢筋网相干扰时，可适当移动钢筋网或调整钢筋网的间距。前后锚面下钢筋网遇到型钢锚固系统尽量调整钢筋网间距，对局部必须切断的钢筋，当钢筋切断后，增设补强钢筋。

（2）在钢筋绑扎区搭设临时脚手架作为人工绑扎钢筋平台，保证钢筋位置准确后与骨架绑扎连接，绑扎必须牢固，绑扎铁丝应向内弯折。在混凝土浇筑前拆除临时脚手架。钢筋保护层垫块必须牢固绑扎在钢筋网外侧，保护层垫块除必须达到要求的强度外，必须洁净、表层平整。

（3）锚碇受力钢筋直径≥25 mm 的采用直螺纹连接，其他型号的钢筋在施工条件允许的情况下采用单面焊接，焊接质量满足规范要求。如果在特殊情况下 ϕ25 mm 以上的钢筋需要焊接，要与监理工程师沟通并得到同意后才能施工，且满足焊接质量规范要求。

（4）锚碇结构架立钢筋施工时，架立钢筋搭接采用单面焊接，架立钢筋交叉点位置采用点焊和绑扎结合来保证钢筋结构的稳定性。

4.3.5 冷却水管制作安装

锚体大体积混凝土须埋设冷却水管，冷却水管采用 ϕ42 mm×2.5 mm 的钢管，每节冷却水管长 6 m，在加工厂集中加工扎丝后运至施工现场安装。冷却水管安装在结构物架立筋上并用铁丝绑扎牢固，钢管间采用专用螺纹丝口带封水胶接头连接。为检验接头的质量，在混凝土施工前进行 0.5 h 以上的通水检查，在混凝土浇筑时注意不要让振动棒直接接触冷却水管，确保冷却水管不会出现位移、变形、堵塞。通水时间根据从混凝土浇筑开始至混凝土温度降至温控要求温度为止。冷却水管在通水冷却完成后压入水泥浆（微膨胀）进行封闭，管头露出混凝土面部位切割平整。循环水采用井水，现场制作冷却水循环系统。

冷却水管的出水口和进水口采取集中布置、统一管理，并标识清楚，冷却水管由离心泵供水。用分水器将各层各套水管集中分出，分水器设置相应数量的独立水阀以控制各套水管冷却水流量，并设置一定数量的减压阀以控制后期通水速率。

4.3.6 大体积混凝土施工控制措施

1. 混凝土原材料质量控制

配制锚碇 C40 大体积混凝土的原材料品质应与其技术要求相吻合。混凝土原材料质量控制关键指标如表 4-2 所示。

表 4-2 混凝土原材料质量控制关键指标

原材料	关键控制指标
水泥	比表面积（300～380 m^2/kg）、强度、C3A 含量、碱含量、温度（≤60 ℃）
粉煤灰	烧失量、粉煤灰需水量比、细度
细骨料	含泥量、泥块含量、细度模数、级配
粗骨料	含泥量、泥块含量、级配、压碎值
外加剂	减水率、适应性、凝结时间、含气量

2. 混凝土生产质量控制

(1) 水泥用于拌合生产时的温度不宜高于 60 ℃。

(2) 各种原材料的储存应专仓专用,防水、防污染、防窜料。河砂的含水率波动范围宜控制在±1%以内。对于新进场高含水率河砂或排水不畅导致砂仓积水的,建议装载机上砂前,先对砂仓中河砂进行预混。

(3) 搅拌混凝土前,应严格测定粗、细骨料的含水率,准确测定粗、细骨料含水率变化,及时调整施工配合比。一般情况下,含水率每班抽测 2 次。

(4) 搅拌站各计量系统应满足混凝土原材料称量的最大允许偏差规定(按质量计):胶凝材料(水泥、矿物掺合料等),±1%;外加剂,±1%;骨料,±2%;拌合用水,±1%。控制关键:① 水的称量精度须重点保证;② 各料仓关闭阀门必须保证闭合严密,防止漏料;③ 搅拌机搅拌叶片与轴上淤积混凝土块须定期清除。

(5) 混凝土在搅拌机中的搅拌时间(从全部材料装入搅拌机开始搅拌至搅拌结束开始卸料所用时间)不宜少于 75 s。拌合的混凝土应具有良好的匀质性及黏聚性,确保混凝土入模后不分层、不离析。

(6) 正式生产前,必须对混凝土拌合物进行开盘鉴定,检测其工作性能(坍落度及损失);连续生产时,则应每工作班检测混凝土拌合物坍落度至少 2 次,检测混凝土拌合物出机温度、入模温度至少 3 次。

(7) 本项目 C40 混凝土拌合物入模坍落度控制值为 180 mm±20 mm,锚碇每浇筑层浇筑至最后 30～50 cm 时,应将混凝土的坍落度降低至上述规定的坍落度低限值,避免混凝土表面浮浆过厚引起的后期收缩不一致而导致混凝土开裂,同时也有利于减轻凿毛工作量。

(8) 当混凝土原材料品质在合格的基础上发生波动、环境温度等发生显著变化时,应及时调整混凝土配合比参数,调整原则是:在维持混凝土实验室配合比的水胶比不变前提下,对混凝土减水剂的掺量、碎石的分级比例、砂率进行适当调整,调整后的混凝土拌合物性能应与原配合比相同。混凝土拌合物坍落度损失快,应查明到底是减水剂与水泥的适应性的问题还是粗、细集料含泥量过高的原因所致。夏季高温混凝土施工,应选用高温情况下缓凝时间长、保塑性好的超缓凝型聚羧酸减水剂,以补偿因气温升高对凝结和坍落度的不利。

3. 混凝土施工质量控制

(1) 确保运输过程中混凝土的匀质性。运输混凝土过程中,必须保证混凝土罐车罐体低速转动。运输速率应保证施工的连续性,当罐车到达浇筑现场时,应使罐车高速旋转20～30 s方可卸料。另外,应采取适当措施防止水分进入运输容器或蒸发,严禁在运输过程中向混凝土内加水。

(2) 降低混凝土运输过程的温度回升。运输混凝土过程中,应对运输设备采取隔热措施,防止局部混凝土温度升高。混凝土从加水搅拌开始至浇筑完毕,应控制在 90 min 内,应有效组织,避免混凝土运输罐车长时间停留。

(3) 优化混凝土的布料方式。混凝土宜采用整体式水平分层连续浇筑。混凝土浇筑时,由四周往中心布料,且始终保持构件周边混凝土高度略高。边部宜采用汽车泵布料杆布料且紧靠模板布料,并加强边角处振捣,保证混凝土较好的匀质性和密实性,避免胶凝材料浆体发生过长距离流动并堆积在构件四周而产生较大温度应力和收缩,增大混凝土侧面和边角开裂风险。布料时,混凝土下料高度应控制在 2 m 以内,布料点间距控制在 4 m 左右,避免赶料造成砂浆富集。当混凝土自由下落高度超过 2 m 时，则应采用悬挂串筒等措施辅助下料以防离析。

（4）优化分层浇筑厚度。大体积混凝土的分层浇筑厚度可控制在 30 cm 左右。实际工程中，应根据拌合站生产能力和现场泵送、浇筑能力，确定每层混凝土的最适宜浇筑层厚，以尽量缩短层间间隔时间，确保在下层混凝土能充分塑化之前完成上层混凝土的覆盖浇筑到位，这不仅有利于减小下层混凝土的温度回升，而且可以避免塑性收缩裂缝。

（5）每台输送泵配备 3 台振动器，多点振捣，每点相距 50 cm 左右，振捣时间为 10～30 s。

（6）用两次振捣以提高混凝土密实度。

（7）振动棒垂直插入混凝土内，并插入至下层混凝土 5～10 cm，以保证先浇筑混凝土和后浇筑混凝土结合良好。

（8）混凝土振捣应均匀、稳定，以避免局部混凝土表面出现砂浆过厚现象。

（9）每振捣一点，使该部位混凝土达到密实为止。混凝土振捣密实的一般表象是：混凝土表面停止下沉，不再冒气泡，表面呈平坦、浮浆等。

（10）使用插入式振动器，移动间距不超过振动器作用半径的 1.5 倍。

（11）振动过程中，避免振动棒撞击模板、钢筋和预埋件等。对已密实并初凝或不能重塑的混凝土，将不再直接或间接振动。

（12）提出振动棒时，做到边振动边提出，以免产生空洞。对模板角落等振动器无法振捣的地方，用插钎插捣，保证混凝土表面平滑和密实。

（13）控制混凝土浮浆。在保证可泵送的前提下尽量降低混凝土坍落度，尤其是浇筑至最后 50～60 cm 时，混凝土坍落度应调小 20 mm；浇筑至顶面时如遇浮浆较厚，可用铁耙予以清除，再补打 1 层同配合比的混凝土，将其坍落度调小 20 mm。

对于操作工艺上的技术要求，现场技术人员应密切注意、严格掌握、控制适度。

4.3.7 散索鞍支墩

1. 散索鞍支墩施工

散索鞍支墩作为锚碇的主要受力结构之一，承受由散索鞍传递的主缆压力。散索鞍支墩为斜体矩形实体结构，分左、右线两支墩，两支墩中间设置 4 个桥台肋板，如图 4-10 所示。在散索鞍支墩施工时，左、右支墩同时进行，支墩施工完成后再进行肋板施工。散索鞍支墩的混凝土施工与锚块混凝土施工平行交叉进行，施工时按流水作业管理。散索鞍支墩外侧采用悬臂模板系统，施工方法与锚块类似。支墩与前锚室之间三角区域搭设落地钢管桩支架，支架上铺设钢板作为支墩内倾侧及前锚室的底模。支墩空腔内壁采用翻模施工。内腔顶部采用在侧壁安装牛腿支架，并在牛腿上安装型钢支架进行施工。

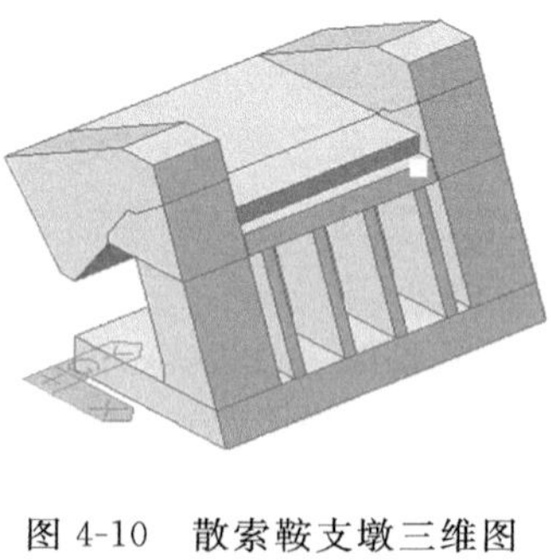

图 4-10 散索鞍支墩三维图

2. 散索鞍支墩三角区部分施工

（1）三角区落地支架设计

前锚室及散索鞍支墩之间采用落地支架施工，支架立柱采用 ϕ720 mm×10 mm 的钢管，横桥向布置19排，间距3 m，顺桥向布置4排，间距为3～4.5 m。钢管桩之间通过ϕ42 mm×10 mm及I25a工字钢作为横向连接及斜撑。钢管桩立柱顶部顺桥向嵌入2I45a工字钢为承重主梁，并在主梁上顺桥向按0.4 m间距铺设I25a工字钢分配梁。面板拟采用2 cm钢板直接铺设在分配梁上。

(2) 支架安装

支架拟在散索鞍支墩基础完成后开始搭设，总体按照由下至上的施工顺序，利用塔吊进行安装。

① 将钢管桩依据塔吊起重能力分节起吊安装。各节之间采用法兰盘及高强度螺栓连接或采用坡口焊及加强板连接。

② 钢管桩底部与下锚块及前仓基础顶板上的预埋件采用焊接连接，并用三角板焊接加强。

③ 吊装并焊接钢管桩间横联及斜撑。

④ 钢管桩顶开槽嵌入2I45a工字钢承重梁。

⑤ 吊装承重梁上I25a分配梁。

⑥ 根据分层高度配置和安装钢板。

(3) 支架预拱度设置

支架均为型钢焊接结构，立柱支撑在散索鞍支墩基础顶板混凝土上，基础没有沉降，基本没有非弹性变形。

钢结构的弹性变形量可以通过有限元整体模型分析计算得到比较准确的数据，根据计算变形量，三角区支架拟在纵桥向向支架外设置13 mm预拱度。

(4) 支架质量控制

前锚室及支墩支架结构是非常重要的临时结构，其加工质量和安装精度必须严格要求，具体要求如下：

① 所有原材料必须是国标产品，材料尺寸和厚度偏差必须在国标范围内；利用旧材料时，应对其尺寸和有效厚度进行量测，经计算复核，满足设计要求后，才能使用。

② 支架各构件必须严格按设计图纸进行加工，其加工精度、焊缝尺寸和质量必须满足设计和相关规范要求，并经质检合格后，才能进行安装。

③ 支架各构件现场安装时，必须进行测量放样，确保其平面位置、标高及垂直度偏差等满足设计要求，现场焊缝尺寸和质量要满足设计和相关规范要求。

④ 支架安装完成后，要由工程技术部、质检部、安全部及工区组织全面的检查验收，验收合格后才能进行混凝土浇筑施工。混凝土浇筑过程中，要安排专人对支架整体结构和重点部位的受力状况和变形进行不间断观察，发现焊缝炸开、变形过大、异常响声等异常状况，必须马上暂停施工，经现场检查、分析原因，并判断结构安全后，才能继续混凝土的浇筑施工。

(5) 支架拆除

支架拟在整个锚碇施工完成后拆除。拆除顺序为从上到下、对称依次拆除，确保施工安全。前锚室及支墩支架结构图如图4-11所示。

① 拆除支架顶部两侧施工作业平台。

② 横桥向从两侧向中间，顺桥向从中间向两侧，由上至下分层依次拆除底模、分配梁和

型钢支架水平杆。

③ 最后拆除支撑钢管。

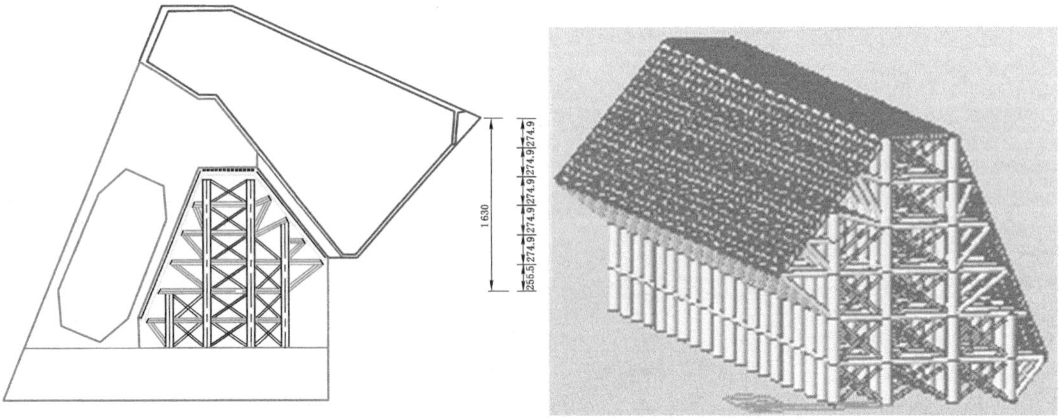

图 4-11　前锚室及支墩支架结构图(单位:cm)

3. 散索鞍支墩箱式空腔施工

(1) 空腔内侧壁采用悬臂模板施工,施工工艺同锚块模板。倒角模板采用竹胶板加背肋。

(2) 内部空腔顶部实心段,散索鞍支墩内腔顶模支架,采用型钢制作桁架式支架。顺桥向共布置 4 个桁架片架,间距 2.4 m。分配梁采用 2[10 槽钢,立杆采用 I14a 工字钢,骨架片包围采用 I14a 工字钢,承重梁采用 I25 工字钢通过与预埋在顺桥向侧壁上的预埋件焊接固定。

4. 散索鞍底板安装

散索鞍底板设计长 5.82 m、宽 2.1 m、厚 20 cm,在散索鞍支墩顶埋设。拟在浇筑散索鞍支墩第 9 层时,埋设底板定位支架及起重门架预埋件。混凝土浇筑完成后,安装底板定位支架和起重门架,底板定位支架采用[10 槽钢焊接而成。

格栅底板和地脚螺栓连接在一起同时安装,采用门架安装,确保螺栓外露长度满足设计要求。安装过程中通过手拉葫芦进行位置调整,缓慢下放,适时调整,在设计位置安装、精确定位。格栅支架预埋如图 4-12 所示。

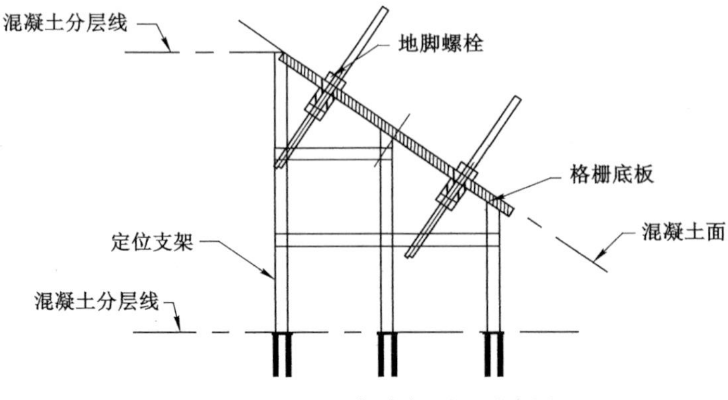

图 4-12　格栅支架预埋示意图

格栅底板安装就位后进行散索鞍支墩 11 层混凝土浇筑，浇筑过程中注意格栅平面位置控制和对预埋螺栓的保护。

5. 散索鞍支墩劲性骨架设计与安装

(1) 劲性骨架设计

在散索鞍支墩高度范围内设计角钢劲性骨架，劲性骨架底节与散索鞍基础第 1 层预埋件焊接固定(标高＋48.5 m)，以便于散索鞍支墩钢筋的定位。散索鞍支墩劲性骨架为型钢焊接而成的桁架结构，主要材料为 ∟75 mm×10 mm、∟45 mm×6 mm 角钢。

单个散索鞍支墩劲性骨架共分 5 节，节段高度 6.0 m。劲性骨架主体设置在散索鞍支墩内外侧主筋之间，内外侧主筋依靠劲性骨架定位，劲性骨架角钢外缘与主筋净距为 18 mm，即劲性骨架外边缘距离散索鞍支墩混凝土外壁 130 mm、距离散索鞍支墩混凝土内壁 130 mm。劲性骨架与散索鞍支墩倾斜度一致，并随散索鞍支墩断面尺寸的变化而同步变化，如图 4-13 和图 4-14 所示。

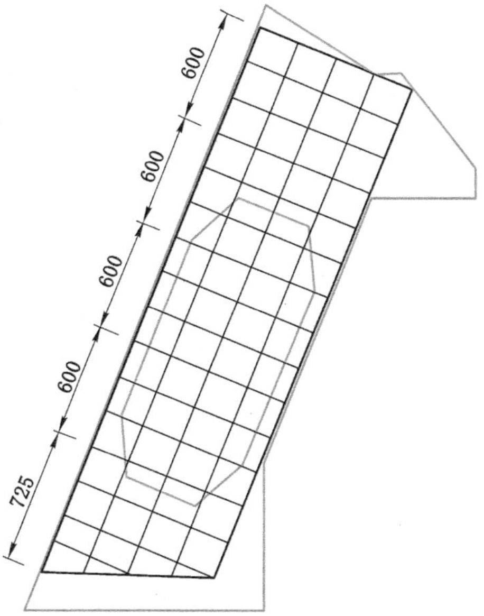

图 4-13　支墩劲性骨架侧面图(单位：cm)

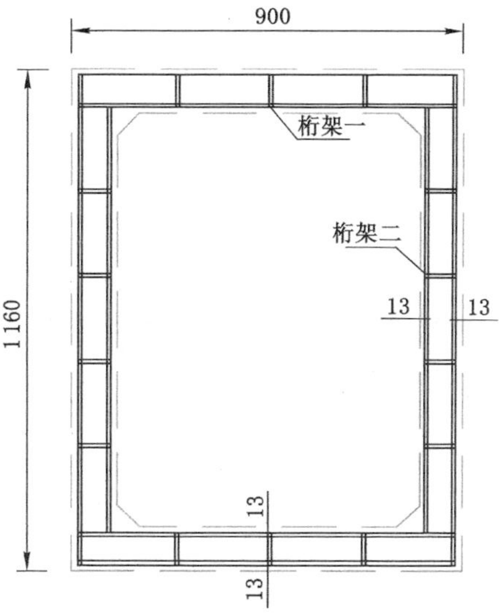

图 4-14　支墩劲性骨架平面图(单位：cm)

每节劲性骨架由 4 个标准桁架片组成，各桁架片间以连接杆件连接形成整体。

(2) 劲性骨架加工

劲性骨架在加工车间按图纸要求下料，加工成标准桁架片，桁架片运到劲性骨架立式组拼场，通过立式靠模准确定位，将每个节段的各桁架片用角钢连杆连接组拼成整体。

劲性骨架桁架片焊接平台、立式组拼平台及立式靠模均应通过测量抄平、准确放样，杆件下料精度、桁架片焊接精度及立式组拼精度必须满足设计精度要求，如表 4-3 所示。

表 4-3　劲性骨架加工及安装要求

检查项目		允许偏差	检查方法
杆件下料长度/mm		±2	尺量
桁架片加工/mm		0,−5	尺量
整体组拼	高度/mm	±10	尺量
	平面尺寸/mm	0,−10	尺量
焊缝高度		不小于设计要求	尺量
安装要求	高度/mm	±10	全站仪
	轴心偏位/mm	±5	全站仪

劲性骨架所有构件的连接采用贴角满焊,焊脚高度 6 mm,角钢的接长采用单边坡口对接满焊,焊接要满足《气焊、焊条电弧焊、气体保护焊和高能束焊的推荐坡口》(GB/T 985.1)的相关要求,焊接过程中注意控制焊接变形量,确保整体精度。

(3) 劲性骨架安装

劲性骨架采用塔吊分节安装,单节劲性骨架最大吊装质量 6.8 t。劲性骨架吊装前,设置临时杆件,防止劲性骨架吊装变形。第一节劲性骨架与前仓顶板混凝土表面的预埋钢板焊接固定,后续节段与前一节段焊接。

劲性骨架安装步骤:

① 通过全站仪放出节段下端 4 个角点的位置,在 4 个角点焊接限位板,测量 4 个角点的高程。

② 根据高程测量结果,确定安装节段 4 个角点竖杆的长度。

③ 吊装劲性骨架节段,依靠限位板初定位,在混凝土顶面通过测量放样出安装节段的上平面的轴线投影,通过吊锤球的方式量测安装节段上平面的轴线偏差,调整劲性骨架位置,使其上平面轴线偏差在允许范围内。

④ 由测量组直接测量骨架顶面来验收,验收合格后再焊接固定劲性骨架。

6. 散索鞍支墩施工注意事项

(1) 在浇筑散索鞍支墩第一层混凝土前,对散索鞍支墩基础混凝土顶面进行人工凿毛。在浇筑其余各层混凝土前,对已浇筑的下一层混凝土顶面进行人工凿毛。混凝土浇筑严格按照施工规范的要求进行。浇筑时铺料厚度不大于 30 cm,用插入式振动器振捣。

(2) 散索鞍支墩箱室施工注意在最低点位置预留泄水孔。

(3) 在接近散索鞍顶时,有上部构造施工用的猫道预埋件等,须根据相关图纸正确施工。

(4) 散索鞍施工时因为是悬臂模板施工,应设置施工通道(采用脚手架)。

4.3.8 锚室施工

锚碇散索鞍支墩、锚体施工完后进行锚室施工。锚室包括底板、侧墙、前墙及顶板。施工流程:底板施工→主缆安装架设完成后侧墙施工到设计标高→前墙施工→顶板盖板搭设后施工 8 cm 厚钢纤维混凝土。

(1) 底板、侧墙、前墙模板

锚室底板模板采用钢管支架,分 2 层浇筑。由于底板是一个倾斜面,因此浇筑时在底板顶面还需要设置压模，压模和底模之间采用对拉杆连接，拉杆间距为2 m×2 m。底板压模和倒角处的模板采用组合钢模，侧墙及前墙模板采用悬臂爬模。

（2）锚室顶板

锚室顶板采用预制板，在预制场集中预制后通过运输车运输到现场用吊车吊装。

锚室顶板分为边板和中板，边板尺寸为长10.96 m、宽1.55 m、高0.5 m，中板尺寸为长10.96 m、宽1.54 m、高0.5 m。南锚碇边板4块，中板34块。

锚室顶板安装完成后进行横向铰缝施工，铰缝采用C40混凝土。铰缝施工完成后进行硅烷膏及涂层施工，再在顶板上浇筑1层8 cm厚C35钢纤维混凝土。

（3）钢筋施工

① 钢筋按照施工图纸在钢筋加工场进行加工成形，并由技术人员进行检查、验收，符合要求后运至现场进行安装。

② 主筋长度不够时采用等强度剥肋直螺纹连接技术，接头为标准型，先在钢筋场对钢筋套丝，并在一端丝头上拧上套筒，然后运到前场逐根拧紧。为保护钢筋丝口及套筒内螺纹，在加工好的主筋丝头上及套筒端头分别套上塑料保护帽及塑料密封盖。主筋接头数量在同一断面内不得大于钢筋总数的50%，即接头错位，其错位长度应符合相关规定要求。钢筋与模板间采用砂浆垫块支撑，以确保其保护层厚度。

③ 钢筋安装时首先设置钢筋定位筋。定位筋作为主筋限位构造，是控制主筋平面位置、保证模板安装和钢筋保护层的具体措施，用以保证主筋顺直，避免主筋成排凹凸现象。钢筋现场安装施工流程为：首先进行主筋安装，其次完成箍筋安装，最后进行防裂钢筋网安装。

（4）前墙预埋件处理

南锚前墙缆套连接件和主缆检修道的栏杆绳及扶手的地脚螺栓预埋时，由测量人员对其放线，安装定位后进行前墙混凝土的浇筑。

（5）混凝土浇筑

① 混凝土通过输送泵泵送入模。严格按操作规程用插入式振捣器对混凝土进行振捣，务必确保各部位混凝土密实、饱满。

② 混凝土浇筑时分层厚度不大于30 cm，完成混凝土浇筑后及时养生，采取喷淋方式进行。用土工布遮盖洒水养护，避免表面出现裂纹。

（6）锚室施工注意事项

① 侧墙施工时，注意锚块、前锚室底板、前墙及散索鞍支墩钢筋的预埋，结合面凿毛处理。

② 经过人洞和除湿机风口处的钢筋可以自行截断。

（7）混凝土质量控制

混凝土裂缝产生的原因主要是混凝土干缩及内部温度场分布不均匀。混凝土干缩主要由原材料、配合比、混凝土比表面积、截面配筋率等因素控制，优良的原材料、合理的配合比设计、有利的养护条件是控制混凝土裂缝的有效措施。

（8）配合比设计

在满足强度和可泵性的前提下，水泥用量越小，则水化热越低。同时，为延缓水化速度，在混凝土内部掺入适量缓凝剂。

(9) 防裂钢筋网

为防止混凝土出现表面温度裂缝，在靠近混凝土表面安装 D6 防裂钢筋网，提高混凝土表面极限抗拉能力。钢筋网间距 10 cm×10 cm。

(10) 养护措施

浇筑完成后马上在混凝土表面覆盖土工布，在土工布上洒水养护。其作用一是防止气温骤变造成混凝土表面龟裂；二是保持表面湿润，减小干缩影响；三是保持混凝土表面温度较气温略高，减小内表温差。

此外，侧模待混凝土达 7 d 龄期后再拆除，其作用是保湿。拆除模板后的混凝土，再用水淋浴养护 5～7 d。

4.4 大体积混凝土养护及温控措施

4.4.1 大体积混凝土养护

养护的控制原则是：通过加强混凝土保温养护，降低混凝土内表温差；通过加强混凝土保湿养护，减小混凝土收缩引起的表面应力。混凝土养护措施的选取与施工季节强相关，高温期施工以保湿为主，低温期施工以保温为主。

1. 中高温期施工养护措施

中高温期施工混凝土养护措施如表 4-4 所示。蓄水养护的养护用水采用冷却水管出水，养护水与混凝土表面温差≤15 ℃；蓄水深度大于 30 cm。

表 4-4 中高温期施工混凝土养护措施

结构部位		拆模前	拆模后
侧面		带模养护，模板覆盖防雨布	包裹塑料薄膜＋土工布＋防雨布
上表面	分层面	凿毛后蓄水养护	覆盖塑料薄膜＋土工布＋防雨布，养护至上层浇筑为止
	永久暴露面	边收面边覆盖塑料薄膜，初凝后蓄水养护	覆盖塑料薄膜＋土工布＋防雨布，从混凝土浇筑完毕后持续养护不少于 14 d

2. 冬季施工养护措施

冬季施工养护措施如表 4-5 所示。

表 4-5 冬季施工混凝土养护措施

结构部位		拆模前	拆模后
侧面		带模养护，模板覆盖保温层	包裹塑料薄膜＋保温层＋防雨布
上表面	分层面	凿毛后覆盖薄膜＋保温层，养护至上层浇筑为止	
	永久暴露面	边收面边覆盖塑料薄膜，初凝后覆盖保温层，养护时间大于 14 d	

保温层可采用具有防火功能的玻璃棉，玻璃棉两面均为防水防风层。玻璃棉的搭接长度为 10 cm，搭接须严密。

4.4.2　拆模时间控制及混凝土浇筑间歇期控制

混凝土拆模时间按照龄期及实测温度进行双控：浇筑完成 7 d 后方可拆模，7 d 之内不松模、不拆模；拆模时需确认混凝土内表温差小于 15 ℃、混凝土表面温度与气温差小于 15 ℃。应避免在夜间或气温骤降期间拆模，拆模时间应选择一天中较高温度的时段，边拆模边覆盖进行保温保湿养护。

应尽量减少上下层混凝土之间的浇筑间歇期，锚碇基础各层混凝土浇筑间歇期一般控制在 7～10 d，最长不宜超过 14 d。新老混凝土的间歇期需满足以下条件：① 老混凝土最高温度与表面温度差小于 20 ℃；② 老混凝土的强度超过设计强度的 50%。

4.4.3　大体积混凝土温控措施

南锚碇锚体为大体积混凝土，为防止混凝土内部水化热温升导致内表温差过大而造成温度裂缝，项目部按照武汉理工大学编制的专项温控专题，采取合理的施工工艺和温控技术，确保不产生有害裂缝。

1. 混凝土温度裂缝的预防

根据对混凝土的性能要求，并结合其结构形式、边界条件、浇筑工艺和浇筑季节等各种因素，制定温控标准，如表 4-6 和表 4-7 所示，其内容包括：

(1) 确定混凝土的入仓温度。

(2) 确定混凝土的最大内表温差。

(3) 确定混凝土内部的水化热温升峰值。

(4) 确定混凝土降温时的最大降温速率。

表 4-6　锚碇大体积混凝土温控标准主要指标

构件	浇筑温度/℃	内部最高温度/℃	内表温差/℃	降温速率/(℃/d)
锚块	≥5，≤28	≤65	≤25	≤2.0
支墩基础	≥5，≤28	≤65	≤25	≤2.0
支墩顶部实心段	≥5，≤28	≤70	≤25	≤2.0
帽梁及三角块	≥5，≤28	≤55	≤25	≤2.0

表 4-7　锚碇大体积混凝土温控标准参考指标　　单位：℃

新浇混凝土温度与下层已浇混凝土温度之差	冷却水管出水温度与进水温度之差	冷却水温度与混凝土内部温度之差	混凝土表面与大气或与养护环境温度之差	养护水温度与混凝土表面温度之差
≤20	≤10	≤25	≤20	≤15

2. 温度控制措施

(1) 冬季施工混凝土浇筑温度控制。

气温≥−5 ℃可保证混凝土浇筑温度≥5 ℃而不受冻。宜昌市年平均最低气温为 2 ℃(≥−5 ℃)，混凝土受冻可能性较小，冬季施工时混凝土原材料温度一般无须做特别控制。若遭遇极端严寒天气(气温＜−5 ℃)，则应采取相应措施来提高各原材料温度，常规性提高混凝土浇筑温度的措施如下：

① 采用热水(温度 40 ℃±5 ℃)拌制混凝土。

② 搅拌站原材料储罐包裹保温防寒被。

③ 防止混凝土在运输过程中受冻，运输车罐体覆盖黑色棉篷布、土工布、保温防寒被等，以减少混凝土的热量损失，确保混凝土浇筑温度高于规定温度。

(2) 中、高温期施工混凝土浇筑温度控制。

① 原材料温度常规控制措施。

气温≤27 ℃时，采用常规原材料温度控制措施，即可保证混凝土浇筑温度≤28 ℃。这些措施包括：

a. 骨料采用增加储存量、搭建遮阳篷、通风、喷雾等普通措施冷却，骨料温度可控制为比气温低 4 ℃。

b. 胶材采用延长储存时间、转运和倒仓等措施冷却，将水泥温度控制为≤60 ℃，粉煤灰温度控制为≤40 ℃。同时，可考虑在水泥、矿渣粉罐外搭设遮阳篷避免阳光直射，并在罐顶布设冷水管喷淋冷水辅助降温。

c. 抽取地下水作为拌合水，如不进行特别控制其温度为 18～22 ℃。

② 制冷水混凝土及加片冰方案。

当气温高于 27 ℃时，为满足出机口温度控制要求，则应采用制冷水拌合混凝土。制冷水方法采用制冷机直接制冷水拌合混凝土。制冷水应提前生产，并贮存于保温水池中，且拌合水输送管道应采取保温措施。

根据最大制冷能力 5 ℃拌合水对大体积混凝土出机口温度进行计算，得到气温31 ℃时 C40 混凝土出机口温度为 26.2 ℃(表 4-8)，考虑混凝土运输、泵送过程中的温升，入模温度可达到≤28 ℃的控制标准要求。这表明在气温≤31 ℃条件下，能够通过制冷水方式满足入模温度≤28 ℃的温控标准。

表 4-8　控制原材料温度及对应混凝土出机口温度(气温 31 ℃时)

原材料	水泥	粉煤灰	砂	碎石	冷却水	出机口温度计算值
温度/℃	60	40	27	27	5	26.2
C40 混凝土材料用量/(kg/m^3)	252	168	831	1 076	115	

当气温高于 31 ℃时，为满足出机口温度控制要求，除将拌合水温度控制为≤5 ℃，同时采用片冰代替部分拌合水，即采取制冷水+片冰拌合混凝土方案。

根据工程经验，每加入 10 kg 的片冰至少可使新拌混凝土温度降低 1 ℃。加片冰量依据环境温度和浇筑温度要求变化，最大加冰量为用水量的 50%，本工程为 50 kg/m^3。考虑最大加片冰量对大体积混凝土出机口温度进行估算(表 4-9、表 4-10)，经过反复测算，当气温低于 36 ℃时，C40 混凝土出机口温度为 25.8 ℃，考虑混凝土运输、泵送过程中的温升，入模温度可达到≤28 ℃的控制标准要求。这表明在气温≤36 ℃条件下，能够通过冷却拌合水+片冰拌合的方式满足浇筑温度≤28 ℃的温控标准。

表 4-9　控制原材料温度及对应混凝土出机口温度(气温 36 ℃时)

原材料	水泥	粉煤灰	矿粉	砂	碎石	冷却水	片冰	出机口温度计算值
温度/℃	60	40	60	31	31	5	0	25.8
C40 混凝土材料用量/(kg/m^3)	252	168		831	1 076	65	50	

表 4-10　不同气温加冰量估算

气温/℃	32	33	34	35	36
加冰量/(kg/m³)	10	20	30	40	50

(3) 降低搅拌、运输、浇筑过程中环境气温影响的措施。

① 对搅拌站料斗、皮带运输机、搅拌楼、运输罐车、泵送管道及其他相关设备遮阴或冷却，如对运输罐车反复淋水降温，对泵送管道用湿罩布、湿麻袋等加以覆盖，避免阳光照射并反复洒水降温等。

② 提高混凝土浇筑能力，缩短混凝土暴露时间；缩短混凝土运输和滞留时间，混凝土拌合物从加水至入模的最长时间，不应超过 1.5 h。

③ 降低混凝土浇筑仓面的环境温度。现场环境温度高于 30 ℃时，宜对金属模板外表面、邻接的已硬化混凝土喷淋或覆盖湿土工布降温，但不得有积水或附着水，并宜采取遮盖措施避免阳光照射模板和钢筋。

④ 在气温高于 30 ℃、相对湿度较小或风速较大的环境下浇筑混凝土时，应对浇筑仓面进行喷雾或采取适当挡风措施防止混凝土表面失水过快。

(4) 预埋冷却水管。

在混凝土内预埋冷却水管，利用水的循环降低混凝土的温升峰值。冷却水管采用 ϕ42.5 mm×3.25 mm 焊管，每层冷却水管均在混凝土浇筑至水管标高后根据实际情况开始通水，通水流量、通水温度、通水时间均按温控研究结果进行，确保水流降温效果。

冷却水管布设如下：

① 锚块第 1 层布设 3 层水管，第 2 层布设 2 层水管，第 3～6 层布设 4 层水管，第 7 层布设 3 层水管，水管水平管间距为 100 cm，垂直管间距为 100 cm，距离混凝土侧面不小于 50 cm，距离混凝土顶底面 50～75 cm。单层 1～5 套水管，每套水管设置 1 个进出水口，管长小于 200 m。

② 支墩基础第 1 层布设 3 层水管，第 2 层布设 2 层水管，水管水平管间距为 100 cm，垂直管间距为 100 cm，距离混凝土侧面 50～92.1 cm，距离混凝土顶底面 50 cm。单层 5 套水管，每套水管设置 1 个进出水口，管长小于 200 m。

③ 帽梁布设 5 层水管，水管水平间距 100 cm，垂直间距 100 cm，距离混凝土侧面50～91.3 cm，距离混凝土顶底面 75～83.6 cm。单层 2～4 套水管，每套水管设置 1 个进出水口，管长小于 200 m。

④ 三角块第 1 层混凝土布设 5 层水管，第 2 层混凝土布设 5 层水管，第 3 层混凝土布设 3 层，水管水平管间距为 100 cm，垂直管间距为 100 cm，距离混凝土侧面 50～88.8 cm，距离混凝土顶底面 50～59 cm。单层 1～5 套水管，每套水管设置 1 个进出水口，管长小于 200 m。

(5) 为检验施工质量和温控效果，掌握温控信息，以便及时调整和改进温控措施，做到信息化施工，需要对混凝土进行温度监测，检验不同时期的温度特性和温控标准。当温控措施效果不佳，达不到温控标准时，可及时采取补救措施；当混凝土温度远低于温控标准限值时，则可减少温控措施，避免浪费。温控实施流程如图 4-15 所示。

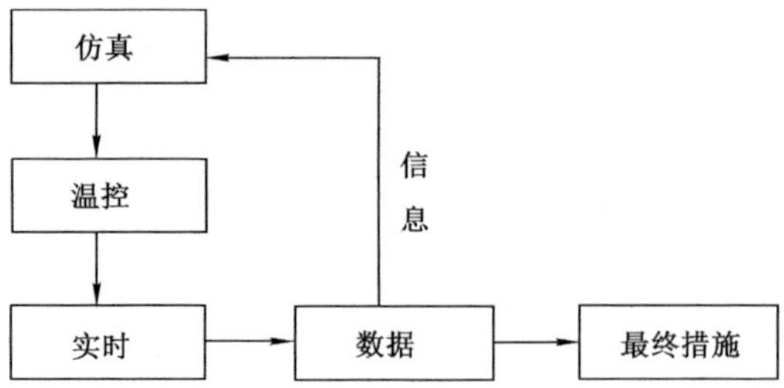

图 4-15　温控实施流程图

4.4.4　冷水机选型

冷水机的作用主要是大体积混凝土在高温季节施工时对混凝土拌合物中的水进行降温冷却，确保混凝土的入模温度满足规范要求。

拌合站每小时产出 140 m^3 混凝土，每立方米混凝土需水量 0.13 m^3，需求冷冻水温度 5 ℃。根据以上相关条件及参数，按如下公式计算热负荷：

$$Q = CM\Delta T$$

式中　C——水的比热容，J/(kg·℃)；

M——单位时间的流量，kg/s；

ΔT——热水进出水温差，K。

每小时需水量＝140×0.13＝18.2(m^3)

$Q = CM\Delta T = 4.18 \times 18\,200 \times (25 - 5)/3\,600 = 422.6$(kW)

根据计算结果和市场调查可选用合适品牌和型号冷水机，比如 TESC-130 型冷水机。

4.4.5　季节性施工措施

1. 雨季施工

(1) 现场排水系统应贯通，施工道路应不积水，如有积水应派专人进行疏通。

(2) 在混凝土拌合前，对原材料(砂、碎石)进行含水量测定，及时调整混凝土配合比，控制混凝土的坍落度。

(3) 混凝土浇筑时，事先注意天气情况，尽量避开雨天。若不得已，必须做好防雨措施，可采用防水雨布进行仓面覆盖，并及时安排人员排除积水，混凝土浇筑时应控制表层坡度，保证积水能及时用自吸泵排除。

(4) 对于已浇筑好的混凝土，用隔雨篷布或油布进行覆盖保护，以保证浇筑混凝土的质量。

(5) 雨季前应组织有关人员对现场临时设施、脚手架、机电设备及临时线路等进行检查，针对检查中的具体问题，采取相应措施，及时整改。

2. 夏季施工

根据调查，宜昌市 5—9 月日均最低气温为 18 ℃，日均最高气温为 33 ℃。

夏季施工时，既要保证工程质量和工程进度，也要做好施工人员的防暑降温工作。施工措施如下：

(1) 高温季节施工应做好防暑降温措施。

(2) 混凝土内应合理掺用缓凝剂以延长混凝土的凝结时间。

(3) 对初凝较快的水泥应通过试验测定水泥的硬化过程，通过加入外掺剂调节混凝土初凝时间，以适宜的施工参数满足施工操作质量要求。

(4) 利用冷水机降低拌合水的温度，使入模混凝土的温度降至满足施工要求。

(5) 混凝土浇捣时，派足收抹人员，避免收抹不及时而出现收缩裂缝及表面不平整等质量通病。

(6) 混凝土浇好后及时派专人进行浇水养护，避免出现收缩裂缝。

4.5　锚固系统施工

4.5.1　锚固系统构造

锚碇锚固系统如图 4-16 所示，主缆索股锚固采用型钢锚固系统，由后锚梁及锚杆组成。后锚梁埋于混凝土内，锚杆一端连接到后锚梁，另一端伸出锚体前锚面，与主缆索股相连接。索股拉力通过锚杆传递到后锚梁，再通过后锚梁的承压面传递到锚碇混凝土。

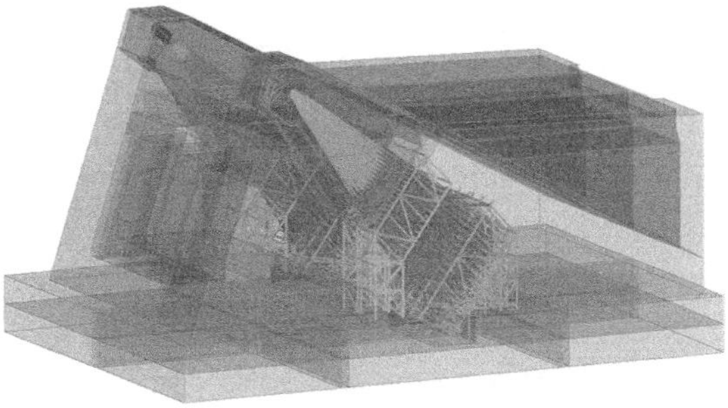

图 4-16　锚碇锚固系统图

4.5.2　定位支架

定位支架采用宽翼缘 H 型钢加工，材料型号主要为 HW250、HW200、HW175 型钢。上、下游锚固系统各有 1 个定位支架，单个定位支架质量 162.1 t，总质量为 324.2 t，具体结构如图 4-17 所示。

1. 定位支架加工平台和组装平台施工

定位支架在现场钢结构加工区制作，后支架制作平台和前支架制作平台各搭设 1 个，用来加工定位支架单元构件。制作平台应平整，平整精度要求≤2 mm。

2. 划分单元

定位支架单元划分根据结构形式，总体按照后支架、前支架、联结系 3 个大类考虑。

单个支架或联结系单元划分原则为：

(1) 方便现场吊装施工，总体施工质量不超过吊重设备能力范围。

(2) 锚固系统锚杆定位水平横杆在现场最后焊接安装，不考虑与支架整体安装。

(3) 后支架杆件在允许吊装范围内划分成单元桁片制作，现场整体拼装。

(4) 前支架制作成单元桁片，现场焊接成整体。

根据划分原则，将前、后支架按纵桥向划分为单元桁片，横向连接杆及联结系单独下料

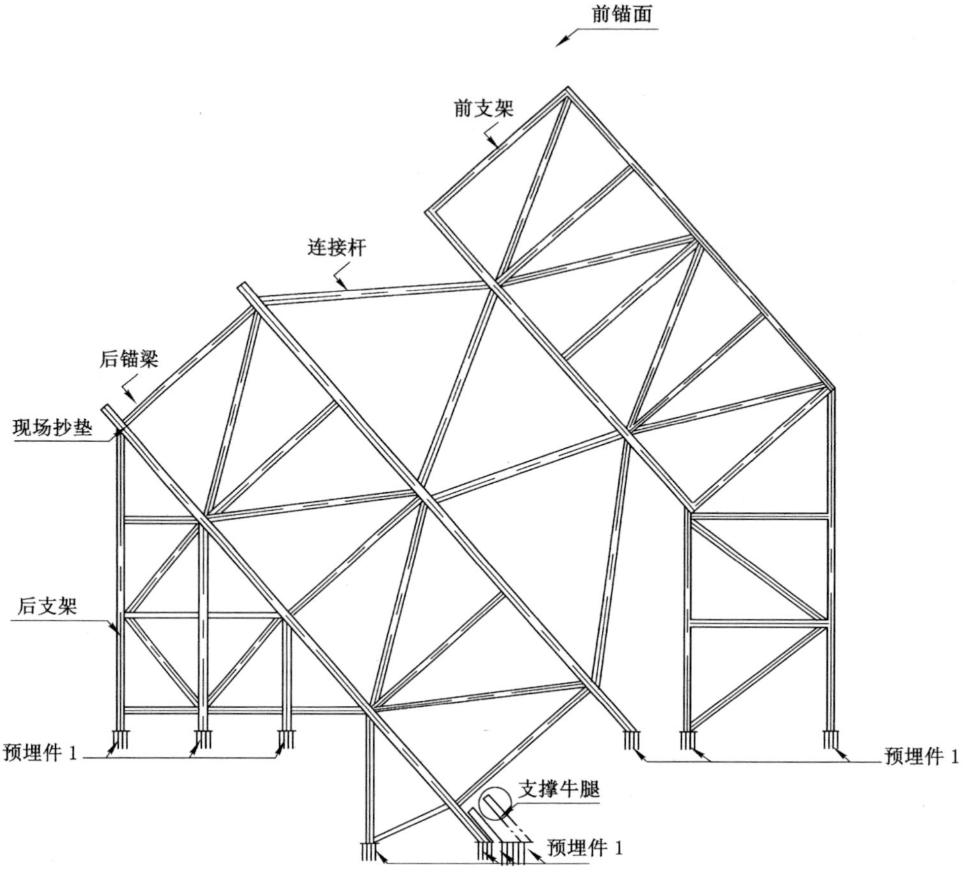

图 4-17　定位支架结构图

加工，根据安装进度现场与前、后支架焊接成整体。

3. 下料与切割

施工要求如下：

(1) 杆件应严格按照施工图纸要求进行下料。

(2) 预留制作和安装时的焊接收缩余量及切割加工余量。

(3) 对于形状复杂的杆件，应通过放样校对后确定。

4. 材料拼接

H 型钢单件长度不足时可以拼接，采用全焊透坡口对接的焊接方式。

5. 单元焊接

单元焊接过程中应严格控制焊接变形，并保证焊接质量满足规范要求。

6. 定位支架安装

总体安装顺序为：底板浇筑完成后，清理出定位支架预埋件，分别安装后支架纵向单元桁片与前支架纵向单元桁片，最后焊接前、后支架间纵向联结系。根据锚杆安装批次逐层联结前、后支架水平杆。

安装前须对基础预埋件进行测量复核检查，预埋件标高和中心点坐标应在允许偏差范围内，若出现较大偏差，须对单元件安装进行调整，并经设计计算复核通过。

（1）起重设备

定位支架主要采用 1 台 150 t 履带吊和 1 台塔吊安装，零星杆件采用 5 t 倒链配合塔吊安装。

（2）安装定位控制

锚固系统定位支架安装采用绝对控制法和相对控制法相结合的方法进行，主要定位控制需要使用高精度全站仪进行。

① 绝对定位控制。定位支架预埋件安装采用绝对定位控制，即安装时采用全站仪控制预埋件的空间位置，主要控制横、纵桥向位置偏差及高程偏差；安装定位支架桁架时采用绝对定位控制，全站仪控制桁架的空间位置，保证桁架安装满足设计图纸要求；前、后支架横梁连接杆最底部杆件和中间一根杆件采用绝对定位控制，使用全站仪控制横梁连接杆的空间位置（主要是高程），再次校正前、后支架位置。

② 相对定位控制。前、后支架横梁连接杆大部分杆件采用相对定位控制，即以绝对定位控制的横梁连接杆为基准，采用直尺控制其余杆件安装。安装过程中相互校正横梁连接杆的空间位置，并在锚杆安装前进行全部杆件位置及定位架位置的测量复核。

（3）安装施工平台

前、后支架安装、焊接平台采用钢管脚手架搭设，形成安装作业平台。

（4）安装注意事项

① 预埋件安装必须保证按照设计图纸要求控制其空间位置。

② 桁架及杆件安装过程中采取的临时固定措施必须安全可靠。

③ 支撑锚杆的横梁连接杆随着顶板施工顺序逐层安装。

④ 后支架安装进度必须经过精确测量控制，保证锚梁安装时空间坐标位置的准确性；支架安装过程中必须复核测量锚碇横纵桥向轴线位置，以轴线位置控制定位支架安装，以便消除前期施工产生的精度误差。

⑤ 安装过程中存在用电、吊装、脚手架、高空作业等危险源，必须加强施工人员的安全意识，保证安装安全。

7. 安装质量检查验收

（1）桁架加工及安装精度要求如表 4-11 所示。

表 4-11　刚架锚固系统允许偏差

序号	检查项目	规定值或允许偏差/mm	检查方法
1	钢架杆件长度	±2	
2	钢架杆件中心距	±2	
3	钢架中心偏差	10	
4	钢架安装锚杆平联高差	+5，−2	

（2）焊缝质量要求。

焊缝表面不得有气孔、焊瘤、夹渣、弧坑裂纹等，焊缝应饱满、平顺、均匀，焊缝长度、高度应满足设计要求。

4.5.3 锚固系统安装

锚固系统共有后锚梁 18 根，锚杆 Mg1、Mg2 各 132 根，Mg3、Mg4 各 74 根，M24 高强度螺栓 40 624 套、M20 普通螺栓 4 376 套，型材共计 1 707.324 t。按照锚碇总体施工方案要求，锚杆、锚梁须分批组织进场，分批安装，以符合锚体大体积混凝土分批浇筑施工要求。锚固系统安装利用定位支架安装时拼装的钢管脚手架作业平台，锚杆、锚梁安装空间搭设时应注意预留出来，脚手架作业层应满铺脚手板。

1. 具体安装步骤

下面以半幅锚固系统施工步骤为例，安装时注意对称摆放，以利支架稳定。另外半幅为对称结构，安装方法相同。后锚梁、锚杆安装步骤如下：

第一步，安装定位支架和后锚梁支撑牛腿预埋件。

第二步，安装后支架单元件和后锚梁支撑牛腿，将其焊接固定在预埋件上。

第三步，利用 150 t 履带吊将后锚梁 Mh1-1、Mh2-1～2、Mh3-1～2、Mh4-1～2、Mh5-1～2 按照设计要求的顺序号逐一吊装到位，使用测量仪器先初调其上、下两端坐标位置、标高及偏转角度，再使用导链、千斤顶对其微调，使用钢楔块加圆钢抄垫，确保各项测量指标控制在规范允许偏差范围内，然后再将其焊接固定。

第四步，安装前支架单元件，焊连底层水平横杆，并将前后支架通过竖向联结系连接成整体。

第五步，安装基础填芯混凝土范围内的锚杆，由于锚杆上下层间距偏小，不利高强度螺栓施拧，全部锚杆采取上、下段锚杆在地面上拼接成整体，经检查合格后施拧高强度螺栓，再整体吊装。

锚杆为:6 根 Mg1/2(Mg1/2-1～6)和 3 根 Mg3/4(Mg3/4-1～3)。履带吊吊装下放时先初调到位，再使用导链、千斤顶对其微调，使用钢楔块加圆钢抄垫，其下端与锚梁上接头对齐，上端利用测量仪器检查坐标位置、标高及偏转角度，将其控制在设计和规范允许偏差范围内。锚杆下端与锚梁接头使用冲钉或普通螺栓连接，在后支架前端水平横杆上焊接限位角钢，防止水平方向发生偏转。

第六步，锚杆安装检查合格后，对锚杆接头进行防腐涂装和隔离包装。

第七步，浇筑扩大基础填芯混凝土后，安装锚碇锚块第 1 层范围内的锚杆，即 18 根 Mg1/2(Mg1/2-7～24)和 7 根 Mg3/4(Mg3/4-4～10)，各层锚杆分层安装，分层调整到位，分层安装水平横杆。其余工序施工方法同上。

第八步，浇筑完锚碇锚块第 1 层混凝土后，安装锚碇锚块第 2 层范围内的锚杆，即 18 根 Mg1/2(Mg1/2-25～42)和 8 根 Mg3/4(Mg3/4-11～18)，安装方法同上。

第九步，浇筑完锚碇锚块第 2 层混凝土后，安装锚碇锚块第 3 层范围内的锚杆，即 22 根 Mg1/2(Mg1/2-43～64)和 12 根 Mg3/4(Mg3/4-19～30)，安装方法同上。

第十步，浇筑完成第 3 层混凝土后，安装锚碇锚块第 4 层范围内的锚杆，即 2 根 Mg1/2(Mg1/2-65～66)和 7 根 Mg3/4(Mg3/4-31～37)，安装方法同上。

第十一步，锚体第 4 层混凝土浇筑完成后，锚体内的锚固系统全部安装完成，按照锚体分层继续浇筑后期锚体混凝土至锚体施工完成。

2. 起吊安装

(1) 吊车配置

150 t 履带式吊机臂长 40 m，考虑工作半径 28 m，额定起重量 17.4 t，满足锚梁最大吊重 15.7 t 要求。

锚碇基础施工完成后进行基坑周边回填，履带吊机起重作业区设在锚碇两侧吊装，锚杆、锚梁安装时吊机顺桥向居中就位摆放。

(2) 吊装方法

锚固系统锚梁和锚杆转运时采取两点平吊，安装时采取两点立吊，每处吊点采用双绳起吊。起吊时必须使吊钩中心与锚梁、锚杆重心相重合，保证起吊平衡。

锚梁、锚杆吊装施工步骤及要求如下：

第一步：设备的进场。在各项准备工作完全做好的情况下，开始组织吊装设备的进场和场地的布置。

第二步：吊装前的准备工作。吊装前，必须做好全面仔细的检查核实工作。检查设备安装基准标记、方位线标记是否正确。

第三步：试吊。试吊前检查确认吊装索具的系接必须牢固；吊装总指挥进行吊装操作交底；起吊放下进行多次试验，使各部分具有协调性和安全性；复查各部位的变化情况等。

第四步：吊运就位。由总指挥正式下令各副指挥，检查各岗位到岗待命情况；各岗位汇报准备情况，并及时通知总指挥；正式起吊，使吊物离开地面 500～800 mm 时停止，并做进一步检查，各岗位应汇报情况是否正常；正常则继续起吊。

第五步：构件就位。构件下落就位时，应严格按照信号工指示慢放慢落，必要时应有操作工人配合吊装。

(3) 吊具选择

吊具由钢丝绳、卡环和板钩组成，钢丝绳采用 4 根 ϕ28 mm 钢丝绳，配备 6 个 6.5 t 卡环和 4 个板钩。

3. 锚固系统制作安装质量控制

锚固系统制作时必须严格控制好加工偏差，安装时确保安装精度。若杆件加工精度累计偏差值影响到安装偏差值时，必须保证锚杆上段主缆锚固端的偏差值满足规范与设计的要求。必要时通过节点高栓孔眼修孔和更换拼接板以达到调整锚杆安装精度的要求，若修孔后还达不到调整精度要求，则须对杆件进行返厂或新制杆件处理。锚固系统制作安装质量验收标准如表 4-12 所示。

表 4-12　锚固系统制作安装质量验收标准

项目		规定值或允许偏差
锚杆制造/mm	长度	±3
	高度	
	宽度	
锚杆安装/mm	*X* 轴	±10
	Y 轴	±5
	Z 轴	±5

表 4-12(续)

项目		规定值或允许偏差
后锚梁安装	中心偏位/mm	5
	偏角/(°)	符合设计要求
漆膜厚度/μm		不小于设计值

注:X 方向为垂直锚面方向,Y 方向为顺锚梁方向,Z 方向为垂直桥中心线方向。

4.5.4 高强度螺栓施工

1. 高强度螺栓的安装

(1) 每个节点应穿入的普通螺栓和冲钉数量不少于节点高强度螺栓总数的1/3,且不得少于2个普通螺栓,冲钉数量不应多于普通螺栓数量的30%。与栓孔相间排列,检查高强度螺栓能否自由通过所有螺栓孔,严禁强行穿入高强度螺栓,安装过程中不得使用高强度螺栓作为临时安装螺栓。

(2) 高强度螺栓安装前应对螺栓进行外观检查,不得使用生锈、螺纹损坏、沾染脏物的高强度螺栓。凡表面状况发生变化的高强度螺栓,应送回原制造厂重新进行表面处理。重新处理后,按原供货要求进行复验,合格后方可使用。

(3) 大六角头 M24 高强度螺栓附加长度为 43 mm。

(4) 高强度螺栓安装时,栓头一侧和螺母一侧各 1 个垫圈;垫圈有倒角的一侧分别朝向栓头、螺母支承面;螺母有标志的一面朝外。翼缘板螺母安装朝上,腹板螺母安装朝向桥中线侧。

(5) 螺栓不能自由穿入时,可采用绞刀进行孔眼修整,修整后孔的最大直径不应大于1.2倍螺栓直径,且修孔数量不应超过该节点螺栓数量的25%。修孔时,为了防止铁屑落入板迭缝中,绞孔前应将四周螺栓全部拧紧,使板迭密贴后再进行,严禁气割扩孔。修整后孔的最大直径超过1.2倍螺栓直径或修孔数量超过该节点螺栓数量的25%时,应经设计方重新复核计算。

(6) 安装完成的高强度螺栓轴线垂直节点板表面,否则应查明原因,重新安装。

2. 高强度螺栓的施拧

(1) 高强度螺栓施拧步骤。高强度螺栓拧紧方法采用扭矩法,分为初拧和终拧两个阶段完成。

① 对安装时已用梅花扳手拧紧的高强度螺栓用标定好的初拧扳手进行初拧(50%的终拧扭矩),并用白色油漆做初拧标记,施拧顺序由节点中心向四周扩散。

② 对所有初拧后高强度螺栓进行终拧(100%的终拧扭矩),施拧顺序由节点中心向四周扩散,同时用红色油漆做好终拧标记。一般初拧、终拧应在同一个工作日内完成。

③ 在终拧 1 h 后、48 h 内,通过表盘扳手对所拧的螺栓按照规范数量进行抽查,同时用黄色油漆做好检查标记。

(2) 施拧顺序原则。

① 从接头刚度大的部位向约束小的方向拧紧,即先锚梁侧再上下锚杆结合处。

② 先上翼缘,再下翼缘,最后腹板。

③ 先节点中央,再逐步向外扩展。

(3) 初拧。高强度螺栓采用经过校验的电动扳手或手动带响扳手将螺栓拧至 50%的终拧扭矩值,使拼接板束密贴。对于初拧完成的高强度螺栓,应该立即用彩色笔在螺母、垫圈和板面上画一条直线,以防止重复施拧、遗漏。

(4) 终拧。各批次高强度螺栓的终拧扭矩值由下式确定:

$$T_C = kP_Cd$$

式中　T_C——高强度螺栓的终拧扭矩值,N·m;

P_C——高强度螺栓的施工预拉力值,本工程为 250 kN;

k——各批次高强度螺栓扭矩系数平均值,经工地试验检测确定;

d——高强度螺栓的公称直径,24 mm。

(5) 终拧由经过校验的电动定扭扳手完成,对于个别部位上无法使用电动工具的螺栓,使用经过校验的表盘式检查扳手或带响手动扳手完成终拧。

(6) 高强度螺栓在施拧过程中,栓头、垫圈不得随螺母一同转动,如发现螺栓、垫圈转动,要更换高强度螺栓,重复初拧、终拧的操作过程。所更换下的高强度螺栓退回库房,集中返厂处理,经过验收合格后方能使用,严禁直接再次使用。

(7) 高强度螺栓在施拧过程中手动带响扳手的使用必须用力均匀,不得使用冲击力;电动扭矩扳手启动时必须连续、平稳地运转,直至电动扳手自动停止,完成一个高强度螺栓的施拧。电动扳手自动停止后,严禁再次启动电动扳手拧紧螺栓,防止超拧。

(8) 施工中电动扳手应使用独立电源或稳压电源,以减少电压波动而影响电动扳手扭矩的输出稳定。各种扳手在使用过程中如出现异常或故障,现场施工人员不得擅自处理,必须立即停止施工,将扳手交项目部检查、维修,并汇报故障情况,以便制定相应措施对现场螺栓进行处理。

3. 高强度螺栓施拧质量检查

(1) 高强度螺栓的施拧质量检查由现场值班技术员进行,配备检测小锤、定扭矩带响扳手等检测工具进行检查。

(2) 初拧检查用质量约 0.3 kg 的小锤逐个敲击每一个螺母,同时用手指按住螺母的对边一侧,如手指感觉螺母振动过大或松动,说明该螺栓欠拧或漏拧,需重新补拧。

(3) 终拧扭矩按节点数抽查 10%,且不少于 10 个节点;对每个抽查节点按螺栓数抽查 10%,且不少于 2 个螺栓。

(4) 终拧后螺栓丝扣外露 2～3 扣,其中允许有 10%的螺栓丝扣外露 1 扣或 4 扣。按节点数抽查 5%,且不少于 10 个。

(5) 防腐涂装及隔离层施工。锚固系统接头部位防腐涂装在现场进行,高强度螺栓施拧合格后应及时进行包裹,并涂刷防腐及隔离密封胶。防腐涂装与隔离层施工可由加工厂方组织专业队伍实施。

4.5.5　测量控制

按照测量专项方案实施,做好过程放样、监测。安装过程中选择最佳时间点对支架与锚固系统进行测量控制,前期应根据不同的环境条件分别测量以分析最佳观测时间点。浇筑混凝土过程中注意对支架、锚梁、锚杆进行监测,发现异常应立即停止浇筑并根据原因分析进行应急处理,待处理妥当后再继续浇筑。锚固系统与支架在安装各阶段中间还应进行监测测量,以根据变化值确定是否需要对上段锚杆做出安装调整。加强测量控制点的保护和复测工作,确保测量精度能达到规范要求。

1. 支架定位测量

检查复核预埋件中心偏位、标高,并放出十字中心线。若测量数据偏差较大,应及时通知技术人员对定位支架进行调整,并满足结构受力要求。支架定位测量重点控制好支架桁片顺桥向与桥中线偏转角度、锚梁背靠支撑面倾斜角度、桁片内侧净距、锚杆支撑水平横杆标高。支架安装时应根据环境温度和支架变形量参数做出适当修正。

2. 锚梁定位测量

检查锚梁底端支撑牛腿倾角和标高,并弹出十字轴线,锚梁底端十字线应与牛腿十字线重合。使用测量仪器定位控制锚梁上端腹板中心点坐标,经初调后静置约 1 h,观测支架变形量,并逐一检查各锚杆接头中心点坐标,最后再根据修正值对锚梁进行精确调整。

3. 锚杆定位测量

锚杆一端与锚梁连接,拼装前须先对相应锚梁上接头中心点进行测量复查,以防止偏差过大对整根锚杆安装精度的影响。安装时使用测量仪器对锚杆前端中心点进行控制测量,逐层安装,逐层测量。待该批锚梁全部吊装到位后,再根据支架变形测量值与温度修正值进行精确调整,并使用限位装置对水平、标高进行锁定。

4.5.6 试验检测

1. 高强度螺栓安装前的试验

高强度螺栓使用前,应按《钢结构工程施工质量验收标准》(GB 50205)的有关规定对高强度螺栓及连接件进行以下检验:

(1) 复验用的螺栓应在施工现场待安装的螺栓批中随机抽取,每批应取 8 套连接副进行复验。

(2) 连接副扭矩系数复验用的计量器具,应在试验前进行标定,误差不得超过 2%。

(3) 每套连接副只应做一次试验,不得重复使用。在紧固中垫圈发生转动时,应更换连接副,重新试验。

(4) 连接副扭矩系数复验时将螺栓穿入轴力计,用扭矩扳手施拧。在测试螺栓预拉力 P 的同时,应测定施加于螺母上的施拧扭矩值 T,并按下式计算扭矩系数:

$$K = T/(Pd)$$

式中 T——施拧扭矩,N·m;

d——高强度螺栓的公称直径,mm;

P——螺栓预拉力,kN。

进行连接副扭矩系数试验时,螺栓预拉力值应符合表 4-13 的规定。

表 4-13 螺栓预拉力值

螺栓规格/mm		M16	M20	M22	M24	M27	M30
预拉力值 P /kN	10.9S	93～113	142～177	175～215	206～250	265～324	325～390
	8.8S	62～78	100～120	125～150	140～170	185～225	230～275

(5) 每组 8 套连接副扭矩系数的平均值应为 0.110～0.150,标准偏差小于或等于 0.010。

2. 连接件的摩擦因数(又称抗滑移系数)试验及复验

试件采用与钢构件同材质、同一摩擦面处理工艺、同批制作,使用同一性能等级的高强度螺栓连接副,并在相同条件下同批发运。每批 3 组,由钢构件制作厂及安装现场分别做摩擦因数试验。试件数量,以单项工程每 2 000 t 为一批,不足 2 000 t 者视作一批。试件的具体要求和检验方法按照《钢结构工程施工质量验收标准》(GB 50205)的有关要求。摩擦因数试验的最小值必须大于或等于设计规定值。当不符合上述规定时,构件摩擦面应重新处理。处理后的构件摩擦面应重新检验。

3. 终拧扭矩检查

检查时先在螺杆端面和螺母上画一直线,然后将螺母拧松 60°,再用检查扭矩扳手(标定过的标准扳手)重新拧紧,使两线重合,测得此时的扭矩应在(0.9～1.1)T_{ch}范围内。如发现不符合规定的,则再扩大 1 倍检查,仍有不合格者,则整个节点的高强度螺栓重新施拧。扭矩检查在螺栓终拧 1 h 以后、24 h 之前完成,终拧检查用经过标定的扭矩检查扳手进行,其相对误差为±3%。

第5章 主塔塔柱施工技术

5.1 主塔简介

5.1.1 主塔结构及尺寸

（1）主塔为牌楼造型门形框架结构，由塔柱、上横梁和下横梁组成，塔柱采用钢筋混凝土结构，上、下横梁采用预应力混凝土结构。宜都岸桥塔（南塔）单个塔柱基础采用12根直径3.0 m钻孔灌注桩，横桥向4根，顺桥向3根。基础按端承桩设计，桩身穿过卵石层，基底位于中风化泥质砂岩中，桩长85 m。承台平面尺寸为25.5 m×19 m，厚6.0 m，承台顶标高47.1 m。承台顶设置高2.0 m塔座。

（2）南岸主塔顶高程均为+198.1 m（不含鞍罩6 m），南塔承台顶高程（不含塔座）+47.1 m，塔高151 m。塔柱横桥向由上至下向外倾斜，内、外侧斜率均为1∶33.898，顺桥向由上至下向外倾斜，外侧面斜率1∶100。

（3）塔柱采用钢筋混凝土单箱单室箱形断面。由塔顶至塔底，南塔断面平面尺寸由5.50 m×7.62 m变化至5.50 m×10.60 m。上塔柱标准断面壁厚1.2 m，塔顶实心段厚度为4.3 m；下塔柱标准断面壁厚为1.5 m，塔底设置2.0 m实心段。为满足塔柱受力和横梁预应力锚固要求，塔柱在上、下横梁范围内壁厚增加，上横梁范围内塔柱横桥向壁厚1.7 m、顺桥向壁厚2.2 m，下横梁范围内塔柱横桥向壁厚1.2 m、顺桥向壁厚2.2 m。塔柱四角均倒半径为20 cm的圆角。

（4）塔柱内与下横梁顶、底板的对应位置设置横隔板，隔板厚1.0 m。

（5）塔柱断面外侧主筋设置1排直径32 mm的HPB400钢筋，塔底至下横梁往上15 m范围内采用2根一束的束筋布置，其上范围为单根，主筋插入塔座顶面以下6 m锚固。

（6）南塔上横梁顶面高程均为196.6 m，采用单箱单室截面，宽度7.0 m，高度7.0 m，壁厚0.9 m。上横梁从塔柱横向两侧各外挑2 m实心段，兼顾景观效果与预应力锚固需要。

（7）南塔下横梁顶面高程为69.1 m，采用单箱单室截面，宽度8.0 m，高度7.0 m，壁厚1.0 m。由于下横梁顶面支撑来自引桥支墩的荷载，引桥支墩中心处设置竖向隔板，隔板间距12.0 m，厚度0.8 m。下横梁从塔柱横向两侧各外挑2 m实心段，兼顾景观效果与预应力锚固需要。

（8）南桥塔上横梁内布置50束15.2 mm钢绞线；下横梁内布置76束15.2 mm钢绞线。钢束锚下张拉控制应力采用$0.75R_{by}$=1 395 MPa，每束张拉力为3 686 kN，所有横梁预应力均穿过塔柱，锚固点设在塔柱横梁外挑实心段。预应力管道均采用金属波纹管，循环压浆工艺。

（9）南塔下横梁上设置引桥支墩，支墩采用三柱拱门形造型，实心截面。墩柱横向间距

12 m,横桥向 2 m,顺桥向 1.6 m,墩顶盖梁高 2.0 m,顺桥向宽 1.6 m。南塔支墩上接宜都岸 37 m+67.5 m+37 m 跨堤引桥边跨。支墩墩柱采用钢筋混凝土结构,墩顶盖梁采用预应力混凝土结构。

(10) 支墩盖梁内布置 6 束 15.2 mm 钢绞线。钢束锚下张拉控制应力采用 $0.75R_{by}$=1 395 MPa,每束张拉力为 2 909 kN。预应力管道均采用金属波纹管,真空压浆工艺。

(11) 为降低塔柱及横梁内外温差,改善通风状况,在塔柱塔壁横向及横梁腹板、底板设置通风孔。塔柱横桥向两侧设置通风孔,通风孔位于塔中心线上,沿塔高方向按 6 m 一排等间距布置。所有通风管均由里朝外向下倾斜 3°设置。上横梁每侧面每 5 m 设置 1 个通风孔。通风孔采用 ϕ110 mm×3.8 mm PVC 管。

(12) 为便于通行和维护,在塔柱桥面处、上横梁顶面、上横梁均设有进出索塔的人孔,塔柱、横梁的人孔均相互连通。

(13) 索塔附属设施包括塔柱内爬梯、电梯、检修平台、防雷系统、照明系统及塔顶鞍座罩。

索塔立面如图 5-1 所示。

5.1.2 施工要点及要求

(1) 严格控制塔柱的倾斜度、高程及断面尺寸,要求塔柱倾斜度误差不大于塔高的 1/3 000,且塔柱轴线偏差不大于 10 mm,塔柱断面尺寸偏差不大于 20 mm,塔顶高程偏差±10 mm之内。其他局部尺寸精度应符合《公路桥涵施工技术规范》(JTG/T 3650)的要求。

(2) 塔柱施工时应随时观测塔柱变形,并进行相应调整,以保证塔柱几何形状符合设计要求;塔柱的浇筑高度应考虑混凝土的收缩、徐变和弹性压缩对高程的影响,进行适当的抬高,应实测塔身混凝土的弹性模量,结合塔柱分段施工的高程变化和倾斜度,经综合分析后确定最终的增高值和预偏值。

(3) 塔柱采用爬升模板法逐段连续施工,施工模板应保证足够的刚度,并确保混凝土外观质量和耐久性。

(4) 桥塔各部分施工缝均应进行凿毛、除油、清洗处理,以保证新老混凝土的结合质量,施工缝应无外观缺陷。

(5) 塔柱施工时每隔一段距离设一道水平横撑并对索塔施加一定水平推力。水平横撑必须有足够的强度和刚度,并与塔柱固结,待索塔施工完成后拆除。考虑水平横撑拆除时将引起索塔的变形,塔柱立模时必须设置一定的预偏量加以调整,预偏量数值根据具体施工方法计算确定。

(6) 塔柱、横梁采用 C50 混凝土,在施工前必须进行混凝土配合比试验。塔柱混凝土为大体积混凝土,应研究大体积混凝土施工工艺,对塔柱根部实心段大体积混凝土应采用布置冷却管等有效措施,防止温度应力、混凝土收缩等引起的裂缝。此外还应在采用低碱水泥、减少水泥含量、降低骨料入仓温度、加适量添加剂和精心养生等措施方面进行研究,减小水化热的影响。实体段及其以上 3 m 范围内应一次性浇筑。

(7) 塔柱混凝土施工采用泵送施工工艺,应保证泵送混凝土的强度等级、流动性、和易性和缓凝、早强,并保证其耐久性。塔柱施工前,应在现场进行混凝土的试泵工作,以验证混凝土配合比、浇筑速度、浇筑高度等参数。塔柱混凝土施工应满足《混凝土泵送施工技术规程》(JGJ/T 10)的要求。

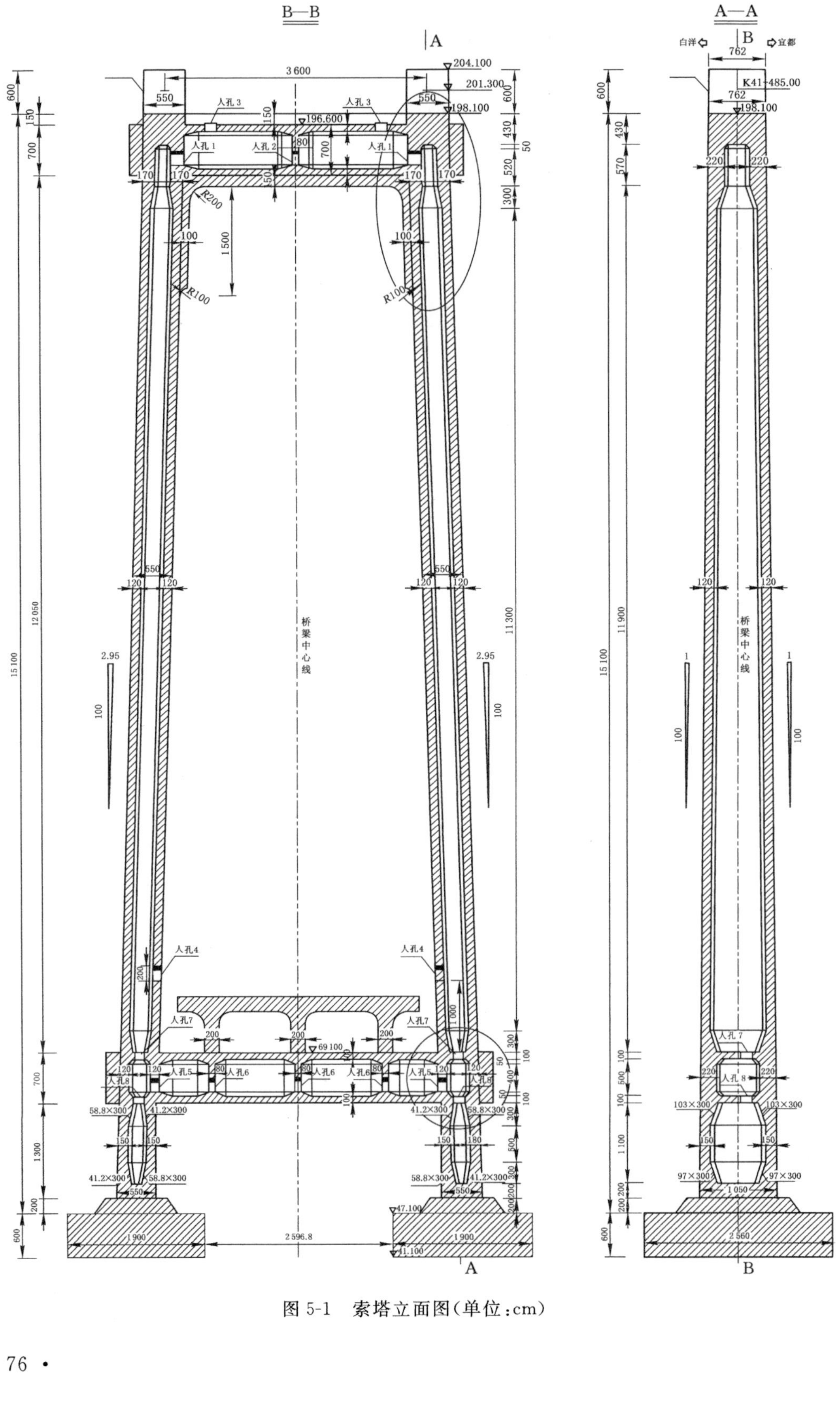

图 5-1　索塔立面图(单位:cm)

(8) 塔柱外露表面应光洁平整，无蜂窝、麻面、收缩裂缝，桥塔混凝土各部分外观颜色应保持一致，表面光洁无油污，并确保混凝土振捣密实。

(9) 主塔施工时应预留塔顶 50 cm 段混凝土暂不施工，后续随鞍座位再行施工。

(10) 塔柱内直径 32 mm 的主筋应采用滚轧直螺纹连接方式，接头性能应满足《钢筋机械连接技术规程》(JGJ 107)的相关要求，同一截面内的接头数量不应超过全部钢筋的 1/2。

(11) 竖向主筋定位必须严格按照图纸要求执行，如主筋与模板支架预埋件或其他施工临时构件冲突，可调整预埋件位置；如果对相应主筋进行局部调整，必须经过监理和设计单位批准，不得随意改变主筋的位置。

(12) 上、下横梁预应力钢束采用张拉应力和伸长量双控，伸长量误差在±6%以内。预应力钢束张拉应严格按照设计图纸提供的张拉顺序和张拉控制力进行。施加预应力在混凝土强度达到设计强度的 90%并且混凝土浇筑时间大于 7 d 以后进行。预应力钢束在同一截面的断丝率不得大于 1%，且限定一根钢绞线不得断丝 2 根。

(13) 横梁预应力张拉顺序为：先从靠近腹板中部向上、下缘依次张拉，腹板两侧同一高度预应力钢束应对称张拉，再从靠近顶、底板中部向左右对称张拉。

(14) 预应力张拉后 24 h 内应进行管道压浆，管道压浆采用真空辅助压浆工艺进行，压浆前应用压缩空气清除管道内杂质，然后压浆。压浆标号不得低于 C40。

(15) 预应力管道须按给定坐标定位，每米设 1 道定位筋。管道连接必须保证质量，应杜绝因漏浆造成预应力管道堵塞。预应力管道采用金属波纹管。

(16) 桥塔施工时应注意下列构件预埋件的埋设：塔内爬梯、电梯、检修平台、塔顶格栅及顶推架、塔顶临时托架、加劲梁防落梁垫石、抗推挡块、避雷设施、通气孔、排水管、塔内照明、电力管线孔、施工监控、猫道，以及施工塔吊、电梯、混凝土泵送管道等预埋钢筋及预埋件。

(17) 塔柱和横梁外表面所有临时预埋件在施工期间应做好防护处理，避免对塔身外观的污染。

(18) 有关施工技术、工艺、工程质量和材料标准，除设计要求外，均按《公路桥涵施工技术规范》(JTG/T 3650)和《公路工程质量检验评定标准 第一册 土建工程》(JTG F80/1)的有关规定执行并从严控制。

5.2 主塔施工

5.2.1 施工重点难点及应对措施

1. 索塔大体积混凝土的裂缝防治及外观质量控制

塔座、塔柱实心段及部分塔柱截面加厚段为大体积混凝土，容易产生各类表面裂缝；因此，索塔大体积混凝土的裂缝防治及外观质量控制是索塔施工的重点。

采取的主要措施如下：

(1) 配制混凝土

施工所需水泥、砂石料、粉煤灰和外加剂等材料按照同批次、同颜色、同规格进场。颜色差异过大、规格不一致的，不能在同结构物上使用。

(2) 提高模板系统质量

选用优质进口维萨板作为面板,该面板厚度 21 mm,采用欧洲优质桦木分层压制而成。维萨模板在长期周转使用过程中具有极高的耐磨性能,能抵抗风吹日晒的影响、绝大多数的化学物质的腐蚀及沸水的煮泡,并能抵抗混凝土对模板表面的磨损。采用优质清水脱模剂,与混凝土有较好的亲和性,能够提高混凝土表面的光洁度。

(3) 混凝土施工过程控制

混凝土养护不得采用易污染混凝土表面的方法,宜采用白色土工布等覆盖养生。为保证混凝土表面拆模后没有垫块痕迹,采用与混凝土颜色一致的预制混凝土垫块,与模板接触应采用点接触或线接触方式,最大限度地消除表面斑迹。为确保混凝土结构物在施工完成时其外观完好,在后续施工期间,应特别加强对混凝土外观的保护。拆模后的混凝土表面若粘有浮灰及留有模板痕迹,立即用细砂纸打磨,直到浮灰及模板痕迹清除干净。

(4) 预埋件安装质量控制

预埋件采用预埋套筒式或预埋爬锥式,采用高强度螺栓进行连接,预埋件拆除后,将预埋套筒取出,表面进行封闭。预埋件安装前,对表面进行除锈、涂装处理,防止在使用过程中产生锈蚀,对混凝土表面造成污染。

(5) 塔柱大体积混凝土裂缝防治措施

对塔座及塔柱实心段优化混凝土配合比,采用双掺技术,实时控制混凝土水灰比,采用纤维混凝土增加抗裂性能。塔座及塔柱实心段按大体积混凝土施工方案施工,增加冷却管控制混凝土温度拉应力。采用优质木模板,提高混凝土表面的施工质量和密实度。对混凝土变截面处加强振捣,控制杯底效应影响,且由于拐角处钢筋较为密集,混凝土浇筑时要严格控制摊铺厚度,采用小型振动棒插入钢筋内部进行振捣。脱模时注意保护,按照设计顺序缓慢进行,严禁生拉硬拽,以免造成拐角处混凝土损伤。采用土工布覆盖及喷淋措施加强养生控制,保证混凝土表面湿度和温度,避免混凝土干湿交替,防止产生收缩裂纹。

2. 索塔上、下横梁施工支架设计

(1) 上横梁混凝土自重约 2 939 t,上横梁底标高为 +188.6 m,下横梁顶标高为 +69.1 m,上、下横梁间净距约 119 m,且左、右幅塔柱中心间距为 36 m,如何采取合理可靠的支架方案是索塔施工中的难点。采取的主要措施如下:索塔上横梁采用型钢托架方法进行施工,桁架片根据塔吊的起吊能力进行分片设计,方便进行安装和拆除。

(2) 下横梁自重约 2 987 t,承台为分离式,下横梁支架的设计是施工重点。采取的主要措施如下:索塔下横梁采用钢管桩 K 型支架方法进行施工,钢管桩支撑在主塔承台上,承载力满足要求。

3. 主塔施工过程中的线性控制

主塔施工精度要求高,其中倾斜度误差不大于塔高的 1/3 000,且不大于 30 mm,同时满足设计要求;主塔轴线偏位允许偏差±10 mm,断面尺寸允许偏差±20 mm;塔顶高程允许偏差±10 mm;横梁高程允许偏差±10 mm。采取的主要措施如下:施工过程测量人员严格对每个环节进行控制,其具体控制方法参见主塔施工测量控制章节。

4. 编制专项预埋件图集

主塔预埋件涉及的施工措施和永久预埋的预埋件数量和类型多,安装精度要求高,施工过程易遗漏和偏位,给后续施工带来不必要的麻烦,须编制专项预埋件图集。

主要的施工预埋件有:液压爬模模板爬锥,塔吊、电梯附着预埋件,横梁支架预埋件,混凝土泵管扶墙、辅助施工平台预埋件，防雷系统、照明系统、塔顶鞍座、猫道反拉及下压装置预埋件，索鞍吊装门架预埋件等。

采取的主要措施如下：

(1) 根据施工要求，在主塔施工前，编制详细的预埋件手册，方便施工组织和检查。

(2) 测量上，精确地对每个预埋件的点进行放样。

5.2.2　总体施工方案

(1) 承台顶层施工时，及时预埋塔座钢筋、塔柱竖向钢筋及劲性骨架。

(2) 承台顶放样凿毛后，安装塔座钢筋、冷却水管、塔吊预埋基础及电梯预埋件，塔座和 0.5 m 高塔柱内芯一起浇筑，按温控方案采取温控措施。

(3) 安装索塔塔吊，搭设人行通道楼梯。

(4) 拆除 0.5 m 高内侧塔柱模板，安装 6 m 高塔柱内、外侧模板，进行第 1 节塔柱混凝土浇筑。

(5) 安装预拼好液压爬模系统，浇筑第 2 节塔柱混凝土。

(6) 第 2 节塔柱养护拆模后，固定挂靴，安装爬升轨道及安全防护，进行第 1 次爬升，在爬升至一定高度后安装维护平台，爬升到位后绑扎第 3 节塔柱钢筋，完成后合模浇筑混凝土。完成下横梁支架及底模安装，钢筋绑扎完成后，安装侧模，分 2 次浇筑下横梁混凝土，分层施工高度为 3.5 m+3.5 m。

(7) 利用液压爬模施工至第 8 节塔柱完成后，进行横梁第 1 层混凝土施工。

(8) 塔柱施工时，每隔 30 m 设置 1 道水平主动横撑，以抵抗内倾塔柱的自重，水平横撑顶推力由监控单位确定；爬模爬升至 15、18、19 号节段施工完成后，分别在 9、14、19 号节段安装 3 道主动横撑。主动横撑由 ϕ720 mm×10 mm 钢管采用平联组成，单根钢管顶推力 30 t。

(9) 塔柱第 15 节施工完成后，设置第 1 道主动横撑，浇筑横梁第 2 层混凝土。

(10) 塔柱第 18 号节段施工完成，浇筑下横梁后浇带混凝土，第 2 道主动横撑安装完成。

(11) 塔柱第 19 号节段施工完成，张拉下横梁 40%预应力钢束并压浆，待浆体强度满足规范要求后拆除下横梁支架，进行钢桁梁荡移支架安装；拆除第 2 道横撑后，张拉剩余下横梁预应力钢束。

(12) 塔柱施工完 24 节后，剩余 2 节同步与横梁施工，分 3 次完成上横梁施工，分层施工高度为 4.5 m+4 m+1.5 m(装饰)，前 2 层浇筑完成并达到设计强度 90%后张拉预应力并压浆。

(13) 下横梁采用 K 字型支架施工，上横梁采用牛腿支架施工。横梁支架结构主要由钢管支撑、贝雷梁组成。

5.2.3　施工测量

1. 控制网布设

宜都长江公路大桥平面控制网是按国家二等边角网布设的，以桥轴线为基准线在桥的两侧布设双地四边形，并建立桥轴坐标系，平面控制网如图 5-2 所示。由于主塔四周地形条件复杂，通视条件差，为方便主塔控制性测量，必须在主塔四周临时加密若干控制点，从而建立新的主塔控制网，以确保施工测量的精度。加密点按照工程勘测规范中三等网 GPS 测量技术要求或测边网技术要求进行布设及测设，且在施工期间对大桥施工控制点进行复测。

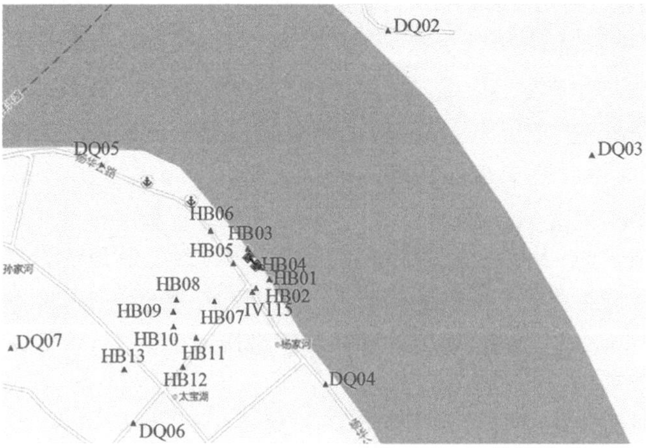

图 5-2　平面控制网

2. 施工测量放样

索塔施工测量仪器采用 Lrica TS09plus1″R500 全站仪，测量的基本方法为全站仪极坐标法，主要测量内容为塔身劲性骨架定位、塔身模板定位及格栅定位测量。

(1) 高程控制

索塔测量的主要方法是精密全站仪坐标法，并以精密全站仪交会法为辅助；高程测量则以精密全站仪三角高程测量为主，以全站仪竖直测距法为辅。

宜都长江公路大桥南塔塔高 151 m，塔柱高程精度要求达到绝对高程 5 mm。施工过程中如何将高程从塔底精确传递到中上塔柱，满足下一道施工工序的测量精度要求，是保证结构施工质量的关键。经现场实测分析可以采用中间法三角高程测量，可以很大程度上抵消仪器高量取、觇高量取、大气参数差等因素引起的三角高程误差。

(2) 索塔断面的几何控制

塔柱的倾斜度一般要求不得大于 1/3 000，轴线点偏差≤±5 mm。为满足这种高精度的控制要求，必须使每次浇筑混凝土前模板都能够依据测量放线点调整到位，那么塔柱段面尺寸、轴线和垂直度等指标就能满足要求，竣工测量后整个索塔的空间位置也就能够保证。

(3) 劲性骨架和模板测量

劲性骨架定位用自加工的小棱镜直接测量，塔身模板与横梁模板定位测量则根据现场通视条件采用小棱镜杆或 2.15 m 棱镜杆。

采用的棱镜均为徕卡圆棱镜，常数为 0(小棱镜杆的常数为 17.5 mm)。选择合适的测站点，直接测量模板各角点，事先根据实测高程计算对应实时理论坐标，模板调整就位后进行报检。

部分角点若通视无法观测时，可以采用钢尺量距的交会法来确定模板误差，模板的高程以埋设在索塔四周的水准点为基准，采用中间法三角高程测量。模板各角点差值严格按照 1 cm 精度控制，可保证索塔整体线形的顺直。

(4) 索鞍格栅测量

格栅定位的精度直接影响到主索鞍定位精度，定位要求高。

平面坐标的测量可直接置仪器于塔顶，分别照准DQ04和HB12测点，采用后方交会测量时所用的测站坐标系统，多测回分别测量角度、边长，经修正后计算各点坐标，并采用极坐标法直接放出格栅各角点。

格栅的高程需要实时测量位于塔顶的预埋水准点，由于索塔较高，同样可采用中间法三角高程测量，采用多个测站重复测量并取中值的方法来获取绝对高程。格栅各角点的高差采用DiNi03精密水准仪并配备2 m因瓦尺进行测量，其测量精度可达0.1 mm。

3. 位移沉降观测

(1) 沉降观测

在索塔塔座上埋设4个沉降监测点，按二等水准精度要求实施闭合几何水准测量，环闭合差应控制在1 mm内，平差后点位精度应在1 mm内。

观测周期：可以根据环境、工况实施不定期的观测。

(2) 水平位移观测

水平位移监测点设置在索塔顶的上、下游最外侧，每根塔柱各设置2个监测点。采用极坐标法直接测量，以IV115为测站点、DQ04为定向点，多次回测量各监测点。

4. 特殊地形及气候条件的应对方案

索塔位于长江边与杨华公路大堤之间，索塔顶标高为204.1 m，而索塔所在地面平台底面高48.2 m，高差155.9 m。

为了克服距离近、高差大造成的观测仰角过大带来的测量误差，当索塔施工高程超过100 m时，可以以HB12为测站点、DQ04为定向点进行观测。

HB12点距索塔平面约492 m，至塔顶高差最大为154.3 m，观测仰角可满足规范最大仰角。

同时在右侧距索塔约400 m处布设HB10，以保证观测视线能全面覆盖索塔各个角点。

索塔位于长江边，施工中的雾霾天气也会影响测量工作，成为制约工程进度的一个重要的不利因素。正常距离(约500 m)下，普通雾霾并不会对测量精度造成太大影响，而对于严重雾霾，目前并没有很好的解决方法，所以应在施工过程中合理安排测量工作，尽量避开雾霾天气。

为减小温度对测量造成的影响，在每一个监控阶段，冬、春季应在早晨8:30(夏、秋季在7:00)以前完成测量外业工作，且固定测量时间。以观测的数据为依据，可进行有效的施工控制。

5.2.4　塔座施工

根据承台施工方案及温控方案要求，为防止塔座开裂，承台第2层混凝土＋塔座50 cm高填芯混凝土一起浇筑，塔座混凝土＋塔柱50 cm高填芯混凝土一起浇筑，施工过程中注意混凝土配合比的转换。

1. 钢筋制作安装

(1) 塔座钢筋设计

塔座底面设计有1层直径为20 mm的钢筋网，顶面设计有2层直径为28 mm的主筋，竖向架立钢筋直径25 mm，水平架立钢筋直径16 mm，塔座侧面竖向为直径25 mm的钢筋深入承台0.7 m，水平箍筋设计为直径20 mm的钢筋，单个塔座钢筋总质量为39.55 t。

(2) 钢筋验收

按照设计图纸要求的规格型号进行钢筋原材料的采购，钢筋原材料运至现场后，由质检部、实验室和设备物资部严格按规定对其进行验收，验收合格后分类堆放在原材料区，并在标识标牌中注明类型、数量、质量验收情况等信息。

(3) 半成品加工

塔座钢筋在1#钢筋场按设计图纸下料，并制成半成品，直径大于20 mm的钢筋采用直螺纹套筒连接，其接头加工要求满足《钢筋机械连接技术规程》(JGJ 107)中相关规定，并按规定频率进行取样试验，检验合格后才能使用。

(4) 钢筋绑扎

钢筋半成品验收合格后，运输至墩位，按照设计图纸由下至上分层安装，要求钢筋数量、间距、保护层厚度、钢筋接头质量等满足设计和验收规范的要求。

塔座侧面竖向钢筋伸入承台0.7 m，在第2层承台施工时利用塔柱与塔座劲性骨架(图5-3)准确定位塔座竖向钢筋，并与承台顶层钢筋焊接固定。

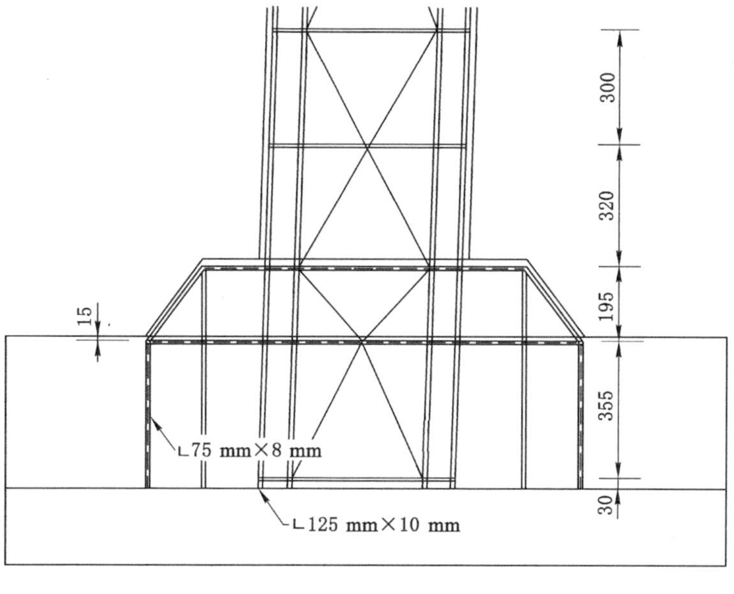

图5-3　劲性骨架示意图(单位:cm)

(5) 钢筋保护层

塔座侧面钢筋净保护层厚度为4.2 cm，顶面净保护层厚度为7.2 cm，在模板和主筋之间设置砂浆垫块，垫块密度不小于每平方米3个，确保钢筋保护层厚度满足设计要求，且不出现露筋情况。

2. 模板制作安装

(1) 模板结构

塔座侧模采用大面积钢模板，塔座斜面长度为2.5 m，塔座模板竖向分节拼装高度为2.0 m+0.5 m=2.5 m，标准模板尺寸为2.0 m×2.0 m和0.5 m×2.0 m。钢模面板厚度为6 mm，竖肋为∟75 mm×5 mm角钢，横肋为6 mm扁钢，连接螺栓为M18，塔座转角位置模板间采用角钢法兰连接，模板背方采用双拼I16工字钢。

(2) 模板安装

塔座钢筋绑扎完成后，根据测量放样结果，分块安装塔座侧模。

在第 2 层承台施工时，沿塔座周边间距 2 m 设置 1 根预埋钢筋(对应模板分块位置)，在塔座模板安装好后，利用预埋钢筋将模板底口固定，模板上口设置反压梁，反压梁与塔座内预埋竖向钢筋连接，防止在浇筑混凝土时模板整体上浮。

塔座模板对拉螺杆直径为 20 mm，水平间距为 1.0 m，对拉螺杆分 2 节，以焊接连接，对拉螺杆以垂直模板面拉至承台顶面预埋钢筋上。

模板安装前要进行除锈，均匀涂刷脱模剂，模板组拼后的位置、尺寸和平整度等满足规范要求，连接螺栓和对拉螺杆必须紧固到位。

3. 冷却水管制作安装

根据大体积混凝土温控设计，为减少索塔塔柱根部开裂风险，将塔柱底部实心段内芯 50 cm 高度混凝土与塔座一起浇筑；且塔柱平面范围内，塔座顶 20～30 cm 高度采用与塔柱同标号混凝土浇筑。

塔座布置 2 层冷却水管，水平间距 1 m，竖向间距 0.75 m＋0.75 m＋0.5 m，冷却水管采用 ϕ42 mm×2.5 mm、具有一定强度、导热性能好的铁皮管制作，弯管部分采用冷弯工艺预处理；管与管之间通过螺纹丝扣＋生胶带紧密连接。水管悬空部分须焊接竖立筋对其进行固定，防止在混凝土浇筑和振捣过程中出现位移。

两层冷却管安装完成后，为检验接头的质量，在混凝土施工前进行通水检查，在混凝土浇筑时注意不要让振动棒直接接触冷却管，确保冷却管不会出现位移、变形、堵塞。通水时间不少于 14 d，冷却管在通水冷却完成后压入水泥浆(微膨胀)进行封闭，管头露出混凝土面部位切割平整，循环水采用江水。

4. 混凝土施工

(1) 混凝土布料及振捣

采用天泵进行布料，单个塔座(1.5 m 高)C40 混凝土方量为 219 m^3，塔柱起步段 C50 混凝土方量为 29 m^3，浇筑时间约 6 h，在塔柱范围内的塔座混凝土浇筑至设计标高以下 0.2 m 左右时，开始浇筑塔柱 C50 混凝土。

塔座为棱台型构造，4 个侧面为倾斜面，不利于振捣，为确保塔座施工质量，在侧模竖向高度开孔振捣。

在混凝土开始浇筑前，为保证混凝土在输送管内顺畅运行而不堵管，先行泵送水泥砂浆进行润管。

塔座混凝土采用分层浇筑，分层厚度 30 cm，混凝土浇筑要求连续进行，其间歇时间要求小于前一层混凝土的初凝时间，上、下两层混凝土的浇筑时间间隔一般不超过 150 min，在浇筑上层混凝土时，振动棒要求插入下层混凝土中的深度为 50～100 mm。

采用插入式振动器进行振捣，振动棒的振动深度不超过棒长的 2/3～3/4，振捣时要快插慢拔，不断上下移动振动棒，以便捣实均匀，对每一个振捣部位，一般振捣时间为 20～30 s，要求振捣到该部位混凝土密实为止，即混凝土停止下沉、不出现气泡、表面呈现浮浆为度。

振捣要分区定人定责，振动时应有规律性，防止漏振、过振，振动棒作用半径为其直径的 8～9 倍，移动间距不超过作用半径的 1.5 倍，振动棒距离侧模 50～100 mm。

混凝土浇筑前对螺栓、对拉螺杆、模板接缝等进行全面检查，浇筑过程中安排专人观察模板受力后的状况，发现异常情况及时处理，确保混凝土浇筑安全。

（2）混凝土养护

混凝土浇筑完成后，混凝土表面覆盖土工布保湿养护，现场安排专人洒水养护，混凝土养护时间不小于 14 d。

塔座模板在混凝土强度达到 2.5 MPa 后才能拆除（具体拆模时间根据温控指令确定）。

5.2.5 塔柱施工

索塔塔座施工完成后（包括塔柱 50 cm 基础段），开始塔柱施工。第 1 节塔柱采用爬模系统的面板在塔座上立模施工，并埋设液压爬模挂架的预埋件。第 1 节塔柱施工完毕后，组拼爬模系统，利用液压爬模分节段施工索塔塔柱。塔柱施工工艺流程如图 5-4 所示。

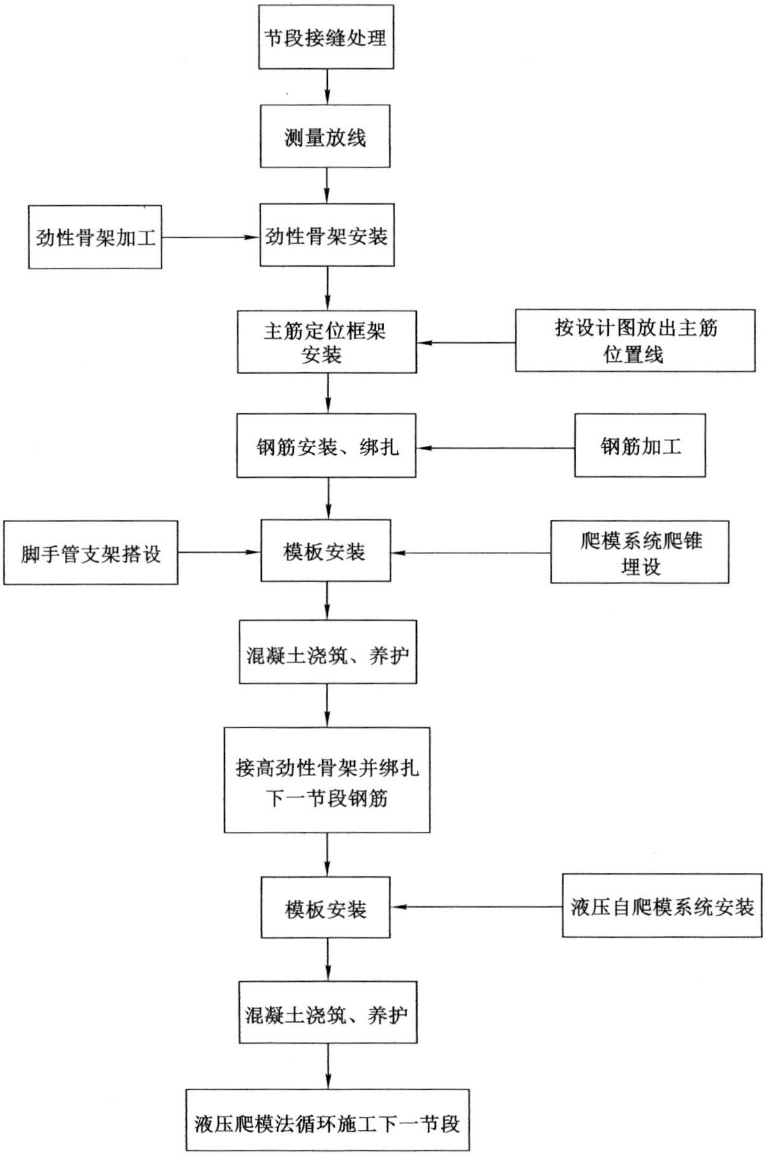

图 5-4 塔柱施工工艺流程

1. 塔柱节段划分

索塔塔柱采用液压爬模分节段施工，单个塔肢共 26 个节段，标准节段高 6 m，单个节段最大混凝土方量为 291.43 m³，一般节段方量为 95.80～260.47 m³，各节段混凝土方量详见塔柱节段划分，如图 5-5 所示。

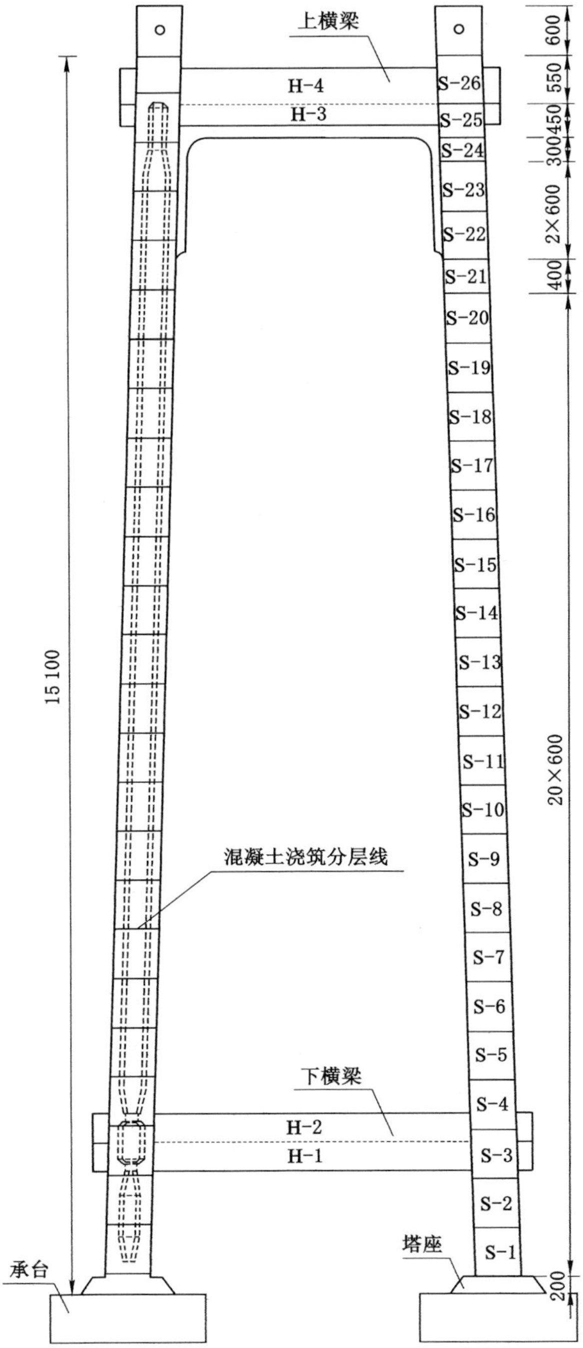

塔柱合计	5 080.64
塔顶鞍罩	249.48
S-26	225.43
S-25	162.79
S-24	95.80
S-23	161.98
S-22	163.70
S-21	110.10
S-20	166.58
S-19	168.31
S-18	170.04
S-17	171.77
S-16	173.50
S-15	175.22
S-14	176.95
S-13	178.68
S-12	180.41
S-11	182.14
S-10	183.86
S-9	185.59
S-8	187.32
S-7	189.05
S-6	190.78
S-5	192.50
S-4	243.04
S-3	260.47
S-2	243.76
S-1	291.43
序号	混凝土方量/m³

单根塔柱混凝土方量表

图 5-5　塔柱分节方量图(单位:cm)

塔柱第 1 节段为 2 m 的实心段+4 m 空心段。

2. 施工顺序

索塔塔柱总体上按照从下至上的顺序进行施工。

单个塔柱节段各工序的施工顺序：劲性骨架安装→爬架爬升→钢筋安装→模板定位→混凝土浇筑养生。

3. 劲性骨架施工

(1) 劲性骨架的作用

① 提供钢筋绑扎的施工平台，作为钢筋定位依靠。

② 为模板定位调整提供着力点，保证模板体系的整体稳定性。

③ 提供混凝土浇筑施工平台。

(2) 劲性骨架设计

在索塔塔柱高度范围内设计有型钢劲性骨架，总质量 232.8 t，劲性骨架底节与承台预埋件焊接固定(标高+43.1 m)，以便于塔柱预埋钢筋的定位。塔柱劲性骨架为型钢焊接而成的桁架结构，如图 5-6 所示，主要材料为 ∟125 mm×10 mm 与 ∟75 mm×8 mm 角钢。单个塔肢劲性骨架共分 26 节，标准节段高度为 6 m。

劲性骨架与索塔倾斜度一致，并随索塔断面尺寸的变化而同步变化。其中标高+47.1～+136.3 m 范围劲性骨架为 B—B 断面(图 5-7)，每节劲性骨架划分为 4 个标准桁架片，桁架片间以连接杆件连接形成整体；标高+136.3～+198.1 m 范围劲性骨架为 A—A 断面(图 5-8)，每节劲性骨架划分为 2 个标准桁架片，桁架片间以连接杆件连接形成整体；整个劲性骨架拼装完成后整体吊装。

(3) 劲性骨架加工

劲性骨架在加工车间按图纸要求下料，加工成标准桁架片，桁架片运到塔柱旁边的劲性骨架立式组拼场，通过立式靠模准确定位，将每个节段的各桁架片用角钢连杆连接组拼成整体。

劲性骨架桁架片焊接平台、立式组拼平台及立式靠模均应通过测量抄平、准确放样，杆件下料精度、桁架片焊接精度及立式组拼精度必须满足设计精度要求。

劲性骨架所有构件的连接采用贴角满焊，焊脚高度 6 mm，角钢的接长采用钢板搭接焊，焊接要满足《气焊、焊条电弧焊、气体保护焊和高能束焊的推荐坡口》(GB/T 985.1)的相关要求，焊接过程中注意控制焊接变形量，确保整体精度。

为便于安装，组拼后的劲性骨架只有 4 个角点位置的竖杆按设计图纸一次加工到位，其他各竖杆下端比设计尺寸短 15 cm，在吊装就位并调整到设计位置后，再接长各竖杆与下方劲性骨架连接，作为主要支撑点的 4 个角点的竖杆设置斜杆与水平杆连接，防止变形。塔柱劲性骨架与钢筋平面位置关系如图 5-9 所示。

(4) 劲性骨架安装

劲性骨架采用塔吊安装，最大吊装质量 4.1 t。

劲性骨架吊装前，设置临时杆件，防止劲性骨架吊装变形。

第 1 节劲性骨架与承台第 1 层混凝土表面的预埋钢板焊接固定，后续节段与前一节段焊接。

劲性骨架安装步骤如下：

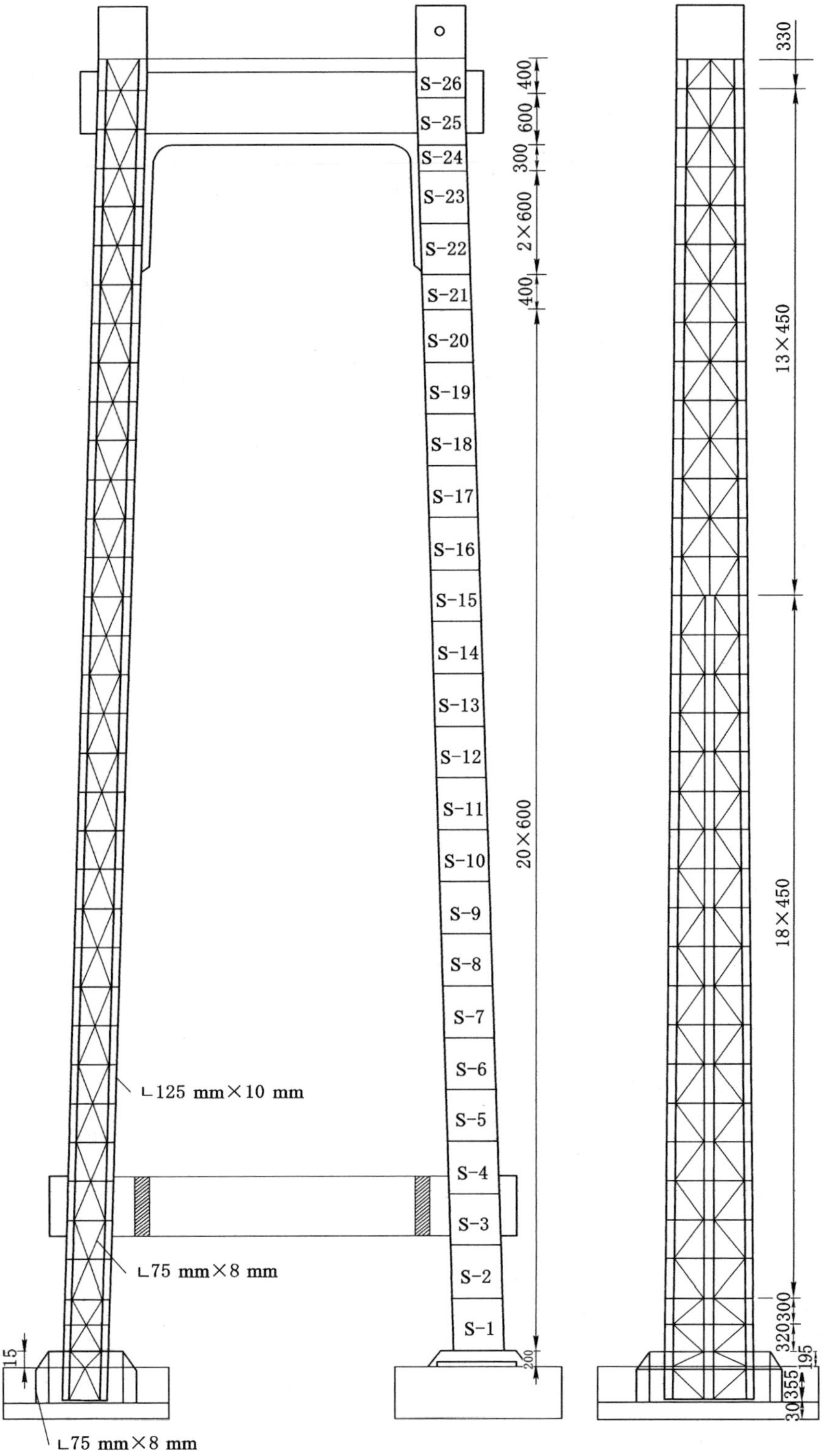

图 5-6　索塔劲性骨架结构图(单位:cm)

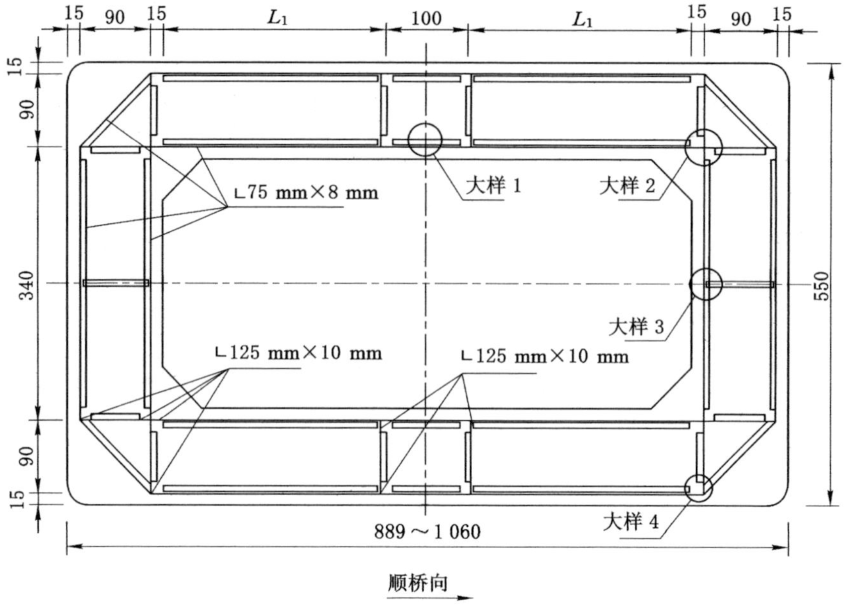

B—B（标高:+47.1～+136.3 m）

L_1—变截面尺寸中的长度变化参数。

图 5-7　索塔 B—B 断面(单位:cm)

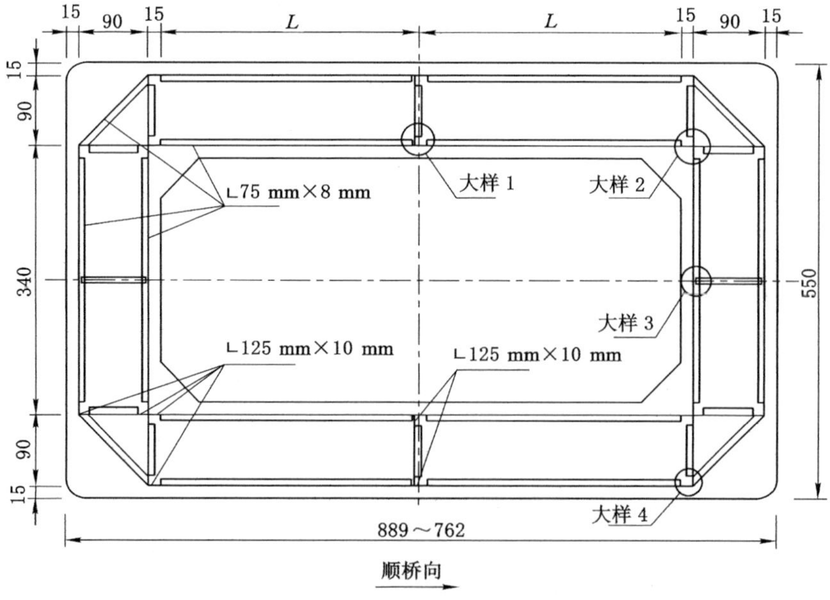

A—A（标高: +136.3～+198.1 m）

L—标高＋136.3～＋198.1 m 范围内变截面断面中尺寸变化参数。

图 5-8　索塔 A—A 断面(单位:cm)

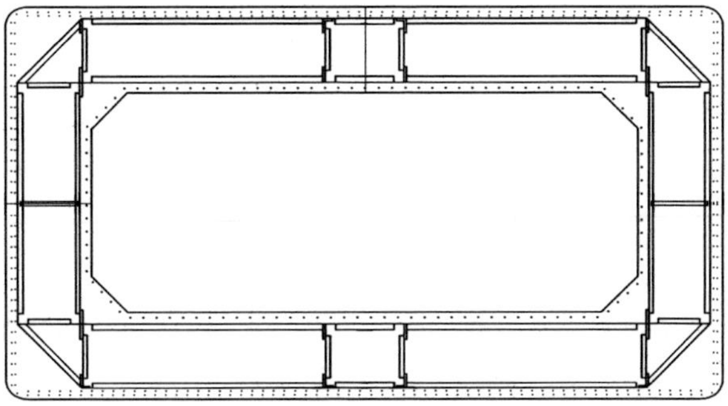

图 5-9　塔柱劲性骨架与钢筋平面位置关系图

① 通过全站仪放出节段下端 4 个角点的位置，在 4 个角点焊接限位板，测量 4 个角点的高程。

② 根据高程测量结果，确定安装节段 4 个角点竖杆的长度。

③ 吊装劲性骨架节段，依靠限位板初定位，在混凝土顶面通过测量放样出安装节段的上平面的轴线投影，通过吊锤球的方式量测安装节段上平面的轴线偏差，调整劲性骨架位置，使其上平面轴线偏差在允许范围内。

④ 由测量组直接测量骨架顶面来验收，精度要求如表 5-1 所示，验收合格后再焊接固定劲性骨架。

表 5-1　劲性骨架加工及安装精度要求

检查项目		允许偏差	检查方法
杆件下料长度/mm		±2	尺量
桁架片加工/mm		0，−5	尺量
整体组拼	高度/mm	±10	尺量
	平面尺寸/mm	0，−10	尺量
焊缝高度		不小于设计要求	尺量
安装要求	高度/mm	±10	全站仪
	轴心偏位/mm	±5	全站仪

4. 钢筋制作安装

(1) 钢筋验收

按照设计图纸要求的规格型号进行钢筋原材料的采购，钢筋原材料运至现场后，由质检部、实验室和设备物资部严格按规定对其进行验收，验收合格后分类堆放在原材料区，并在标识标牌中注明类型、数量、质量验收情况等信息。

(2) 钢筋加工

塔柱钢筋在钢筋加工车间按设计图纸下料，并制作成半成品，直径大于等于 25 mm 的钢筋采用直螺纹套筒连接，其接头的加工要求满足《钢筋机械连接技术规程》(JGJ 107)中的相关规定，并按规定频率进行取样试验，检验合格后才能使用。

实验室对每批钢筋原材料、接头等抽样进行检验。

塔柱直径大于等于 25 mm 的钢筋采用机械直螺纹接头连接，其工艺如下：

① 钢筋端面平头：采用砂轮切割机或其他专用切断设备切割，让钢筋端面与母材轴线方向垂直，端面偏角不允许超过 4°。

② 剥肋滚压螺纹：使用钢筋剥肋滚压直螺纹机将待连接钢筋的端头加工成螺纹。

③ 丝头质量检验：操作者对加工的丝头进行质量检验。

④ 钢筋连接：直螺纹接头连接前，先回收接头上的塑料封盖，检查丝头是否完好，有无油污、锈蚀。然后将拟连接的钢筋放在套筒上，拧紧钢筋，完成连接；或者将套筒拧至一端钢筋上，回转套筒并拧紧，完成接头连接。

⑤ 由于塔柱倾斜，每一层的塔柱箍筋尺寸均随之变化，为方便施工，其环形箍筋拟分段加工，采用焊接连接，焊接接头距离箍筋弯起位置 $10d$（d 为钢筋直径），焊接长度 $10d$。

(3) 钢筋绑扎

钢筋半成品验收合格后，运输至墩位，按照设计图纸进行钢筋安装，要求钢筋数量、钢筋间距、保护层厚度、钢筋接头质量等满足设计和验收规范的要求。

塔柱钢筋安装步骤如下：

① 钢筋运输至现场，用塔吊提升至工作平台上进行安装，安装顺序为：主筋→箍筋→拉筋。

② 主筋依靠劲性骨架进行定位，在劲性骨架顶层平联上焊接定位钢筋，测量人员放出主筋内边平面位置，并在劲性骨架上标记各主筋位置，逐根就位进行主筋直螺纹连接；箍筋和拉筋利用主筋定位安装，箍筋与主筋交叉处均采取点焊连接。

③ 按设计要求，塔柱 ϕ32 mm 主筋伸入承台 4 m，为定位准确，设置定位劲性骨架第 0 节。

④ 竖向主筋以 6 m 定尺。

⑤ 钢筋安装完毕后，质检人员对钢筋直螺纹、焊接、绑扎接头及布置间距等进行检验，并由监理工程师进行抽检，合格后方可进行下一道工序施工。

5. 爬模施工

液压自爬模体系主要由模板系统、埋件系统、液压系统和架体系统组成。爬模系统的标准层垂直高度为 6 m，模板配置高度 6.15 m，模板下包 100 mm 以保证新浇混凝土底口质量，模板上挑以防止混凝土浆溢出。塔柱内外模采用木工字梁体系模板，外模面板采用进口维萨板，正常可以周转 40～60 次，内模面板采用优质国产板。

(1) 液压自爬模的安装过程

准备 2 片 300 mm×2 440 mm 木板，按照爬锥中到中间距摆放在水平地面上。保证两条轴线绝对平行，轴线与木板连线夹角 90°，两对角线误差不超过 2 mm。将三角架扣放在木板轴线上，保证三角架中到中间距等于爬第 1 次浇筑爬锥中到中间距。

安装平台板，按照施工图平台板布置图纸铺设跳板，并再次校正两三角架中到中间距是否为第 1 次浇筑爬锥中到中间距。

将拼好的架体整体吊起，平稳挂于第 1 次浇筑时埋好的受力螺栓（挂座体）上，插入安全插销。

拼装模板、安装三角架斜撑后移。首先，在模板下垫 4 根木梁，在模板上安装主背楞、斜撑，注意背楞调节器与模板背楞的支撑情况，安装背楞扣件，用钢管扣件将挑架连接牢固，注意加斜拉钢管。斜撑用铁丝与模板背楞绑在一起，防止在吊起过程中晃动。然后，将模板整体吊装至主平台。

拼装上架体、安装所有操作平台。首先，准备 2 片 300 mm×2 440 mm 木板，按照架体总装图纸中的架体间距摆放在水平地面上。保证两条轴线绝对平行，轴线与木板连线夹角 90°，两对角线误差不超过 2 mm。然后，拼装上架体，所有插销及螺栓必须全部拧紧固定，保证架体不晃动。最后，整体将上架体吊装至爬模主平台设计位置。

待架体爬升至第 2 节后，安装吊平台及相应跳板、防护，整个液压爬模体系安装完成。

(2) 爬升流程

混凝土浇筑完后→拆模后移→安装附墙装置→提升导轨→爬升架体→绑扎钢筋→模板清理刷脱模剂→预埋件固定在模板上→合模→浇筑混凝土。

预埋件安装时，将爬锥用受力螺栓固定在模板上，爬锥孔内抹黄油后拧紧高强螺杆，保证混凝土不能流进爬锥螺纹内。预埋件板拧在高强度螺杆的另一端，锥面向模板，与爬锥呈反方向。

如预埋件与钢筋有冲突，则将钢筋适当移位处理后进行合模。

提升导轨，须将上下换向盒内的换向装置调整为同时向上，换向装置上端顶住导轨。爬升架体时，上下换向盒同时调整为向下，下端顶住导轨。

爬升或提导轨液压控制台由专人操作，每榀架子设专人看管是否同步，发现不同步，可调液压阀门控制。导轨提升就位后拆除下层的附墙装置及爬锥，周转使用。

(3) 爬模拆除

① 拆除流程：拆除准备→模板拆除→模板桁架系统拆除→导轨拆除→液压装置及配电装置拆除→液压控制泵站、液压装置拆除→附墙装置及爬锥拆除→主梁三角架和吊装平台拆除→拆除最高一层附墙装置及爬锥，并修补好爬锥孔洞。

② 液压爬架拆除的技术要求：

a. 用塔吊先将模板拆除并吊下；

b. 拆除主平台以上的模板桁架系统，用塔吊吊下；

c. 提升导轨和承重架体后用塔吊抽出导轨；

d. 拆除液压装置及配电装置；

e. 操作人员位于吊装平台上将下层附墙装置及爬锥拆除并吊下；

f. 用塔吊吊起主梁三角架和吊装平台，起至适当高度，通过爬梯或电梯卸下最高一层附墙装置及爬锥，并修补好爬锥洞；

g. 最后拆除与爬梯或电梯相连的架体，操作人员卸好吊钩、拆除附墙装置及爬锥，操作人员从电梯或爬梯下来后，再吊下最后一榀架子。

6. 混凝土施工

(1) 混凝土的布料与浇筑

① 混凝土通过泵站内输送泵经泵管垂直输送至塔柱施工节段内进行布料，出料口安装串筒，控制混凝土自由下落高度在 2 m 以内。

② 按下料点间距不大于 3 m 布置布料点和串筒。

③ 塔柱混凝土浇筑时采取分层浇筑、分层振捣的原则，摊铺厚度 30 cm。在进行振捣作业时，振动棒应做到快插慢提，棒头不得接触钢筋、模板及预埋件，振动棒移动间距不应超

过其作用半径的1.5倍。振捣时间控制在15～20 s，不得出现漏振、欠振或过振等现象。

(2) 混凝土养护、拆模

混凝土浇筑完成后，顶面采用钢丝网、土工布覆盖洒水养护(冬季采用覆盖塑料薄膜保湿＋土工布保温)，侧面模板拆除后，采用固定在爬模架体上的自动喷淋装置洒水养护。

每段塔柱混凝土养护时间不少于14 d，当环境温度小于5 ℃时，推迟拆模时间。混凝土强度达到2.5 MPa后才能拆除侧模板。

(3) 塔柱混凝土施工缝处理

塔柱施工缝采用人工凿毛的方式进行处理。凿毛前在上一节混凝土顶面水平弹线，沿水平线切割后凿毛，保证接缝平整。凿毛在交界面混凝土强度达到2.5 MPa时进行，凿毛后采用高压水将结合面冲洗干净。在混凝土浇筑前浇水湿润，但所有明水需要清除。缩短前后两次混凝土浇筑的时间间隔，以减小两层混凝土间因收缩、徐变的不同而产生的附加内力。

7. 索塔横撑施工

(1) 水平横撑的布置

索塔共使用3道横撑，横撑间距30 m。第1道横撑采用ϕ820 mm×12 mm钢管，第2、3道横撑采用ϕ720 mm×10 mm钢管，平联均采用[36槽钢，塔柱连接部位设置横撑支座，一端支座设置活络头及千斤顶，进行主动力的施加。第1道横撑标高为＋99.1 m，第2道横撑标高为＋129.1 m，第3道横撑标高为＋159.1 m，主动横撑设置为平面形式。上横梁处塔柱施工时，上横梁型钢托架支撑两侧塔柱部分已施工完毕，故无须设置横撑。

(2) 水平横撑的安装

塔柱施工到相应节段后，逐道安装水平横撑，每道水平横撑在墩位附近地面组拼后，以塔吊抬放至支撑牛腿平台上，横撑固定端与塔柱上预埋件焊接，顶推端安装千斤顶，按施工监控要求施加主动顶推力后，再将顶推端与塔柱上的顶推预埋件焊接固定。

(3) 水平顶推力的施加

在对应塔柱节段施工完成后，通过水平横撑对塔柱施加顶推力，单根钢管桩顶推力30 t，两根合计60 t，即每道横撑顶推力60 t，采用千斤顶左右对撑、同步顶推至设计荷载。施工过程中，顶推力的调整由监控单位确定。

(4) 施工平台

为方便预埋件安装及焊接钢管，需要在预埋件下方搭设施工操作平台。平台三角支架使用I25工字钢，分配梁采用I14工字钢，与塔柱内预埋爬锥通过板连接，平台宽2.5 m。

5.2.6 下横梁施工

1. 索塔塔座下横梁概况

南塔下横梁顶面高程为69.1 m，采用单箱单室截面，宽度8.0 m，高度7.0 m，壁厚1.0 m。其正面与平面图如图5-10所示，侧面图如图5-11所示。由于下横梁顶面支撑来自引桥支墩的荷载，引桥支墩中心处设置竖向隔板，隔板间距12.0 m，厚度0.8 m。下横梁从塔柱横向两侧各外挑2 m实心段，兼顾景观效果与预应力锚固需要。

南塔下横梁内布置76束15.2-19钢绞线。钢束锚下张拉控制应力采用$0.75R_{by}=$1 395 MPa，每束张拉力为3 686 kN，所有横梁预应力均穿过塔柱，锚固点设在塔柱横梁外挑实心段。预应力管道均采用金属波纹管，循环压浆工艺。

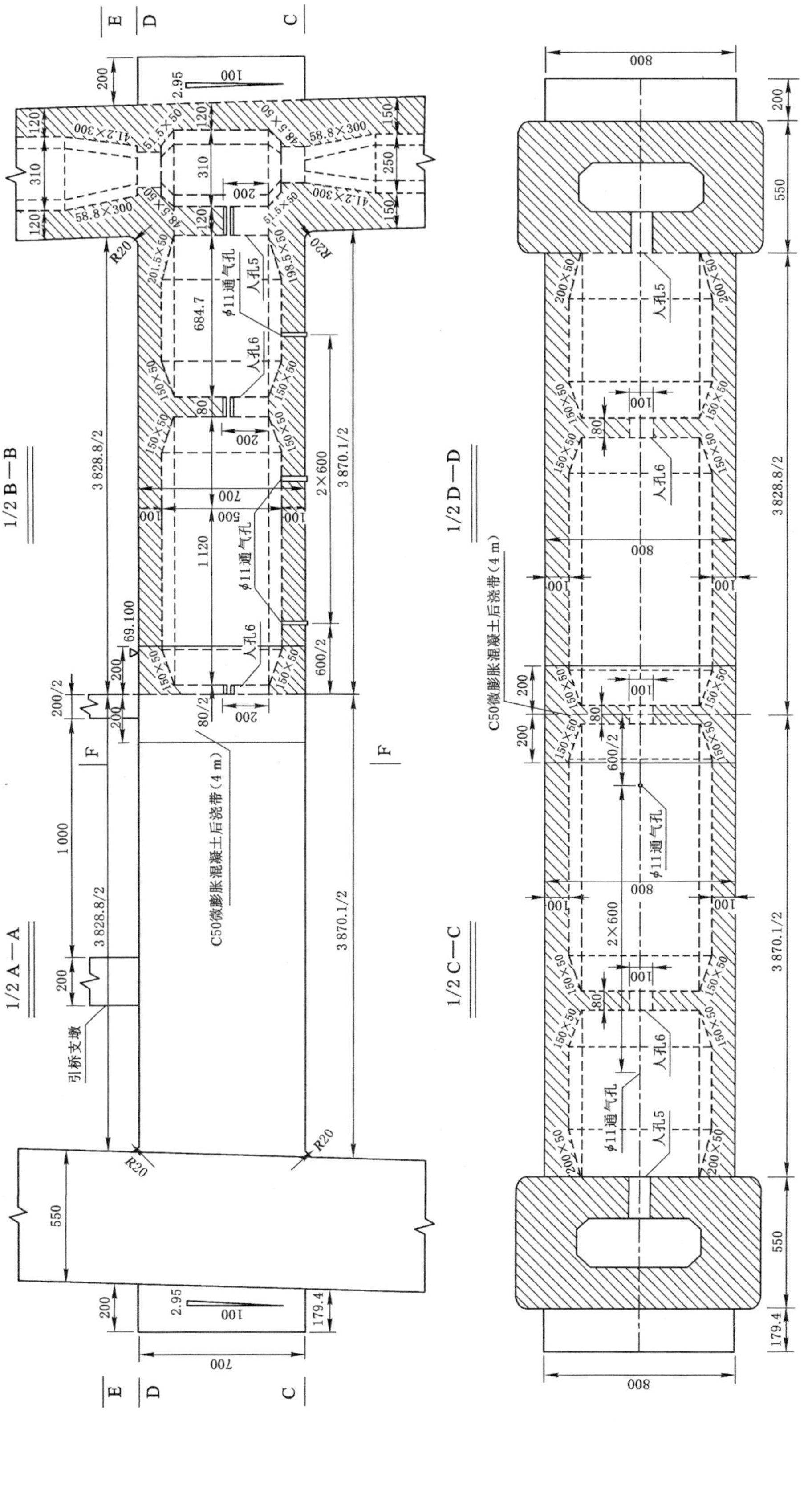

图 5-10　塔座下横梁正面与平面图（单位：cm）

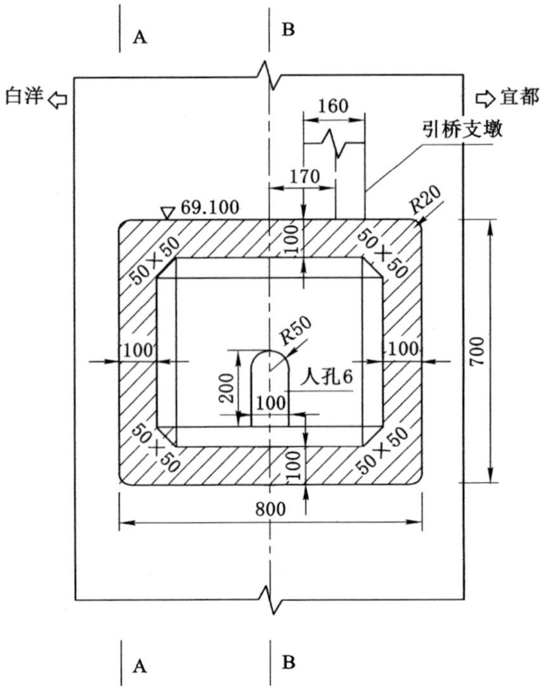

图 5-11　塔座下横梁侧面图(单位:cm)

下横梁采用 C50 混凝土,施工需要设置 1 道后浇带,采用 C50 微膨胀混凝土。

下横梁分 3 次浇筑,第 1 次浇筑高度为 3.5 m(8 号节段施工完成),第 2 次浇筑高度为 3.5 m(15 号节段施工完成),第 3 次浇筑 4 m 宽后浇带混凝土(18 号节段施工完成),外挑实心段与第一次混凝土同步施工。混凝土浇筑分层如图 5-12 所示。

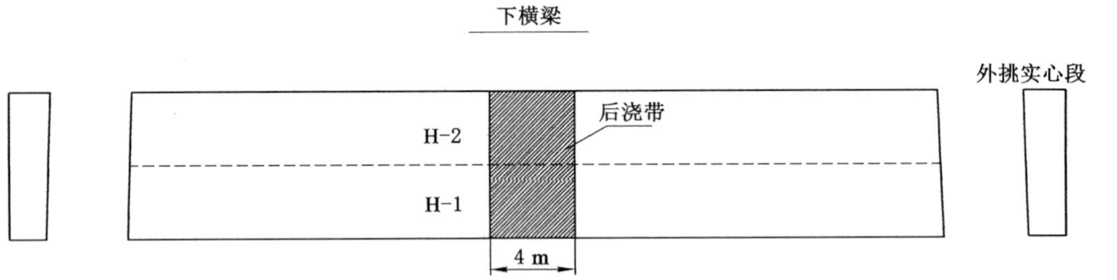

图 5-12　塔座下横梁浇筑分层

下横梁第 1 次混凝土(H-1)503.6 m^3,第 2 次混凝土(H-2)503 m^3,外挑实心段单边 106.2 m^3,微膨胀混凝土 142.6 m^3。

2. 下横梁施工流程

待塔柱施工完第 8 节,即高出下横梁顶 28.5 m,下横梁支架搭设完毕,开始下横梁混凝土浇筑施工。施工工艺流程如图 5-13 所示。

3. 下横梁支架施工

(1) 下横梁支架布置

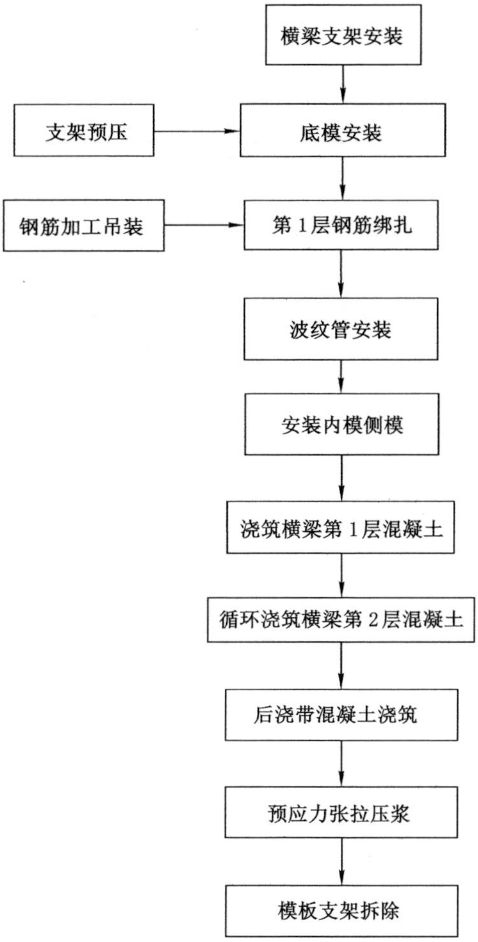

图 5-13　下横梁施工工艺流程

下横梁采用落地 K 型支架施工，横梁现浇支架立柱采用 ϕ720 mm×10 mm 钢管桩，钢管桩支撑在主塔承台顶，管桩顶设置 3 榀 HN700 mm×300 mm 型钢作为横梁，其上纵桥向设置贝雷梁，横桥向设置 I25 工字钢，I25 工字钢上设置 I10 工字钢作为纵向分配梁形成施工承载平台。横梁外挑实心段采用牛腿支架施工，斜撑采用双[32 槽钢，斜撑上设置双[40 槽钢，顺桥向设置 4 排牛腿，牛腿上设置卸块，I25 工字钢作为分配梁。各部位结构尺寸、构件数量、稳定措施均依据结构分析验算确定，以满足横梁施工操作空间、平台构造安全、结构强度、刚度与稳定性的需要。支架采用塔吊吊装就位，现场连接拼装成整体。支架两侧设防护栏杆，栏杆高度 1.5 m。

(2) 下横梁支架预压

① 预压荷载。支架预压荷载取索塔混凝土浇筑质量的 110%。

② 施工监测点布设。下横梁支架主受力结构纵桥向由下部 20 片承重贝雷梁组成，横桥向布置 3 排监控点，分别位于两个腹板下及中部。

③ 预压施工。横梁支架拟采用 4 级加载，逐级堆载预压。堆载方式采用从横梁两端向

中间堆码。按 60%、80%、100%、110%逐级加载,最终堆载到位后,静载 24 h 后,然后逐级卸载。

a. 初次堆载。下横梁支架搭设完毕,在横梁支架的底模上堆放沙袋(或钢筋),从两侧开始堆放,横桥向满铺,堆放质量为下横梁混凝土质量的 60%,即施加荷载 1 723.8 t。荷载加到位后 2 h,测量横梁支架系统各观测点相应数据。

b. 二次堆载。继续进行堆载至混凝土质量的 80%,即施加荷载 2 298.4 t,荷载加到位后 2 h,测量横梁支架系统各观测点相应数据。

c. 三次堆载。继续进行堆载至混凝土质量的 100%,即施加荷载 2 873 t,荷载加到位后 2 h,测量横梁支架系统各观测点相应数据。

d. 最终堆载。继续进行堆载至混凝土质量的 110%,即施加荷载 3 160.3 t,荷载加到位后 2 h,测量横梁支架系统各观测点相应数据。

e. 卸载。预压卸载与加载顺序相反,分 3 个阶段直至荷载为零,逐级卸载时须静置 2 h 后方可进行测量观测。

4. 下横梁钢筋施工

(1) 钢筋设计

下横梁断面内外侧主筋为 1 排 ϕ32 mm HRB400 钢筋,箍筋和拉筋为 ϕ16 mm 钢筋,人洞钢筋为 ϕ25 mm。

(2) 钢筋验收及半成品加工

钢筋验收及半成品加工要求和标准与塔柱相同。

(3) 钢筋绑扎

钢筋半成品验收合格后,运输至墩位,按照设计图纸进行钢筋安装,要求钢筋数量、钢筋间距、保护层厚度、钢筋接头质量等满足设计和验收规范的要求。

横梁钢筋安装总体按照由下至上的顺序进行钢筋绑扎,依次安装底板、腹板、隔板及顶板钢筋。

(4) 钢筋保护层

横梁内、外壁钢筋净保护层厚度为 3.8 cm。在模板和主筋之间设置 1 层砂浆垫块,垫块每平方米不少于 3 个,确保钢筋保护层厚度满足设计要求,且不出现露筋情况。

5. 下横梁模板施工

下横梁模板采用钢模及木模,其中侧模和底模为钢模,内模为木模。侧模高度为 2 m 和 1.5 m,宽度为 2.0 m。端头模板及下缘曲线段模板单独进行设置。内模采用钢木结合形式,搭设钢管脚手架支撑。后浇带采用快易收口网施工。

(1) 模板施工要求

① 底模安装前、后应复核高程,特别注意因预拱度引起的高程变化。

② 所有模板均在施工现场拼装。为保证混凝土表面平整、光滑,且具有相当好的光洁度,应事先将模板表面打磨光滑,无明显的凸起,且在浇筑前涂抹脱模剂。

③ 模板间的拼缝要整齐紧密,如有间隙则采用胶带堵缝,不允许用玻璃胶,避免混凝土表面颜色、光泽不一致。

④ 安装侧模时,应防止模板移出和凸出。

(2) 满堂支架施工

横梁顶板底模支撑采用满堂支架，其中横梁根部段立杆纵向间距 60 cm，跨中段间距 90 cm；水平杆布距 120 cm；横向按 90 cm 布置 1 道立杆。

施工流程：摆放扫地杆→逐根竖立杆，随即与扫地杆件扣紧→装扫地水平横杆并与立杆或扫地杆件扣紧→安装第 1 步水平杆（与各立杆扣紧）→安装余下步水平杆→加设剪刀撑→顶板安装顶托。

（3）满堂支架施工要求

① 立杆的接长缝应错开，即第 1 层立杆应用长 2.4 m 和 3.0 m 的立杆错开布置，往上则均采用 3.0 m 的立杆，至顶层再用顶杆找平。

② 立杆的垂直度应严格加以控制：30 m 以下架子按 1/200 控制，且全高的垂直偏差应不大于 10 cm。

③ 在无荷载情况下逐个检查立杆底座有无松动或空浮情况，并及时旋紧可调座和薄钢板调整垫实。

④ 剪刀撑对于加强脚手架的整体刚度和承载能力的作用很大，应按规定要求设置，不应随意拆除。

（4）后浇带收口网施工

后浇带位置模板采用收口网作为模板面板。收口网的工作原理是：当混凝土在模板后面浇筑时，网眼上的余角片就嵌在混凝土里，形成一个与邻近浇筑块相连的机械式楔。

6. 下横梁混凝土施工

（1）混凝土通过 2 台天泵进行浇筑，布料点设置串筒控制混凝土自由下落高度在 2 m 以内。

（2）底板浇筑时，纵向从中间向两边浇筑，横向由腹板向中对称加载浇筑。

（3）混凝土养护。

混凝土浇筑完成并初凝后，应立即开始洒水养护。

混凝土浇筑完成后，及时遮盖，使混凝土表面不受日晒、雨水、流水、温度变化、污染或机械撞击的影响。

养护配专人负责，做到细水均匀浇养，保持表面湿润。混凝土养护时间，根据水泥品种、气温高低、结构类型、尺寸大小等条件确定。连续养护时间一般为 7～14 d。

梁体经养护后，随梁养护的试件强度达到设计强度的 90%，即可进行预应力施工。

7. 下横梁预应力张拉及压浆

南塔下横梁内布置 76 束 15.2 mm 钢绞线。钢束锚下张拉控制应力采用 $0.75R_{by}=$ 1 395 MPa，每束张拉力为 3 684 kN，预应力采用两端张拉。下横梁预应力分两次进行张拉，第 1 次为后浇带浇筑完成后，且第 2 道主动横撑安装完成（19 号节段），张拉底部 3 层预应力（40%），拆除第 2 道主动横撑后，张拉剩余预应力。首次张拉束及分次张拉时间根据设计要求及监控指令执行。

（1）基本情况和张拉要求

① 基本情况。横梁预应力施工采用智能张拉及压浆技术。横梁预应力锚固在塔柱外侧横梁端。压浆采用循环压浆工艺，预应力管道采用金属波纹管。

张拉顺序：竖向由腹板中部向上、下缘依次张拉，横向从靠近顶、底板中部向左右对称张拉。

② 张拉程序。张拉程序为：0→10%初应力→σ_{con}(持荷 5 min 锚固)。采用两段张拉。采取张拉吨位和张拉伸长量双控，以张拉吨位为主，伸长量校核，伸长量允许误差应控制在6%以内，每束钢绞线断丝和滑丝不超过 1 丝，且每个断面断丝之和不超过该断面钢丝总数的 1%。

(2) 张拉设备及选型

下横梁预应力钢绞线采用 4 台 YCW500 型穿心式千斤顶进行张拉，千斤顶公称张拉力为 5 000 kN，横梁预应力采取两端对称张拉，千斤顶对每一钢束的全部预应力束施加应力。

张拉设备采用预应力智能张拉系统，该系统由系统主机、智能穿心式千斤顶，配套电动高压油泵及外接油管组成。

(3) 预应力施工准备工作

① 钢绞线、夹片、锚具的进场须进行抽检验收，并进行对应的硬度试验、静载锚固性能试验。

② 千斤顶使用前，应结合油泵、油压表配套进行检验标定，以确定张拉力与压力表读数之间的关系曲线，并交监理审核签字。

③ 张拉前，应有同样条件养护的混凝土试块强度检验报告。

④ 横梁预应力须在混凝土强度达到 90%设计强度且养护不少于 7 d 后实施张拉。

(4) 预应力施工工艺

① 管道安装。

对于横梁预应力束，管道由钢筋 U 型卡箍固定，铁丝绑扎，防止管道浇混凝土时产生位移，卡箍间距 0.5 m。

管道安装时，严格精确施工，安装标准如表 5-2 所示，检查不合格时必须予以改正。

表 5-2 预应力管道安装标准

项目		允许偏差/mm
管道坐标	梁长方向	30
	梁高方向	10
管道间距	同排	10
	上、下层	10

管道安装前，应先检查其无裂缝、无变形方可使用。施工中应特别注意保护管道不受破损，并在预应力束安装完毕后，指定专人检查管道，一旦发现管道受损或穿孔，必须用接头或黑色绝缘胶布缠裹，防止水泥浆进入管道。对管道接头处要缠裹密实，注意锚垫板和模板的密封情况，同时设置内衬管，确保管道畅通。浇筑混凝土时，振动棒要避免振裂管壁。

② 钢绞线下料。钢绞线下料用砂轮切割机切断，工作长度按照两边各增加 100 cm考虑。

③ 穿束工艺。横梁预应力束采用后穿法，即用高强钢丝牵引钢丝绳通过管道，再用钢丝绳牵引整束穿束。

④ 锚具、夹片、千斤顶的安装。锚具安装时要与锚垫板孔对中，上夹片前先用人工将钢绞线拉直，上夹片时要均匀，用小钢管均匀地击紧夹片后，夹片的高差值不得超过 3 mm。

千斤顶安装要注意其作用力线与钢绞线及张拉支座保持一致。

⑤ 张拉作业程序。两端同时张拉至初应力，测量记录伸长量后，再同步分级张拉至 σ_{con}，稳定 5 min 后锚固，并测量最终伸长量，如下横梁直束由于其延伸量较大，可采用两次张拉的方法进行。张拉时要做好“预应力张拉原始记录表”的记录，校核引伸量，检查钢绞线断丝、滑丝情况，并经监理检查验收同意后，用砂轮锯切割多余的外露预应力筋，严禁使用电焊，切割后预应力筋的外露长度不得小于 3 cm，然后在锚座上进行封锚。

（5）压浆工艺

压浆采用智能循环压浆工艺。在管道进、出浆口分别设置精密传感器实时检测压力，并实时反馈给系统主机进行分析判断，监控系统根据主机指令进行压力的调整，保证预应力管道在施工技术规范要求的浆液质量、压力大小、稳压时间等重要指标约束下完成压浆过程，确保压浆饱满和密实。

主机判断管道是否充盈的依据为进出浆口压力差在一定的时间内是否保持稳定。

（6）封锚

预应力筋张拉锚固及灌浆完毕后，对暴露于结构物外部的锚具须尽快封锚，防止水分和其他有害介质侵入。封锚混凝土要注意与结构表面保持一致，以确保整洁、美观。

5.2.7　上横梁施工

1. 上横梁概况

南塔上横梁顶面高程均为 196.6 m，采用单箱单室截面，宽度 7.0 m，高度 7.0 m，壁厚 0.9 m，如图 5-14 所示。上横梁从塔柱横向两侧各外挑 2 m 实心段，兼顾景观效果与预应力锚固需要。

横梁内布置 50 束 15.2-19 钢绞线，钢束锚下张拉控制应力采用 $0.75R_{by}$＝1 395 MPa，每束张拉力为 3 686 kN，所有横梁预应力均穿过塔柱，锚固点设在塔柱横梁外挑实心段。预应力管道均采用金属波纹管，循环压浆工艺。

上横梁分 3 次浇筑，第 1 次浇筑高度为 4.5 m（含 1.5 m 下装饰块），第 2 次浇筑高度为 4 m，第 3 次浇筑 1.5 m 上装饰块。混凝土浇筑分层如图 5-15 所示。

2. 上横梁施工流程

在塔柱施工完成后，拆除塔柱的内侧爬模系统，开始安装托架。施工流程如图 5-16 所示。

3. 上横梁托架施工

索塔上横梁采用型钢托架方法进行施工。在塔身设计标高位置处预埋牛腿，安装承重桁架，桁架中部采用壁厚 1 cm、直径 720 mm 的钢管斜向支撑，HN700 mm×300 mm 型钢作为承重梁置于牛腿、斜向钢管之间。承重梁上布置砂筒，砂筒上布置 HN600 mm×200 mm横梁，横梁上采用贝雷梁作为承重桁架，贝雷梁上布置 I25b 工字钢，工字钢上布置双[12 槽钢作为分配梁，铺设 10 mm 钢板作为底模板。斜撑平联采用 ϕ426 mm×8 mm 钢管。上横梁托架系统安装采用塔吊作为起重设备，根据塔吊起重吨位，托架采用分片吊装的方式。各杆件采用焊接形式连接。上横梁支架如图 5-17 所示。

4. 上横梁模板施工

上横梁模板采用钢模及木模，其中侧模和底模为钢模，内模为木模。侧模高度为 2 m

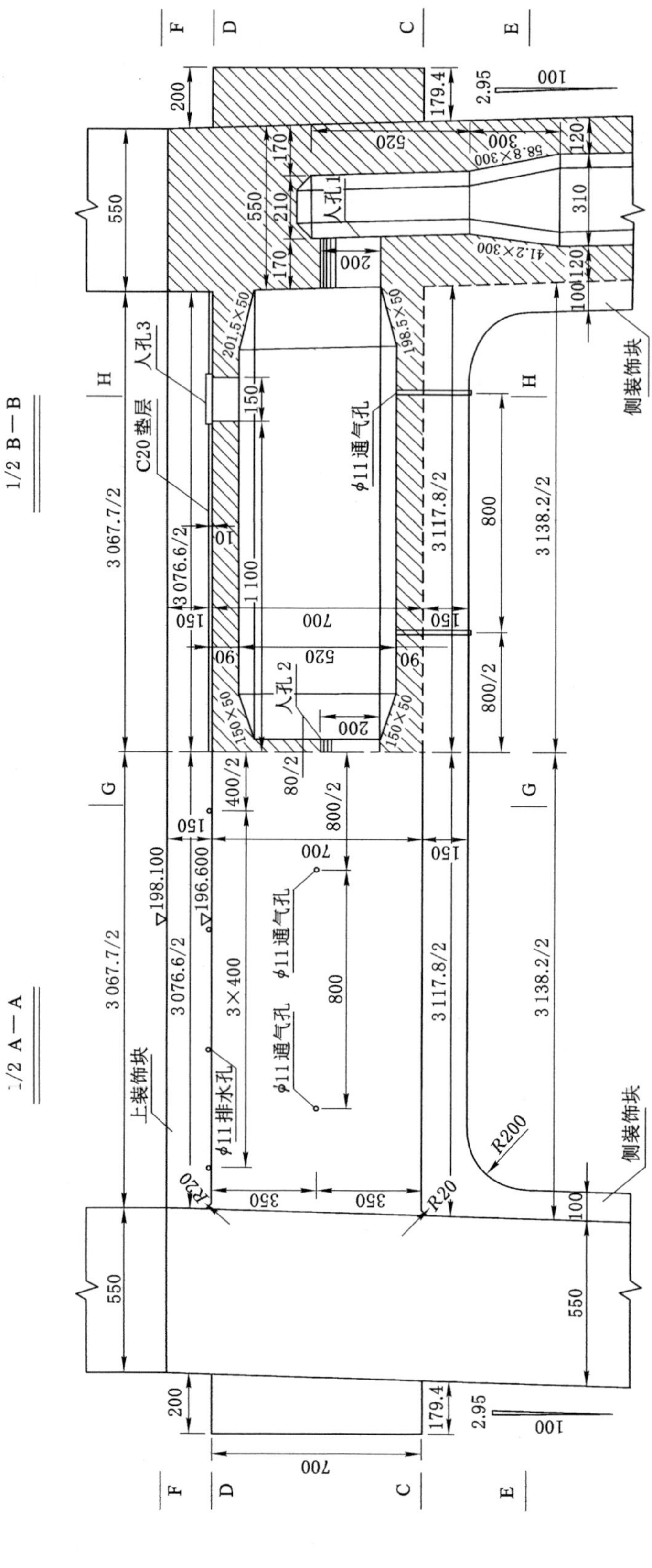

(a) 上横梁立面图

图 5-14 上横梁三视图（单位：cm）

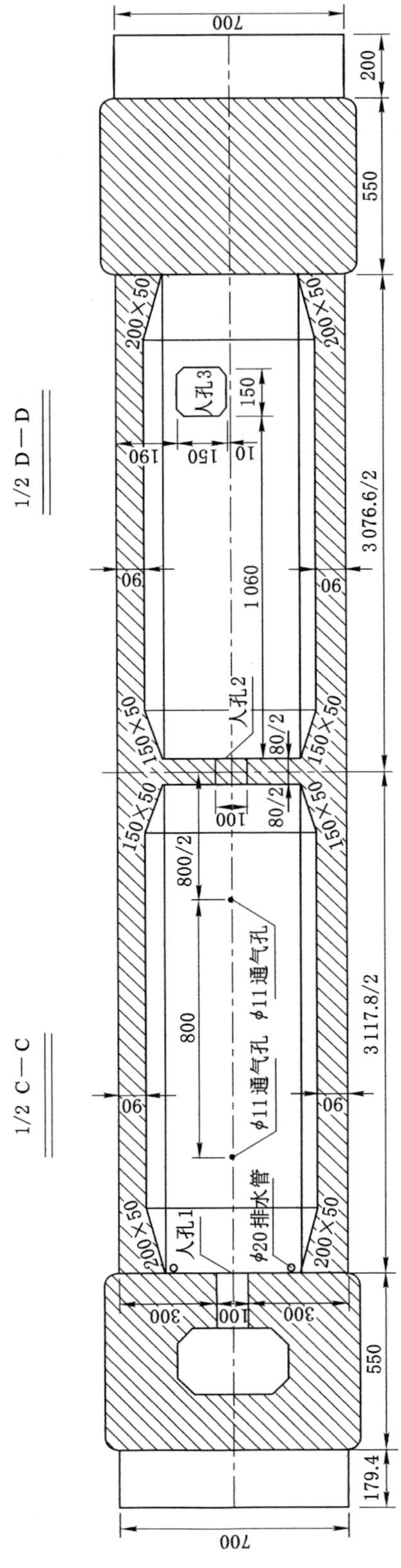

(b) 上横梁平面图

图 5-14（续）

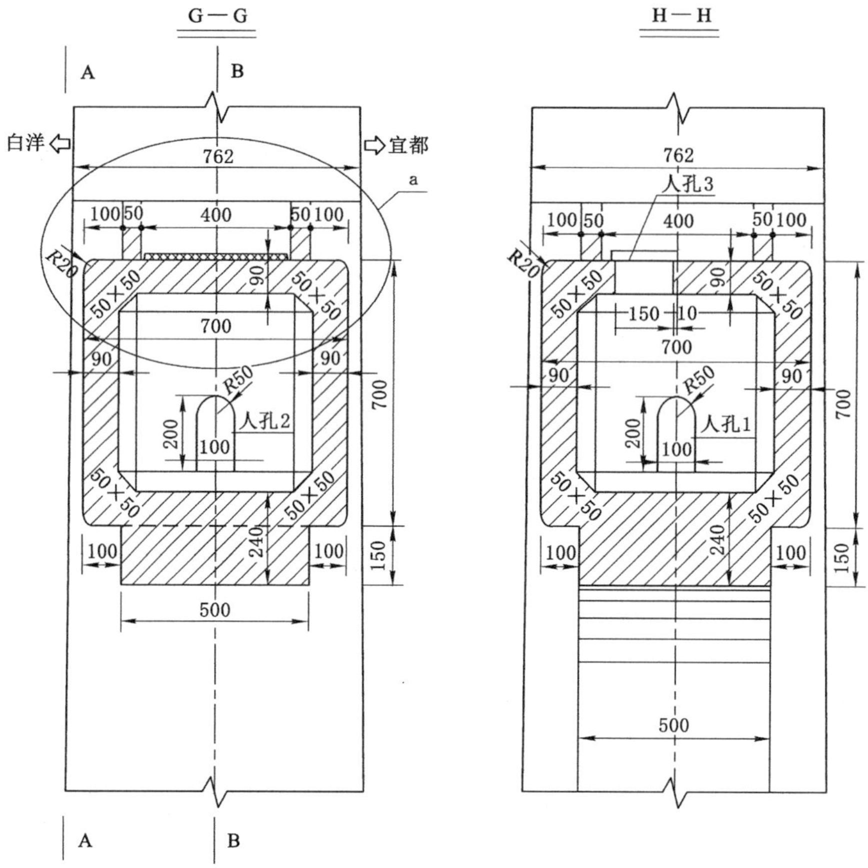

(c) 上横梁侧面图

图 5-14(续)

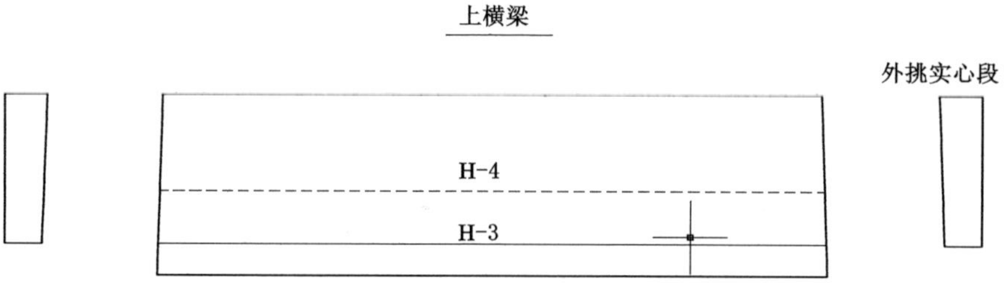

图 5-15　上横梁混凝土浇筑分层

和 1.5 m，宽度为 2.0 m。端头模板及下缘曲线段模板单独进行设置。内模采用钢木结合形式，搭设钢管脚手架支撑。

5. 上横梁钢筋施工

上横梁断面内外侧主筋为 1 排 ϕ32 mmHRB400 钢筋，箍筋和拉筋为 ϕ16 mm 钢筋，人

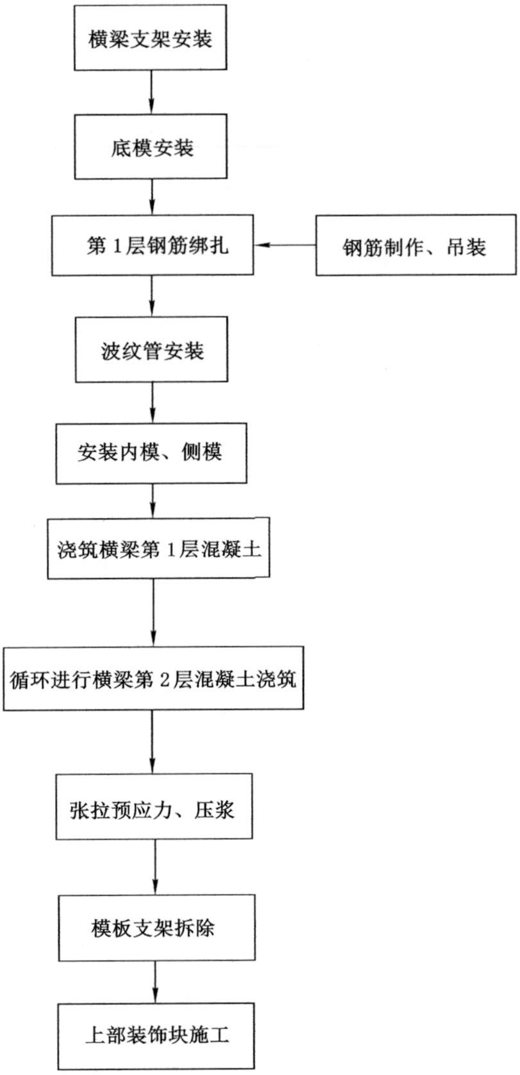

图 5-16　上横梁施工流程

洞钢筋为 ϕ25 mm。具体施工方法参见下横梁钢筋施工。

6. 上横梁混凝土施工

(1) 混凝土通过泵站内输送泵经泵管垂直输送至横梁位置处的布料杆进行布料，布料杆出料口设置软管，控制混凝土自由下落高度在 2 m 以内。

(2) 布料杆浇筑半径为 15 m，设置 2 台，在横梁顶能够覆盖整个横梁施工区域。

7. 上横梁预应力施工（可参考下横梁预应力施工）

横梁内布置 50 束 15.2 mm 钢绞线，钢束锚下张拉控制应力采用 $0.75R_{by}$＝1 395 MPa，每束张拉力为 3 686 kN，预应力采用两端张拉。

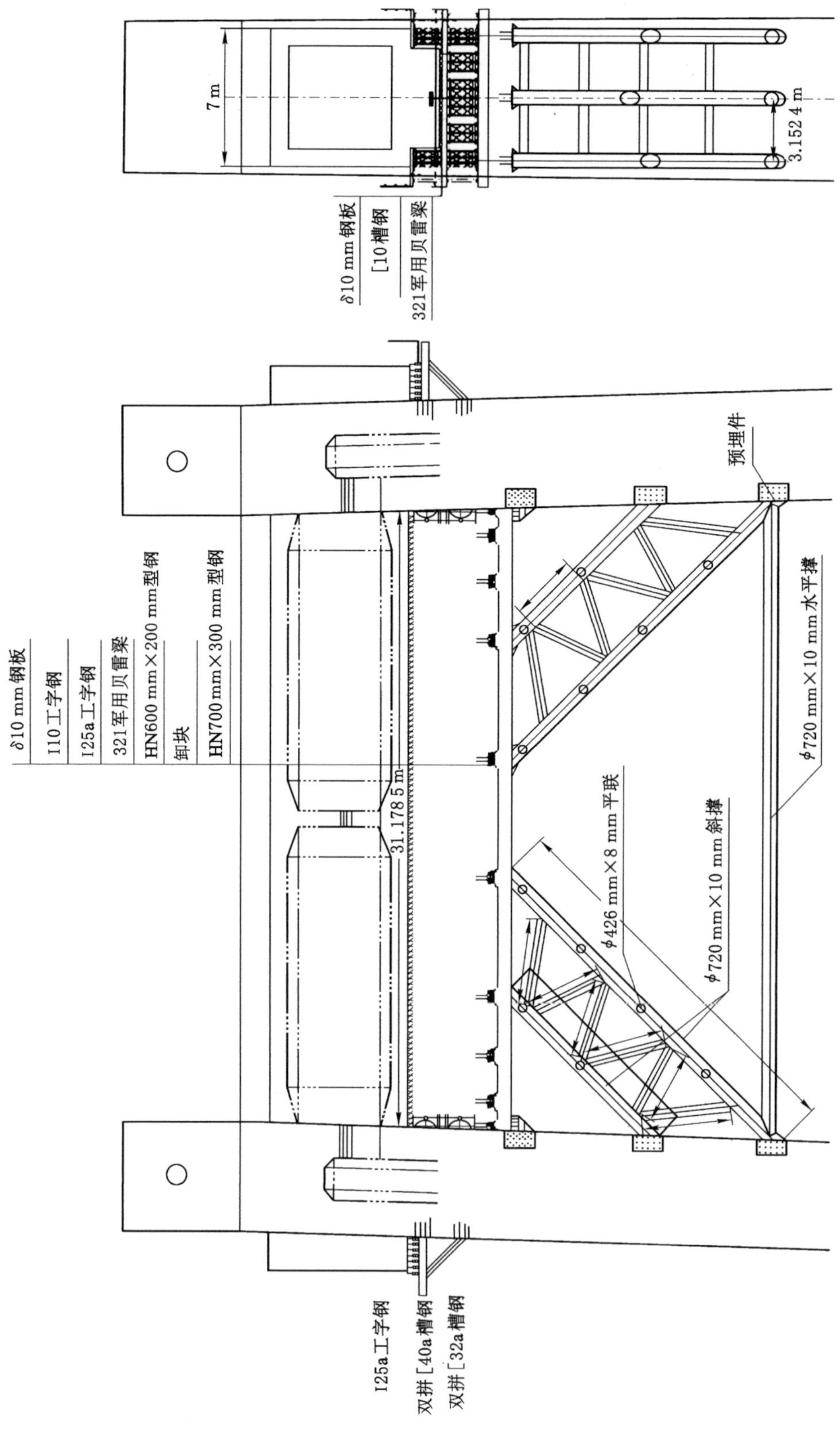
7 m
3.152 4 m
δ10 mm钢板
[10槽钢
321军用贝雷梁
δ10 mm钢板
I10工字钢
I25a工字钢
321军用贝雷梁
HN600 mm×200 mm型钢
卸块
HN700 mm×300 mm型钢
31.178 5 m
预埋件
ϕ720 mm×10 mm水平撑
ϕ426 mm×8 mm平联
ϕ720 mm×10 mm斜撑
I25a工字钢
双拼[40a槽钢
双拼[32a槽钢

图 5-17 上横梁支架

第 6 章　主缆施工技术

6.1　主缆简介

6.1.1　主缆结构

本桥主缆由 5 跨组成，由北至南分别为北锚跨、北边跨、中跨、南边跨、南锚跨，根据桥位地形条件，按边跨不对称布置。成桥阶段两主塔塔顶高程相同，中跨主缆理论跨径 1 000 m，综合考虑缆力、桥梁整体刚度、塔高等因素，经分析比较后，主跨矢跨比 1/9，北岸边缆跨度 276 m，南岸边缆跨度 269 m，如图 6-1 所示。成桥状态主跨跨中处主缆中心点设计高程为＋90.189 m，塔顶处主缆中心理论交点(IP 点)高程为＋201.3 m，主缆理论散索点(IP 点)高程为白洋侧＋81.3 m，宜都侧＋79.3 m。

根据国内制造、安装等方面的经验和设备条件，主缆采用镀锌铝合金高强钢丝。单根主缆索股有 169 股，每根索股由 127 根直径为 5.2 mm、公称抗拉强度为 1 860 MPa 的高强度镀锌钢丝组成，每延米质量约 21.72 kg。

主缆在架设时竖向排成尖顶的近似正六边形，紧缆后主缆为圆形。索夹内直径为 841 mm，索夹外直径为 852 mm。主缆在主索鞍鞍罩及锚室入口等处采用喇叭形钢缆套密封防护，主缆顶面设置主缆检修道。索股两端设索股锚头，索股锚头采用热铸锚，在锚杯内浇筑锌铜合金，使主缆钢丝与锚杯相连。锚杯内锚固锥体的锥角及锚固长度采用经验公式计算确定，锚固力及可靠性还应通过试验验证。

6.1.2　设计技术指标

(1) 主缆在索夹内空隙率取 18%，索夹外取 20%。

(2) 验算索夹对主缆抗滑性时，摩阻系数取 0.15。螺杆有效长度＞$0.70D$(D 为索夹内主缆直径)。当螺杆拉力损失至设计张拉力的 70%时，索夹对主缆的抗滑安全系数≥3.0；在永存应力 σ 状态下(设计拉力损失至 70%时)，螺杆安全系数(σ_s/σ)≥2.0；螺杆在设计张拉力作用下(应力 σ_0)，安全系数(σ_s/σ_0)≥1.4。

(3) 两半索夹间的设计空隙取 40 mm，使左、右半索夹的嵌合量能够满足索夹内主缆的空隙率在±2%范围内变化。

(4) 设计基准温度取 16 ℃。

(5) 成品吊索总成长度 L 误差：$L\leqslant 60$ m 时，允许偏差±2 mm；$L>60$ m 时，允许偏差±$L/30\ 000$。

主缆技术参数如表 6-1 所示。

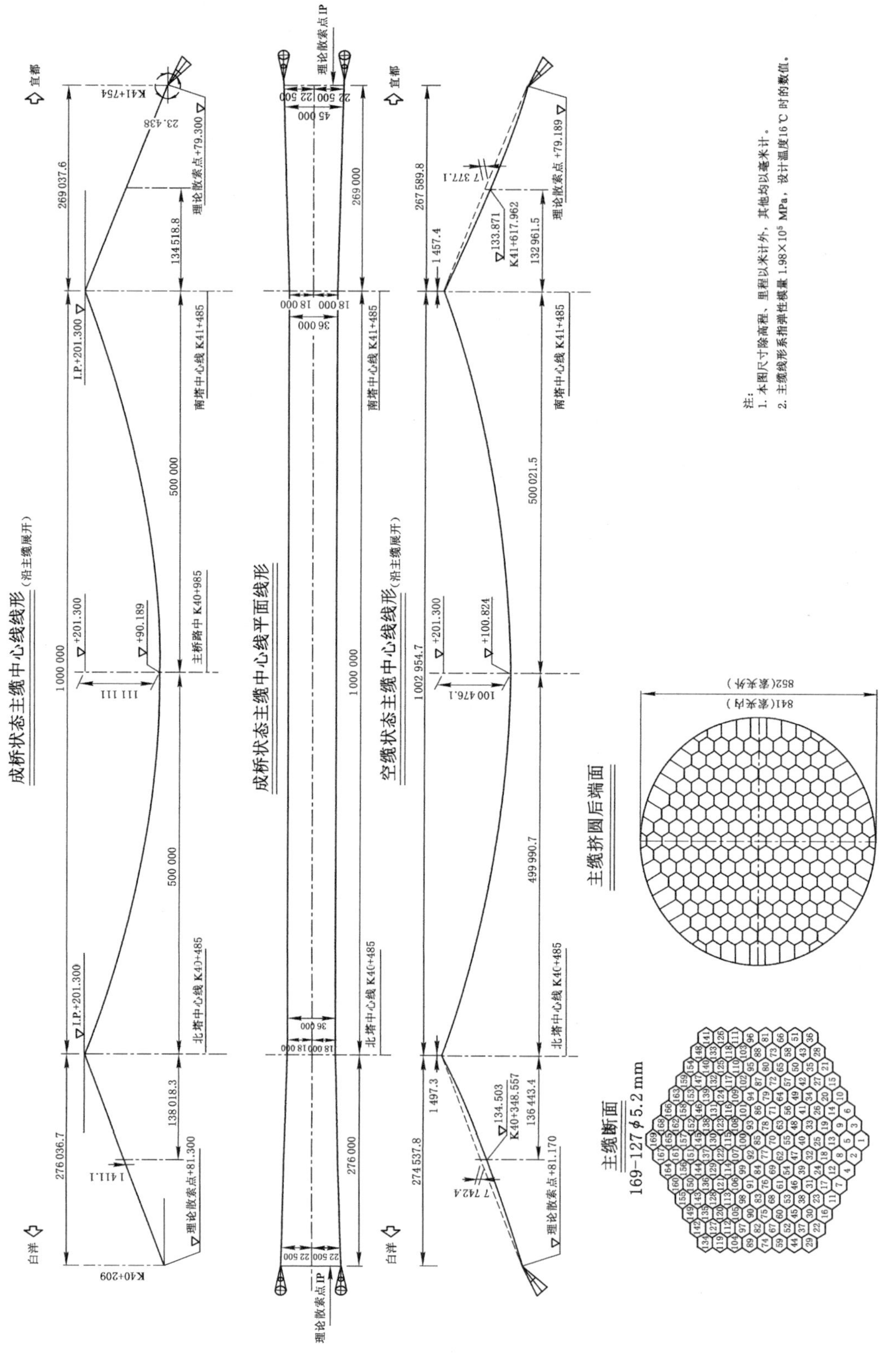

图 6-1　宜都长江公路大桥主桥桥型布置图

表 6-1　主缆技术参数表

项目		单位	数值
主缆钢丝公称抗拉强度		MPa	1 860
单丝直径		mm	5.2
单丝断面积		mm^2	21.237
单股丝数		丝	127
单股净面积		cm^2	26.97
单缆股数		股	169
单缆丝数		丝	21 463
单缆净面积		cm^2	4 558.13
空隙率	索夹内	%	18
	索夹外	%	20
主缆直径	索夹内	mm	841
	索夹外	mm	852

6.2　主缆重难点

6.2.1　重难点分析

1. 单根主缆索股数量多且长度较长

主缆采用预制平行钢丝索股法(PPWS)架设。单根主缆索股达 169 股,每根索股由 127 根直径为 5.2 mm、公称抗拉强度为 1 860 MPa 的高强度镀锌钢丝组成,索股长达约 1 668 m。

2. 主缆调索的精度要求高

调索是主缆索股安装中一项极为关键的工序,调索质量对主缆几何形状有决定性影响。调索的时间应在当天气温相对恒定时进行。

3. 主缆测量是悬索桥控制的关键

主缆测量工作面广,测量精度要求高,高空测量危险性大,测量时间及周期长,协作人员及部门多。再者主缆是柔性体系,受力复杂,其垂度受温度影响很大。主缆测量精度受环境影响的因素多,主要有风速、温度、气压、测量视线障碍物等。

4. 安全风险大

索股架设过程中,高空作业危险性大,索股调整又需在夜间作业,安全风险增大。

6.2.2　应对措施

针对以上重难点问题采取如下应对措施,如表 6-2 所示。

表 6-2　难点应对措施表

序号	难点	应对措施
1	单根主缆索股数量多且长度较长	① 为确保主缆索股安装的顺利进行,应先进行索股的上盘、运输、放盘、架设、调索等试验工作。② 制定一套切实可行的施工工艺

表 6-2(续)

序号	难点	应对措施
2	主缆调索的精度要求高	① 根据实测的结构参数、恒载质量、调设时的温度、鞍座之间的实际跨度等，计算垂度及锚跨拉力，进行索股的垂度及锚跨拉力调整。② 根据标准索股来调整其他索股的垂度及锚跨拉力。③ 调整垂度时，先将索股上的一个主索鞍标记点对准主索鞍上相应的标记点并夹紧，再将索股置入另一个主索鞍中，调整其位置，使中跨垂度符合要求；夹紧后再调节两边跨的垂度，使边跨垂度符合要求；并在散索鞍鞍槽中夹紧，最后将两锚跨拉力调至控缆时的设计值。④ 索股架设垂度控制误差范围为：基准索股中跨跨中 −20～40 mm，边跨跨中 −30～60 mm；其他索股相对于基准索股计算确定合理层距
3	主缆测量是悬索桥控制的关键	① 主缆架设阶段测量工作主要围绕索股垂度的调整来进行，同时观测与主缆索股垂度直接关联的结构变位。② 建立测量控制网，并进行控制网的复测和加密。③ 合理选择测量控制点
4	安全风险大	① 高空作业人员必须持证上岗，佩戴安全防护用品。② 重叠施工时必须安排专人指挥。③ 经常对机械设备进行检查维修

6.3 主缆索股架设施工

根据大桥地形特点与工期安排，主缆架设阶段采用单线往复式牵引系统。大桥共设 2 根主缆。通长索股平均无应力长度 1 668 m，单根索股质量约 36.23 t，总质量约 12 235.6 t。采用预制平行钢丝索股逐根架设的施工方法(PPWS)。每根主缆中，通长索股有 169 股，每根索股由 127 根 ϕ5.2 mm 的镀锌高强钢丝组成，索股编号如图 6-2 所示。

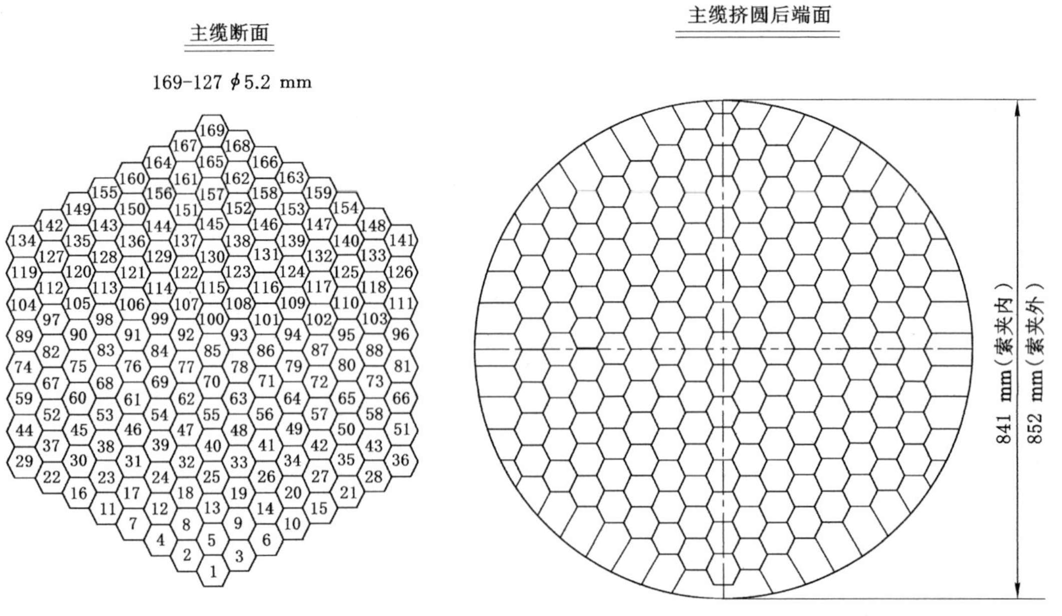

图 6-2　主缆索股编号

6.3.1　索股架设施工流程

索股架设施工流程如图 6-3 所示。

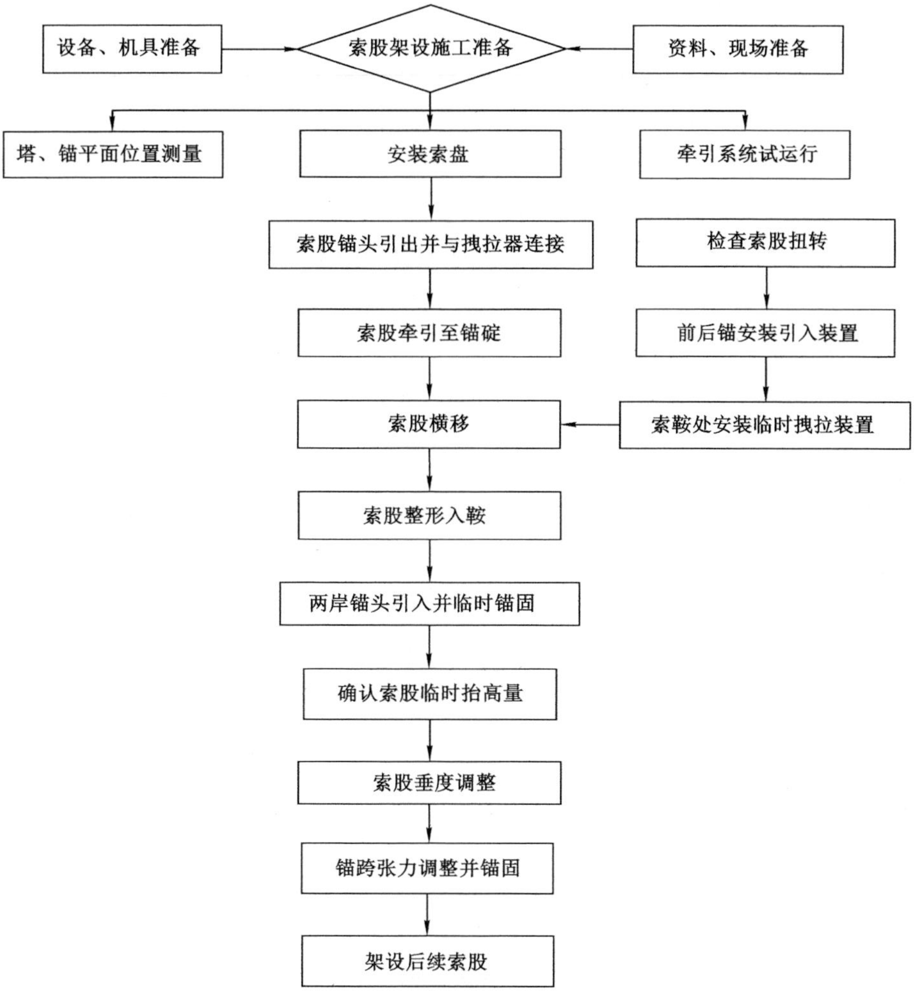

图 6-3　索股架设施工流程图

6.3.2　索股架设

猫道架设完成后，在索股架设之前，应对整个牵引系统、猫道进行一次全面检查。

架设 1# 基准索股，索股牵引是从北岸重力式锚碇向南岸重力式锚碇方向进行的。先将 1# 索股从放索场存放区运至放索区内，利用锚后龙门架安装在放索器上。用塔吊拉出索股前端锚头，用专用连接器将其与牵引系统拽拉器连接，检查拽拉器倾斜情况并调整好平衡锤，以保持牵引过程中拽拉器的平衡。然后启动主牵引卷扬机进行索股牵引作业。

在牵引过程中同一牵引系统中 2 台卷扬机应保持同步进行，收、放速度一致，牵引被动卷扬机始终要保持一定的反拉力。索股牵引速度控制在 15～20 m/min，在过塔顶门架、散索鞍支墩门架时适当降低牵引速度，以减小拽拉器对门架的冲击力，确保索股牵引的正常进行。开始几根索股牵引时，应对前锚头、猫道滚筒、鞍座滚筒、塔顶及散索鞍门架导轮组、放索机构等进行重点观测及调试，系统调试完善后，可适当提高牵引速度。

为防止牵引索股与已架设索股发生碰撞，损坏索股，在已架设索股上搭设固定有橡胶块的木板，并在木板上安装特制托辊，此做法也有利于解决上层索股架设时牵引索张力较大的问题。当索股前锚头快到南岸前锚面时，将从放索装置索盘脱出的后锚头用塔吊吊住并继续牵引。索股两端锚头均放入前锚室后，待各主、散索鞍处的索股完成横移、整形、入鞍后，南、北锚岸利用塔吊、入锚卷扬机和平拉葫芦配合，将索股两端锚头通过拉杆与对应位置的锚固系统临时相连并锚固。其他通长索股牵引流程与1#索股相同。

索股牵引过程中，在散索鞍支墩顶、塔顶、猫道上，均安排人员监视索股牵引情况，若发现索股扭转、散丝、鼓丝、缠包带断裂等情况，应采取措施及时纠正或处理。

索股架设时，原则上，上、下游的2根主缆应对称架设施工，架设数量差不超过1根索股。

6.3.3 索股横移

牵引完的索股放在猫道托辊上，在索股提升前，先沿全线检查索的扭转情况，并将检查出来的扭转纠正，使索的每一根钢丝处在完全平行状态，保证成缆后的受力均匀。利用散索鞍支墩门架和塔顶门架上的10 t卷扬机和8 t辅助卷扬机进行索股的上提、横移和整形入鞍作业。在距离主索鞍前后各20 m、散索鞍前20 m左右位置处，将特制握索器安装在索股上，分次拧紧握索器上的紧固螺栓，使索股与握索器不发生相对滑移。将塔顶门架、散索鞍支墩门架的卷扬机经动、定滑车组绕线后与握索器相连，组成各自的提升系统，待全部握索器提升系统安装完毕后，同时启动各提升卷扬机，将整根索股提离猫道托辊。再由散索鞍支墩顶、塔顶横移装置将索股横移到设定位置，，横移装置由索鞍门架上一根支撑横梁与一组链条滑车、尼龙吊带等组成，如图6-4所示。

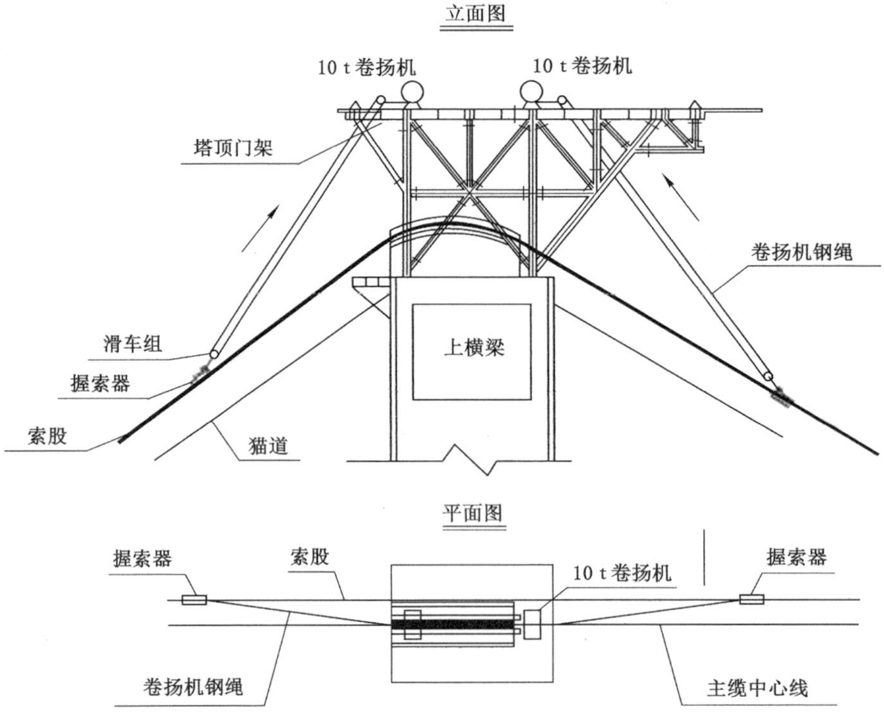

图6-4 索股横移示意(塔顶)

提升前，应确认全跨径索股离开猫道托辊，提升装置提升力不宜过大，否则会导致握索器发生滑移而产生危险，按设计，北锚岸主塔门架区提升力应控制在 50 t 以内，南锚岸主塔门架区、两岸重力锚散索鞍门架区提升力应控制在 40 t 以内。索股提升后，人员不得进入提高的索股下，以防意外。

6.3.4　索股整形

整根索股提离猫道托辊后，主、散索鞍前后两握索器之间的索股呈无应力状态，在此状态下进行整形，再放入鞍座内设定位置。因索鞍鞍槽内竖向隔板为矩形，而索股断面为正六边形，入鞍前必须将该部分索股断面整形为矩形，再放入鞍座内设定位置，如图 6-5 所示。

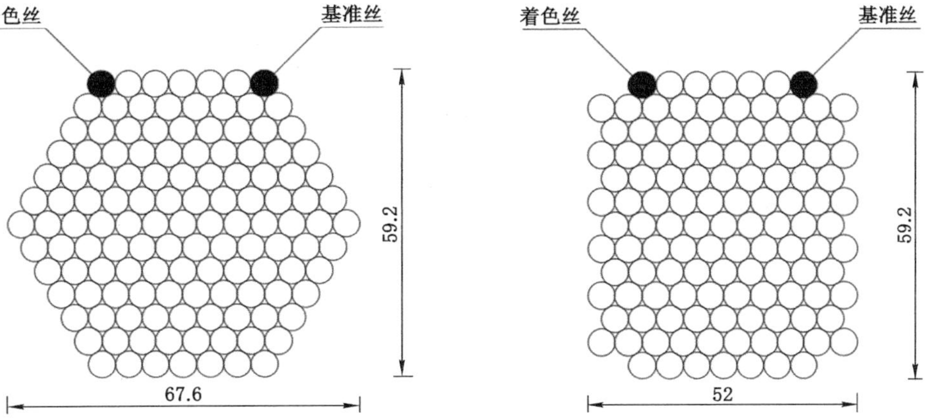

图 6-5　索股整形示意图

施工时，在主、散索鞍位置分别配置手拉葫芦、六边形整形器、四边形整形器、插片及一定宽度硬木楔块，在距离索鞍前、后约 3 m 的地方分别安装上六边形夹具将索股夹紧，解除两夹具间索股缠包带，开始整形。用钢片梳进行索股断面整理，使其断面由六边形变成四边形，再用专用四边形夹具夹紧，缠上包带，整形过程中人工用木槌敲打索股。钢片梳继续延伸整理索股断面成四边形。每隔 1 m 左右缠上包带。

6.3.5　索股入鞍

待主、散索鞍处索股全部整形完成后，将索股置入相应的鞍槽内，索股入鞍的顺序为：主索鞍处由边跨侧向中跨侧、散索鞍处由锚跨侧向边跨侧进行。入鞍时应注意索股着色丝在鞍槽中的位置，以确认索股有无扭转。为防止已入鞍索股挤压鞍座隔板而造成隔板变形，应在其他鞍槽内填塞楔形木块。索股入鞍后，先调整索股上的标记点与设计位置吻合，再适当抬高中边跨跨中索股垂度，便于调索。为防止上层索股挤压已架设完成的下层索股，索股入鞍时，一般将中跨跨中垂度预抬高 20 cm，边跨跨中垂度预抬高 10～20 cm。

6.3.6　索股入锚

索股整形入鞍时，索股上标记的塔柱中心红线向边跨方向预偏 50 cm 左右，一方面方便锚碇处锚固，另一方面方便夜间调索（因为索股比较长，如果标高低了，容易冲乱索型，产生调整误差），用塔吊将索股两端锚头临时锚固在相应的锚固拉杆上，用后锚反拉卷扬机初步调整索股边跨标高，以便夜间进行垂度调整。

6.3.7 索股垂度调整

主缆索股垂度调整分为基准索股和一般索股垂度调整两种。基准索股垂度调整采用绝对高程法,一般索股则相对于基准索股进行垂度调整。

白天架设完的索股,垂度调整一般应选择在温度相对稳定、风力不大的夜间进行。在垂度调整前,要进行外界气温和索股温度的测量。索股温度的测量用接触式温度计,沿长度方向布置于两侧锚碇、边跨跨中、两侧塔顶、1/4 中跨、中跨跨中、3/4 中跨处共 9 个断面,如图 6-6 所示;沿断面方向布置于索股上缘及下缘。满足索股温度稳定的条件是:长度方向索股的温差 $\Delta T \leqslant 2$ ℃,主缆断面方向索股的温差 $\Delta T \leqslant 1$ ℃。不符合上述温度稳定条件、风力超过五级、雾太浓时不能进行索股调整。

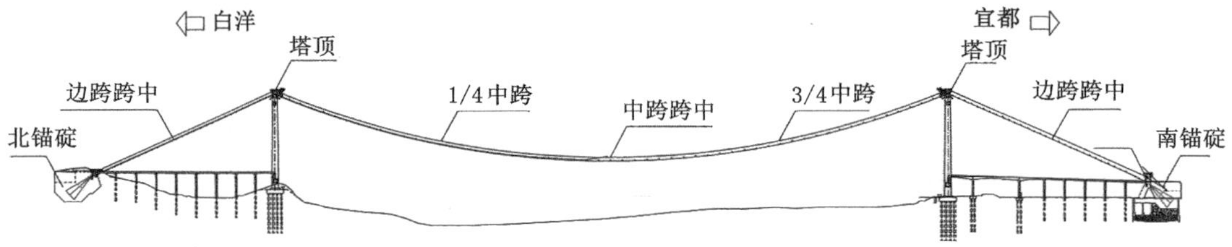

图 6-6　索股温度测试断面布置图

1. 调整顺序

通长索股垂度调整顺序是先中跨后边跨。为了便于索股垂度调整,工厂制索时,在索股上相应于散索鞍处、边跨跨中、主索鞍处、中跨跨中及两端锚头附近共设置了 9 个标志点,作为索股垂度调整参考点,并做了特定标记。在索股垂度调整时,将索股的特定标志点对准两岸主塔主索鞍上相应的标志点,并用千斤顶和木楔固定,以索股特定标志点为固定基准点调整各跨垂度。在南锚岸主索鞍鞍槽内将索股固定后,首先通过控制索股在北锚岸主索鞍鞍槽内的滑移(放松或收紧量)调整中跨索股垂度,符合要求后在北锚岸主索鞍鞍槽内固定。再通过控制索股在南北两岸散索鞍鞍槽内的滑移量调整两边跨索股垂度,符合要求后在散索鞍鞍槽内固定。锚跨则利用千斤顶张拉索股张力进行调整,垂度调整完成后,应做上标记,以便后续索股架设时检查有无滑移。

已调整好的索股在各鞍槽内必须及时采用硬木块填压,并在鞍槽上部施以千斤顶反压索股进行固定,防止已调整索股在后续索股架设和调整过程中发生移动。一旦发生此类情况,应查明原因,并采取相应的措施处理好后,才能进行后续索股的架设。

2. 基准索股垂度监测与调整

(1) 基准索股垂度监测

基准索股垂度调整采用绝对高程法进行。基准索股的线形,实质上直接影响以后主缆的线形,因此调整方法及监控方案必须绝对可靠,以满足主缆设计线形。

基准索股垂度调整前,监控组根据塔、锚实测数据(各跨跨长、塔顶标高、索鞍预偏量等)计算出基准索股跨中标高及温度修正、跨度修正表,跨中垂度调整值与索长调整量关系表,锚跨索股张力等。计算主缆线形时,尚应考虑塔顶标高预高值,根据塔自重、上部结构传递给塔的压力、塔长期徐变等因素,预估成桥后塔顶标高,以此计算调整量。

(2) 基准索股垂度调整

基准索股垂度调整具体操作方法是：在索股跨中处悬挂反光棱镜，采用 2 台全站仪分别从不同方向同时观测，进行三角高程测量，如图 6-7 所示，计算出索股跨中垂度，并与设计垂度进行比较，根据监控计算的垂度调整图表，算出索股需移动调整的长度，并做跨度、温度修正。通过索鞍处索股放松或收紧达到垂度调整目的，先调整中跨、后调整边跨垂度，直至符合设计要求。

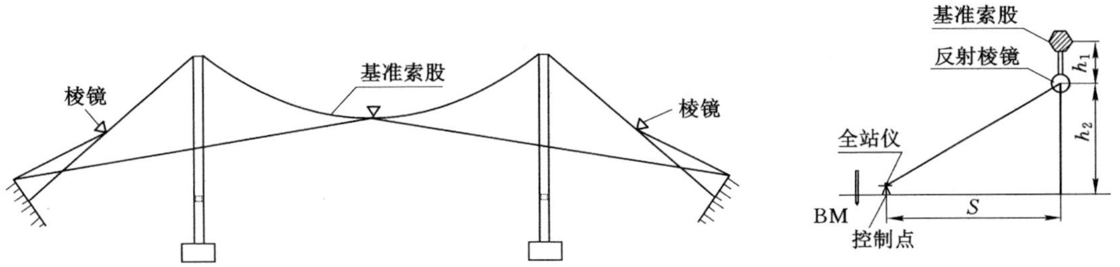

图 6-7　索股测量反光棱镜图

在索股绝对垂度符合要求后，同时进行上、下游 2 根基准索股相对垂度调整，其相对垂度差不大于 10 mm。可采用 2 种不同测量方法进行测量，首先采用液体静力水准测量即连通管测量方法(直径大于 20 mm)，在风小、夜间温度变化较小和索股稳定时，直接测量上、下游索股间的相对高差，如图 6-8 所示，同时采用三角高程相对垂度测量方法实施监控，2 种测量方法误差可控制在±5 mm，能满足设计精度要求。

图 6-8　夜间索股垂度调整

基准索股垂度调整好后，须进行至少 3 d 稳定观测，确认索股线形完全符合稳定要求后，其中中跨绝对高程允许误差为－20～40 mm，边跨为－20～60 mm，将连续 3 d 观测数据经算术平均后作为基准索股最终线形。

(3) 基准索股调整过程

索股调整时，中边跨利用安装在门架上的滑车，对索鞍位置索股进行收放，达到垂度调整的目的，调整时，用橡胶锤敲打索股以消除索股间的摩擦以方便调整。调整前，应在索股上做上标记，保证调整量准确无误。调整工作一般无法一次完成，此时可将调整量分成几份，逐次调整并观测索股移动量与垂度变化量，直至达到预定值。

3. 一般索股垂度调整

基准索股以外的索股为一般索股，一般索股是相对于基准索股进行垂度调整。因宜都长江公路大桥跨径大，索股数量多，主缆粗，由于内外层索股温度相差大，必然引起已架上层索股挤压基准索股，导致基准索股线形发生变化，不能继续作为索股垂度调整的基准来进行后续索股的调整，这就必须另设基准索股，费时费力，且效果不一定好。湖北宜都长江公路特大桥拟采用相对基准索股法进行主缆一般索股垂度调整。

（1）调整原理

为保证一般索股调整时所用的基准索股始终处于自由漂浮状态，采用主缆各层外侧一根一般索股作为相对基准索股，其垂度依靠 1# 基准索股进行传递，然后利用各层相对基准索股调整同一层一般索股和上一层相对基准索股的垂度，以达到主缆线形调整目的。为了消除调整误差的积累，每根相对基准索股的调整误差均进行传递，即调整下一根相对基准索股时，它们之间的理论相对垂度值中要减去当前相对索股的调整误差值，以确保每一根索股相对于 1# 索股的调整误差均为 0～5 mm；当架设完一定数量索股后，还要用全站仪对少数相对基准索股进行绝对垂度的检测。

（2）调整方法

采用相对基准索股法进行主缆一般索股垂度调整时，索股架设顺序尽量按设计图纸上的编号逐根架设。监控组计算出各相对基准索股与 1# 索股的理论垂度值。测定相对基准索股与待调索股的温度（索股断面上 4 个面温度平均值）并进行温度修正。采用游标卡尺按以下 2 种方法测定索股垂度调整量。方法一：用于相对基准索股与待调基准索股调整高差的测量，$\Delta h = h_1 - d_0/2 - d_1$。方法二：用于相对基准索股与待调一般索股调整高差的测量，$\Delta h = h_1 - d_1$。垂度调整手段仍是通过主、散索鞍处索股放松或收紧，达到调整线形的目的。一般索股与基准索股高程误差在 0～5 mm，如图 6-9 所示。

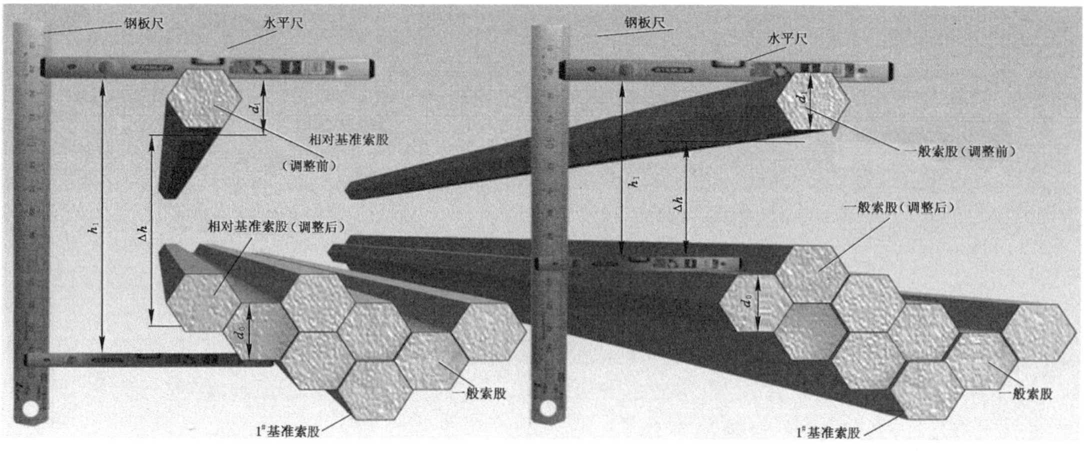

（a）索股调整测量方法一　　（b）索股调整测量方法二

图 6-9　索股调整测量

（3）注意事项

由于各索股之间距离偏小，若索股调整量过大，调整索股将压在下面索股上，得不到正确的垂度数值；若压在基准索股上，也将引起基准索股垂度测量误差。因此，相对垂度调整，上、下层索股层间距应严格按监控指令控制，方可保证垂度测量准确。

6.3.8　索股张力调整

每根索股架设完成垂度调整好后，进行锚碇索股张力调整。锚跨张力调整采用 2 台专用千斤顶（拉伸器）通过反力架顶推锚头上的螺母，通过松紧拉杆螺母使锚跨索股张力达到设计要求。锚跨张力与设计值误差控制在±10 kN 范围内。

1. 索股锚跨张力调整

目前悬索桥索力的测试，主要有锚下压力传感器测试法、静态应变测试法和弦振法等。锚下压力传感器测试法适宜于索股张拉调整施工，静态应变测试法和弦振法适宜于对索股张力的检测。

对于本桥锚跨张力的调整施工，可采用液压千斤顶法进行。在悬索桥锚跨张力调整过程中，采用特制千斤顶对锚跨进行调整，锚跨张力调整采用 2 台专用千斤顶通过反力架顶推锚头上的螺母，通过松紧拉杆螺母使锚跨索股张力达到设计要求。锚跨调整张力的大小根据监控设计计算和主缆垂度调整量联合确定。

2. 锚跨索股张力的检测

如前所述，对于大跨度悬索桥，如架设期间的温度变化比较大，在受复杂温度场的作用下和索鞍自立前后的体系变化影响，各索股的张力调整比较困难，其索股张力受温度场的变化和索鞍体系的变化等因素的影响而发生较大的变化。为准确掌握索股张力的变化规律，除施工单位采用液压千斤顶进行测量外，施工监控单位以弦振法测试索力作为复核手段，当 2 种方法差值超过 10 kN，则须对该索股索力重新进行调整，直到合格为止。

3. 施工辅助措施

在散索鞍自立前，锚跨张力对温度变化比较敏感，为避免因温度变化过大时索股在鞍槽中产生滑动，除以满足保证索股稳定为条件确定初调索股最优锚固张拉力以外，还应采取以下防滑措施：

（1）在散索鞍出口处，对调整好的索股用红油漆标记画线，观察索股是否发生滑移。

（2）锚跨张力在温度比较稳定、温度场分布比较均匀的夜间进行调整。

（3）调整好的索股用木楔、千斤顶进行顶压，防止索股在散索鞍鞍槽中滑动。

6.3.9　索股锚固区固定

本桥主缆锚固系统采用锚固钢板结构，主缆索股锚固于锚固钢板的锚固箱，通过锚垫板调节索股锚固位置。锚固钢板尺寸为 277 mm×270 mm，厚度分别为 32 mm、16 mm、4 mm、2 mm、1 mm、0.5 mm、0.2 mm。

索股临时锚碇、锚跨张力调整及最终定位，通过安装于锚固钢板索股张拉反力架的 80 t 薄型穿心千斤顶，张拉索股锚跨，调节索股锚头锚杯位置，在索股锚杯与锚固箱间插入适当的锚垫板，固定索股，如图 6-10 所示。

索股千斤顶张拉，通过连接于索股锚杯后部空腔与千斤顶的连接杆进行。连接杆采用 40Cr 材质通长螺纹变径杆，索股连接端直径为 170 mm，与索股锚杯内螺纹配套，千斤顶连接端直径为 42 mm。由于千斤顶反力架与前锚面混凝土间距离仅 350 mm 左右，连接杆分

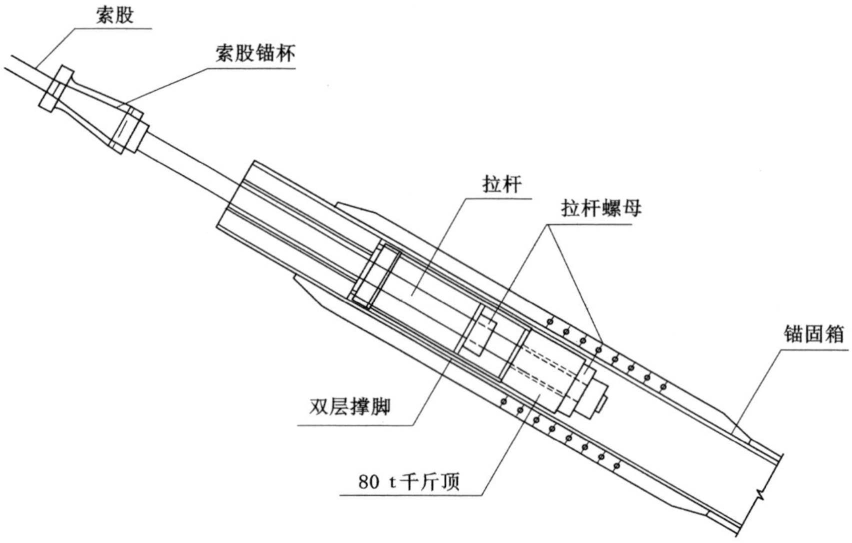

(a) 索股锚杯入锚箱前

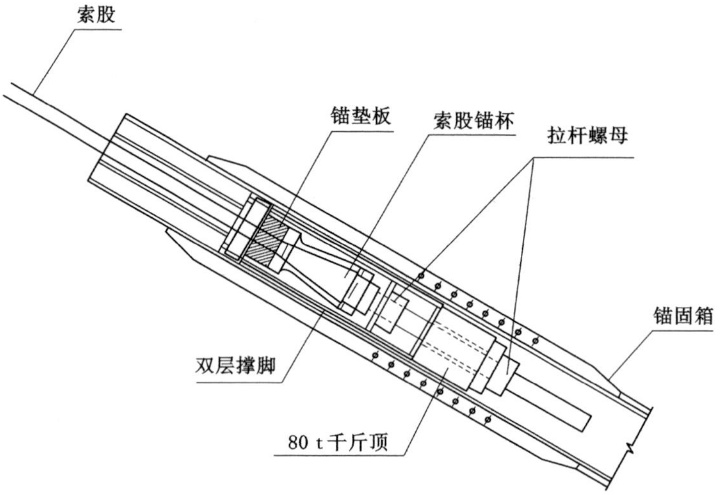

(b) 索股锚杯入锚箱后

图 6-10　索股锚固端安装示意图

节段连接。

6.3.10　主缆索股架设过程常见问题及解决办法

宜都长江公路大桥主缆单根索股质量约 36.2 t、长约 1 668 m，长距离牵引过程中索股经常会出现呼啦圈、扭转、散丝、缠包带断裂、鼓丝及索股表面磨损等问题。

制作的索股卷绕在直径 3.5 m 索盘上，运至现场后采用水平放索工艺，可有效确保索股架设质量。

1. 完善索股放索装置，提高索股架设质量

主缆索股在放索过程中，因牵引力与放索速度不协调、牵引与放索产生时间差、放索盘的转动惯性、索股上盘力与牵引系统牵引力等因素，索股在索盘上松弛，进而出现呼啦圈、散丝、断带和鼓丝等问题。针对此问题，对于放索系统，应设计研制性能良好的组合式被动放索机构(包括放索架、力矩电机、制动器、减速器、齿轮副、电磁制动器等设备)，确保索股架设质量。

2. 架设过程中索股扭转

(1) 原因分析

① 猫道因柔性在结构宽度方向上的荷载分布不对称引起猫道倾斜。

② 采用单侧牵引系统，因门架、导轮组及牵引索股自重偏心，猫道倾斜，索股在托辊上侧向滚动，造成扭转。

③ 索股架设中，猫道承受的是可变荷载。架设中牵引速度改变通过猫道门架传至猫道，使拽拉器与托辊很难保持在同一竖直面上，索股有侧向滚动的趋势，造成扭转。

④ 猫道托辊设有侧向锥角，当锥角设计不合理时，牵引过程中，索股至托辊锥角部位会产生侧翻造成扭转。

(2) 采取措施

① 拽拉器与索股锚头之间采用刚性连接，防止起始段索股因内力产生的扭转，同时避免锚头软连接使扭转加剧。

② 适当加宽猫道宽度，增加猫道承重索数量并合理布置，以提高猫道刚度，减少荷载造成的猫道倾斜。

③ 设计合理的托辊侧向锥角(为 60°)，索股与托辊保持一个面接触。如有必要，也可在托辊上增设竖向转轴。

④ 索股上每隔 200 m 安装一鱼雷夹具，工人跟踪控制，防止索股扭转。

3. 架设过程中索股散丝、缠包带断裂

(1) 原因分析

① 索股制作时，上盘力原因易造成索股在盘上缠绕不紧，牵引过程中出现松弛现象，增大了内外层索股间摩擦，致使缠包带部分断裂而散丝。

② 索股制作与索股架设，间距时间较长，温度引起缠包带老化，降低了握裹力，引起断带散丝。

③ 索股牵引过程中，通过锚、塔等处因竖向弯曲半径较小，索股径向反力较大，易造成断带散丝。

④ 支承托辊表面材料硬度大，磨损索股缠包带，造成断带散丝。

(2) 采取措施

① 工厂制索时，采用合理的上盘力及高质量的缠包带。

② 索股牵引过程中，始终保持合理的张力，避免索盘上索股松弛下垂导致磨损。

③ 调整并适当加密锚、塔等处托辊间距，并增大此区段竖向弯曲半径。

④ 选择采用尼龙托辊，加强对缠包带及索股镀锌层保护。

4. 架设过程中索股鼓丝

(1) 原因分析

① 基准丝与一般丝制作有误差,同一索股内钢丝内应力不同造成长度误差,经长距离牵引后引起鼓丝。

② 索股受托辊的摩擦力,下部钢丝产生拉应力而发生拉应变,因长距离牵引至锚、塔顶曲率半径变化较大处,应变逐渐积累造成后移限制,产生索股鼓丝。

③ 索股整形入鞍是由边跨向中跨、锚跨向边跨进行,索股在鞍槽内摩擦力远大于索股牵引时在托辊的摩擦力,索股上、下层的相对位移不一致,易在主索鞍边跨中、散索鞍锚跨中产生鼓丝。

④ 牵引中因索股散丝,单根或数根钢丝被挂拉易产生鼓丝。

(2) 采取措施

① 确定合理的整形入鞍工艺和顺序。

② 索股牵引过程中,严密监控,杜绝钢丝被挂拉。

③ 确定适当的索股预抬高量,减少或消除索股调整时产生的鼓丝。

④ 调整索股时,采用木槌在调整部位附近反复敲打,并用手拉葫芦适当上提索股,以减小鞍槽摩擦影响。

⑤ 对于锚跨的鼓丝,必须赶至边跨,并远离散索鞍,便于后期恒载增加时自然消除鼓丝。

5. 保护索股表面镀锌层

① 握索器内表面应采用高强软质材料;握索器及小型夹具边角应打磨成圆角,并增大握索器与索股的接触面积,使得握索器既能夹紧索股又不造成索股夹痕及损伤。

② 钢丝绳与索股接触部位采用隔离方式,防止摩擦造成镀锌层损伤。

③ 在塔顶、锚顶门架处,采用尼龙吊带吊挂索股整形入鞍,保护索股镀锌层。

④ 索股表面局部镀锌层出现损伤,应按要求涂抹环氧富锌漆修复。

⑤ 主缆架设完成后,对主塔附近 20 m 左右的位置用镀锌薄铁皮包裹,避免后期主缆被油脂、电焊等污染破坏。

6. 索股架设过程中的抗风措施

要正常架设索股,必须满足猫道门架不能与已架设索股在横向发生冲突。满足作业要求须做到以下几点:

① 将已架设好的索股采用麻绳捆绑并与猫道连接在一起,目的是使猫道和已架设索股在风作用下共同偏移,保证索股正常架设;同时也为了防止索股摆动而相互撞击,影响索股调整精度,以及施工中遇强风作用时防止主缆与猫道横向变形不一致可能产生对主缆的损伤。

② 在一般索股架设一定数量后,为便于主、边跨各索股的排列和形状保持,每隔一定间距(约 150 m)设置 V 形保持器及竖向插片保持器,如图 6-11 所示。当架设完第 1 批索股 1# ~42# 后可安装 V 形保持器,架设 43# 以后索股,可安装竖向插片保持器。

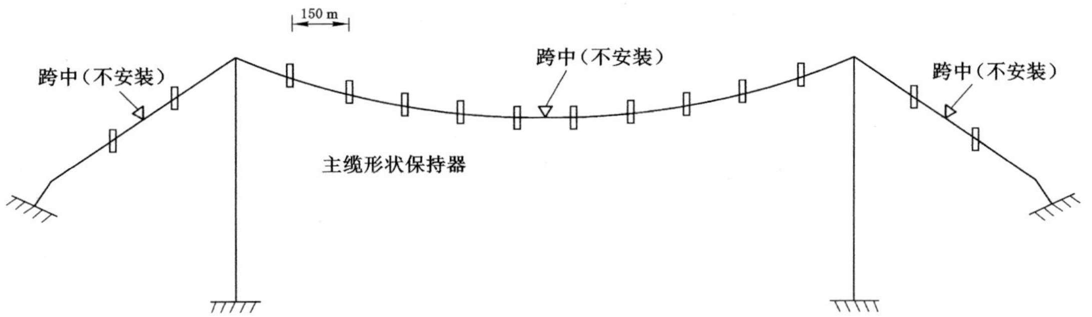

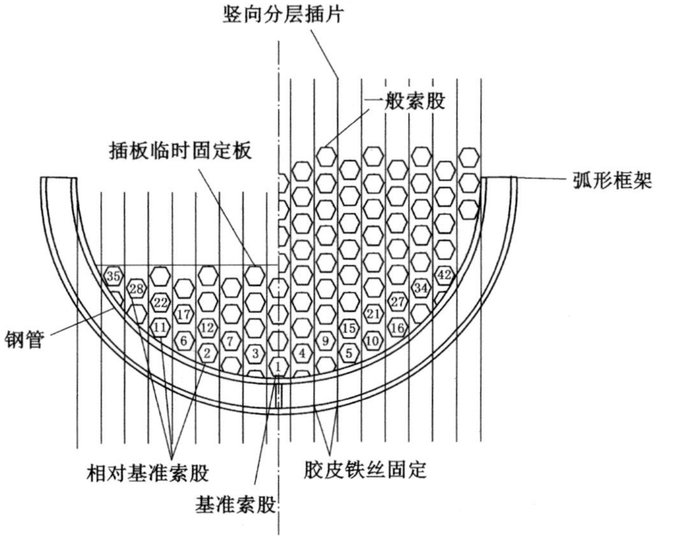

图 6-11　主缆索股形状保持器

6.4 紧缆施工

悬索桥全部索股的垂度调整结束后，由于索股之间、索股内部都存在空隙，主缆断面呈正六边形，表观直径比设计要求的直径大得多。为了能够顺利地进行索夹安装及缠丝作业，需要把主缆截面紧固为圆形，并达到设计要求的空隙率，索夹内空隙率为 18%，索夹外空隙率为 20%。主缆以近似正六边形从下至上安装，紧缆后为圆形，其中跨处索夹内直径为 841 mm，索夹外直径为 852 mm。紧缆主要施工设备如表 6-3 所示。

表 6-3　紧缆主要施工设备表

序号	名称	单位	计划数量	备注
1	紧缆机	台	4	紧缆作业
2	10 t 牵引卷扬机	台	8	牵引用
3	5 t 手动葫芦	个	20	紧缆辅助用
4	10 t 手动葫芦	个	30	预紧缆

表 6-3(续)

序号	名称	单位	计划数量	备注
5	打包机	把	8	打捆扎带用
6	大木槌	把	16	整形用,自制
7	专用卡尺	把	8	测量主缆直径
8	专用夹具	套	12	使主缆直径减小
9	不锈钢钢带	t	4	预紧缆和正式紧缆

紧缆施工顺序是先中跨,后边跨,由跨中或锚碇向塔顶进行紧缆。紧缆工作大致分为准备工作、初紧缆、紧缆机安装就位、正式紧缆,其施工工艺流程如图 6-12 所示。

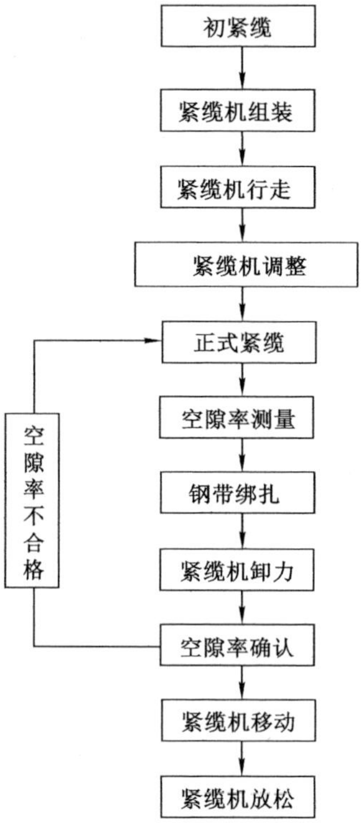

图 6-12 紧缆作业流程图

6.4.1 紧缆前的准备工作

(1) 先将猫道门架上的滚轮全部拆除,同时对锚跨索股的锚固张力进行最后一次全面调整使其符合设计要求,并且仔细检查主缆索股是否有错位现象,主、散索鞍有无移位现象。通过验收合格后,在主、散索内将主缆索股填好锌块后用压板将其紧固压牢,安装主、散索鞍的紧固拉杆,然后采用 80 t 液压千斤顶进行调试和紧固。

(2) 主缆索股架设完成后,拆除猫道门架,留下门架承重索作为天车支承索。

在塔顶门架顶部各安装 2 台 10 t 卷扬机(绳容量大于 600 m)作为紧缆机的牵引卷扬机。

(3) 塔顶门架上的卷扬机和专用起吊架车组成简易缆索天车。使用缆索天车牵引紧缆机，天车上设 6 台 5 t 手拉葫芦，2 台用来调节紧缆机的工作高度，4 台用来调整行走时产生的偏位，收紧门架承重绳保证紧缆机的工作高度。

(4) 检查主缆在边跨跨中及中跨 1/4、1/2、3/4 跨各断面索股排列顺序是否正确。若索股位置正确，即准备进行初紧缆，若有问题则及时采取措施进行调整。

(5) 初紧缆，在待紧 1/4、1/2、3/4 跨进行“打点”作业，索型定位，然后继续分点预紧，达到要求后(5 m 每个预紧点)，即完成初紧缆作业。

(6) 初紧缆完成后，应对紧缆机的液压系统和机械系统进行检修调试，用主缆直径的标准模子对顶压系统进行对中调试，完成后可安装紧缆机作业。

(7) 紧缆机通过塔吊，按照液压主机—行走机构—附属部件(空压机等)的顺序进行安装，利用塔顶卷扬机和天顶小车将紧缆机行走至紧缆点。

6.4.2　初紧缆

紧缆可分为初紧缆和正式紧缆，首先把架设完成的主缆六边形初步紧成近似圆形，空隙率控制在 28%～30%。检查主缆在边跨跨中及中跨 1/4、1/2、3/4 跨各断面索股排列是否正确，若有问题及时调整，若索股排列顺序正确，则准备进行初紧缆。

初紧缆在温度比较稳定的时段(夜间)进行，这时主缆内外索股温度基本保持平衡，索股排列整齐有序，拆除主缆索股形状保持器，立即进行初紧缆作业。初紧缆作业使用设备为手拉葫芦及手扳葫芦，具体步骤如下：

将预紧点 6～7 m 范围内的主缆外层索股绑扎带解除，索股绑扎带要边预紧边拆除，不要一下子拆光，并在主缆的外层包一层起保护作用的麻袋或塑料布等其他软质物品。

用千斤顶配合手动葫芦捆扎主缆，人工收紧主缆，用大木槌沿主缆四周敲打，初步挤成圆形后用钢带绑扎，在挤圆时应尽量减少表层索股钢丝的移动量，同时正确地校正索股和钢丝的排列，避免出现绞丝、串丝和鼓丝现象；同时测量主缆的周长，待主缆的空隙率目标控制值满足目标值 26%～28%以内，用软钢带将主缆捆扎紧。

初紧缆作业按照“二分法”先疏后密的原则进行(以免钢丝的松弛集中于一处)，将中跨主缆分为 16 段，每段长度约为 62.5 m；北锚岸边跨分为 8 段，每段长度约为 33.63 m；南锚岸边跨分为 8 段，每段长度约为 34.5 m。紧缆前测量队用全站仪划分紧缆位置，并进行编号。初紧缆顺序如图 6-13 所示。

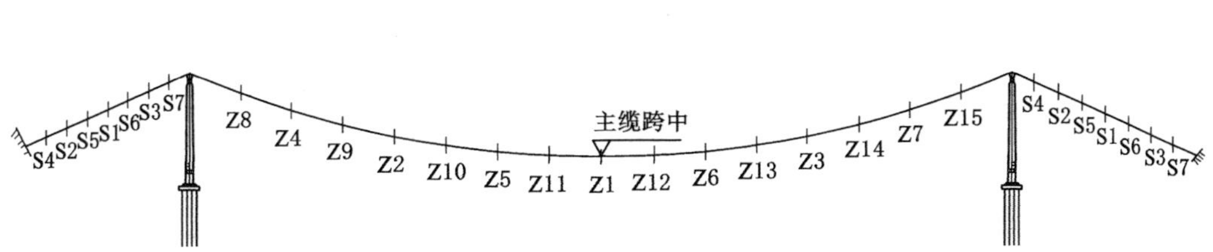

图 6-13　初紧缆顺序

(1) 主跨

第一步：在 Z1 处进行紧缆。

第二步：同时在 Z2、Z3 处进行紧缆。

第三步：同时在 Z4、Z5、Z6、Z7 处进行紧缆。

第四步：同时在 Z8、Z9、Z10、Z11、Z12、Z13、Z14、Z15 处进行紧缆。

第五步：按照上述步骤完成后，此时将中跨主缆分为 16 段，然后每段依次按照从跨中向塔顶方向紧固，间隔 5 m 用钢带绑扎一道，直至主缆表面基本平顺圆滑，主跨主缆预紧全部完成。

(2) 边跨

第一步：在 S1 处进行紧缆。

第二步：同时在 S2、S3 处进行紧缆。

第三步：同时在 S4、S5、S6、S7 处进行紧缆。

第四步：按照上述步骤完成后，此时将边跨主缆分为 8 段，然后每段依次按照从塔顶向锚碇方向紧固，间隔 5 m 用钢带绑扎一道，直至主缆表面基本平顺圆滑，边跨主缆预紧全部完成。

6.4.3 紧缆机的安装

为便于紧缆机上缆后一次顺利组装成功，需预先在地面进行试组装。试组装完成后，重新拆卸各总成件并正式上缆组装，具体组装步骤如下：

(1) 先将紧缆机各总成件运至塔脚处。

(2) 用塔吊将各总成件放置在塔顶平台上。

(3) 用猫道门架承重索改制的缆索天线分别顺次将液压系统、紧固装置运往中跨跨中。

(4) 连接液压系统与紧固装置并就位于主缆上。

(5) 整机组装就位，然后将卷扬机的牵引钢绳与猫道门架横梁相连牢固。

(6) 用扳手调整移动装置上的缓冲弹簧确认紧固装置与主缆的对中良好。

6.4.4 正式紧缆

(1) 主缆回弹率试验

正式紧缆前的现场试验在中跨跨中进行，以此检验紧缆机的工作性能和测定主缆紧缆后的回弹率（主缆空隙率控制值指的是紧缆机移开至少 5 m 后所测的结果），按照要求做好相应记录。并根据试验情况对紧缆机进行调整和制定相应的紧缆工艺，确定工作压力，然后转入正式紧缆。

(2) 正式紧缆

正式紧缆可在白天进行。每根主缆由 2 台紧缆机进行紧缆施工。根据施工工艺要求，正式紧缆按照边跨由塔顶向锚碇方向、中跨由跨中向塔顶方向的顺序进行作业，如图 6-14 所示。

(3) 紧固蹄的操作（液压千斤顶加载、保压）

这是紧缆作业中的一个关键工序。首先启动紧缆机左右 2 台千斤顶，调整紧缆机轴线与主缆中心重合，再启动其他 4 台千斤顶，协调好 4 台千斤顶的顶进速度，当 6 台千斤顶达到一样的行程后，一起施压。在初期加压阶段，以低压进行，使各紧固蹄轻轻地接触主缆表面，且互相重叠，然后升高压力，同步加载。注意保持接近相同的压力同时挤压主缆；紧固蹄行程达到设计位置时或压力达到规定时保压，油泵自动停止工作，起保护作用。当紧缆机紧

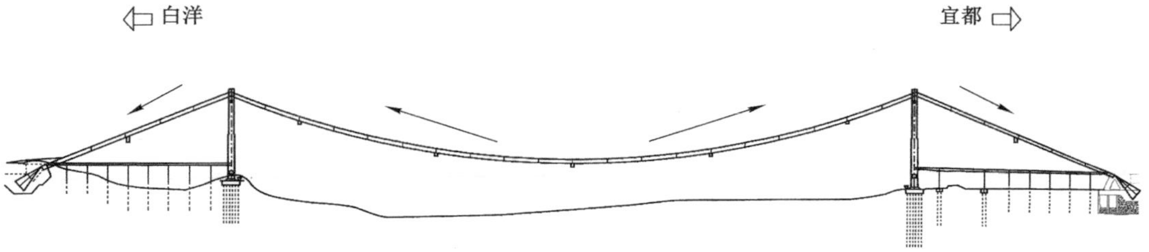

图 6-14　正式紧缆顺序

固到初紧缆所捆扎的软钢带的位置时，要将其拆除掉，以免影响紧固效果。

在紧缆时，注意保持主缆钢丝的平行，不能有交叉及外窜现象，否则要及时处理。在初加压阶段，如果以高压进行作业时 6 个紧固蹄的动作不协调，紧固蹄接触主缆表面时，在各个紧固蹄之间会产生参差不齐现象，钢丝容易钻入紧固蹄之间的缝隙中，造成切断或变形。因此，初加压阶段，必须严格控制 6 个紧固蹄的同步性。

(4) 打捆扎带

打捆扎带的目的是保证当液压千斤顶卸载后，紧固后的主缆截面形状仍保持近似圆形，并保持要求的空隙率。当紧固蹄处主缆直径经测量符合要求后，用不锈钢带绕在主缆上捆扎，并用带扣固定。紧缆点间距为 1.0 m，带扣布置在主缆的侧下方，钢带间距 1.0 m，每个紧缆点捆扎 2 道，间距 10 cm。

(5) 液压千斤顶卸载

当打带完成后，液压千斤顶卸载，通过操作换向阀使紧固蹄回程，紧缆机则移向下一个紧固位置。

(6) 主缆直径的测定

为了确定紧缆后主缆的截面形状，紧固蹄挤压结束后(处于保压位置时)和液压千斤顶卸载后，分别用专用量具(大型游标卡尺与钢尺)在紧缆机压块 15～20 cm 的地方测定主缆直径和周长，控制主缆横径和竖径差值在规范要求范围内。主缆的平均直径可用下式计算：

主缆平均直径＝(竖径＋横径)/2

或　　主缆平均直径＝主缆截面周长/π

空隙率由下式确定：

$$k = 1 - \frac{nd^2}{D^2}$$

式中　n——钢丝总数；

d——钢丝直径；

D——紧缆后主缆直径。

为方便现场对紧缆空隙率的检查，提前按上式做出主缆空隙率、直径、周长的对照表。主缆全部紧固完成后，测定捆扎带旁边的主缆直径及周长，确定实际的空隙率。

紧缆完成后，因主缆自重作用，主缆横向尺寸一般大于竖向尺寸。横径与竖径之差为不圆度。紧缆作业时应限制不圆度大小以保证对后续工序不产生影响。

6.4.5 紧缆注意事项

(1) 靠近散索鞍和主索鞍端部 3 m 处进行最后一道紧缆。

(2) 在散索鞍和主索鞍附近第1个索夹，其作用是把索鞍处六边形主缆变成圆形，由于很难一次紧到位，根据现场需要可进行二次紧缆，以便顺利进行索夹安装。

(3) 紧缆钢带接头设置在主缆侧下方。

(4) 在各索夹安装位置附近，根据设计要求，紧缆时索夹处主缆空隙率控制在18%，以方便后续索夹安装，其余主缆空隙率为20%；主缆直径不圆度（主缆横径和竖径差）应控制在主缆直径的2%以内。

(5) 紧缆过程中注意防止液压设备漏油污染主缆。

6.5 主缆缠丝施工

主缆是悬索桥的重要受力构件，为确保主缆在桥梁设计营运年限内的使用安全和保持美观外形，宜都长江公路大桥每根主缆除锚跨内、散索鞍内、主索鞍内、缆套内、鞍罩内、索夹内的主缆不进行缠丝外（采取其他保护措施），其余凡外露的表面均须缠丝，缠丝拉力为2.0 kN（主要以现场试验数据为准）。主缆防护工作内容有主缆缠丝操作和主缆涂装工作，两项操作内容密不可分，在施工中需要紧密配合，在满足涂装和防腐技术要求的前提下，应以缠丝操作为主。

宜都长江公路大桥主缆缠丝施工在二期恒载施工完成后开始，缠丝施工先中跨后边跨，中跨由塔顶向跨中方向进行，边跨由塔顶向锚碇方向进行。

6.5.1 施工准备

1. 缠丝机安装

缠丝机边跨由50 t吊车吊装，中跨由25 t吊车提升安装。

(1) 夹持架安装

① 前夹持架。在主缆适当位置安装前夹持架。吊机将前夹持架吊起，让其骑跨在主缆上，在走行轮未接触主缆前，注意夹紧瓦中心对准主缆中心，然后扳动夹紧手轮，将夹持架夹住。用吊机扶正，用水准仪（精度2/1 000）测量，保证夹持架上横梁水平，装好下方拉杆，然后两边二人同时用加力扳手用力夹紧。夹紧后再测量水平度，如有变化，再作调整。

② 后夹持架。从前夹持架框架中心线起始，往主缆下方量取两夹持架的设计距离，定出后夹持架安装位置。同样方法安装后夹持架。安装主机前，夹持架应处于可靠夹紧状态。

(2) 导向梁安装

安装下部导向梁，使前、后夹持架成一刚性整体。用2台10 t手拉葫芦和ϕ21.5 mm钢丝绳一端拴在前上方索夹上，另一端拴挂在前夹持架耳板上，保证系统安全。

安装防倾覆保险倒链。在最靠近夹持架某端的索夹上利用索夹上留待安装检查索立柱的M36螺孔安装2块耳板，用倒链葫芦交叉拉紧夹持夹两下脚，可用此装置防倾覆，并可调夹持夹横向水平，如图6-15所示。

(3) 主机安装

脱开牙嵌离合器，使活动门缺口处于齿圈正下方，钩好保险钩，然后打开活动门。将主机上夹紧丝杆退后，并将机架下方的拉杆取下。

将主机吊起，注意主机的重心，重心位置基本在机架中心。吊装时应使机架有与安装段主缆相近的仰角。将主机吊至两夹持架之间的主缆上，注意大齿圈缺口跨主缆时不能刮碰

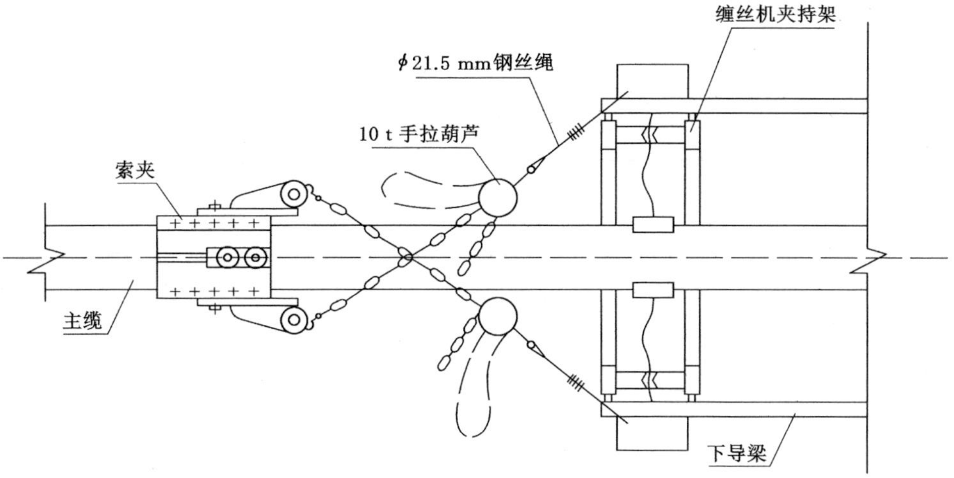

图 6-15　缠丝机安装示意图

主缆。待主机平稳地落在主缆上，将大齿圈缺口小门关好，两面上好连接板，穿好定位销，使齿圈成一整体。

借助吊车或下连接梁滚轮扶正主机，使主机端面横向水平误差小于 5 mm，并保证主机纵向中心与主缆纵面中心重合。并用 2 台 10 t 手拉葫芦和 ϕ21.5 mm 钢丝绳将主机保险挂在前夹持架上，此时将主机夹紧，然后慢慢松开吊机的吊钩，再吊装上导梁，上导梁的两端落位于夹持架的 2 片支座上，主机的扶正轮正在 2 根导梁之间，调整扶正轮，使其与导梁处于刚接触状态。

2. 工地缠丝试验

(1) 试验目的

了解缠丝机整体性能，初步熟悉操作要点和操作规程，掌握常见故障的处理方法；掌握如何对缠丝机张力进行标定；了解并初步掌握索夹起始端(下端)和结尾端(上端)等特殊部位缠丝方法；基本掌握缠绕丝圈的圈间焊接及缠绕钢丝对接焊接技术。

(2) 试验内容

① 缠丝张力标定。

② 索夹下端部(起始端)缠丝。

③ 索夹间正常缠丝。

④ 索夹上端部(缠丝结尾端)缠丝。

⑤ 主机、夹持架移动及跨越索夹。

⑥ 已缠绕钢丝并固焊试验。

⑦ 缠绕钢丝对接焊试验。

3. 缠丝焊接试验

缠丝的焊接是缠丝作业中的一项重要工序，焊接质量影响整个缠丝工程质量。按照缠丝工况，主缆缠丝时需要 2 种焊接工艺：一种是已缠绕钢丝并固焊；另一种是缠绕钢丝对接焊。正式缠丝前，应对焊接工艺进行试验，以检验焊剂、火枪、模具等是否满足要求。

(1) 并固焊

主要用于每个索夹端部缠丝的起头和结尾、端部缠丝与正常缠丝之间的工序转换以及钢丝对接处。本桥采用铝热铜焊，具体操作如下：将装有铝粉和氧化铜的坩埚放入专用石墨模具，一并置于主缆已缠钢丝待焊处，用点火枪点燃药粉，铝粉燃烧时的高热将氧化铜熔化并还原成铜，利用熔融铜的熔合使钢丝并固。

(2) 对接焊

主要用于缠丝过程中更换储丝筒接长缠绕钢丝或处理意外断丝。缠丝对接采用专用对焊夹具和无应力圈间焊接技术，保证焊接质量。

6.5.2 主缆缠丝

1. 缠丝工序

总体上先缠中跨，再缠 2 个边跨。主跨从跨中向主塔方向缠丝，边跨从主塔向散索鞍方向缠丝。

主要施工工艺包括索夹前起始段缠丝、索夹间缠丝（含走行）、缠丝机过索夹、缠丝焊接、尾端手动缠丝等操作。凡主缆缠丝机能通过并能到位缠丝的地方必须机动缠丝，其余地方用手动缠丝机缠丝。

2. 缠丝机的试运转

机器安装完毕后，各减速机、变速箱中加足润滑油，冬季用 N32 机械油，夏季用 N46 机械油，其他各运动副间均按要求注入润滑油或润滑脂。按《使用维护说明书》及《工厂试验大纲》要求进行空车试验。

检查前、后夹持架的夹紧机构是否可靠地夹紧，保险葫芦是否拉紧，然后慢慢松开主机上的夹紧手轮，取下主机下部拉杆。

将软电缆端部插头插入猫道上已预备好的电源插座中，先启动油泵，正常后使走行轮 A 顶向主缆，将旋转与走行停放在空挡位置，先点动后连续试空车，然后分别合上旋转和走行离合器，点动并试运行，最后两者联动，亦先点动后运行。启动电机前，测量电机绝缘电阻，各相间及对地绝缘电阻不小于 0.5 MΩ。联动时观测、记录主回路电流值。将主机开到起始缠丝位置，即可进行缠丝。主机与夹持架交替进行的方法是：开始时夹紧夹持架，主机前行，然后夹紧主机，松开夹持架，使其前行，如此交替进行，可用慢速也可用快速。注意任何情形下都不允许同时松开主机和夹持架的夹紧瓦。交替走行中的静止件（夹持架或主机）除可靠夹紧外，还要在前方索夹处拴保险绳，用 10 t 手拉葫芦稍微带力做保险。

缠丝前调整好缠丝与走行的速度匹配关系，即缠丝齿圈每转 1 圈，机器走行 8 mm，张力调整至所需数值，并能可靠显示。

3. 储丝轮绕丝

钢丝按每个索夹区间精确计算钢丝用量并以卷供应，钢丝上盘如图 6-16 所示，缠丝前通过特制绕丝机以一定张力将钢丝卷转绕至储丝轮上，以供相应主缆索夹区间缠丝使用。

4. 缠丝操作步骤及要点

(1) 缠丝前主缆表面处理

缠丝前应对主缆表面进行清洗，清洗过程如下：

① 从主缆低端开始，逐段拆除主缆上的捆扎钢带和外层的纤维捆扎带，用热水清洗机对主缆表面的灰尘、油污等污染物进行清洗。

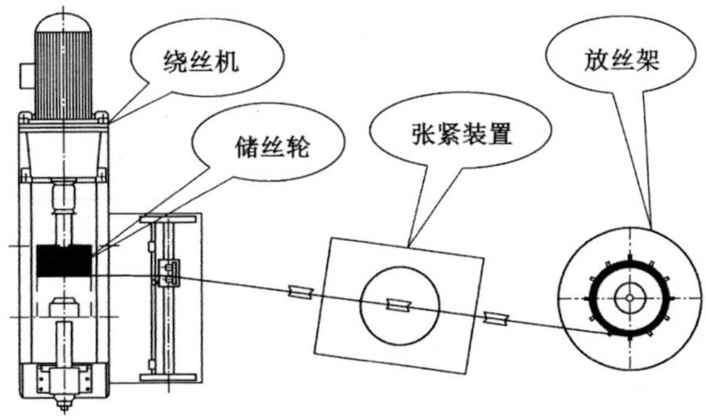

图 6-16　钢丝上盘示意图

② 先用硬板刷或其他工具清扫干净灰尘、锈蚀等杂物。

③ 然后用清洁布或脱脂棉纱蘸溶剂沿同一方向擦拭涂装面。不允许清洗溶剂在涂装面自然干涸。

④ 直至肉眼检查表面无水分、油污、锈蚀、盐渍等污物，使用清洁布擦拭，确认清洁布上无明显污迹为止。经检查合格后用尼龙布暂时包裹，以防雨水、灰尘、油污等进入污染。

(2) 起始端(索夹下端部)缠丝

① 安装储丝轮和端部缠丝附件，并穿绕钢丝，主机行进至端部缠丝附件前端距索夹端部间距 30 mm 处。

② 将电机转速调至 150 r/min 左右。

③ 用钢丝钳将丝头扭挂在索夹的螺栓上。

④ 正转(齿圈正常缠丝为逆时针方向)点动缠丝机进行端部缠丝，若有乱丝或压丝现象，则用垫圈调整端部缠丝附近的伸出长度，以达到节距的匹配。缠至 3 圈后停机，按要求进行并接焊(采用铝热焊)，焊后用磨光机打磨焊坡，保留焊坡高度 1 mm，并将缠好的钢丝人工推入索夹端部槽内。

⑤ 接着点动进行端部缠丝 3～4 圈并人工推向索夹端部后停机，脱开缠丝牙嵌离合器，机器反向走行，直至端部缠丝附件的出丝与已缠好钢丝平齐后停车。

⑥ 合上牙嵌离合器，继续点动缠丝，正常后，连续动作缠丝，缠丝至距索夹端部约 600 mm停止。

⑦ 按要求并焊钢丝，并打磨焊坡。

⑧ 机器反向点动，松开端部缠丝附件上的钢丝(已缠好的钢丝出头处已并焊防松)，拆除端部缠丝附件。

⑨ 脱开牙嵌离合器，机器反向走行，空车走行直至张紧装置的张紧轮的出丝与已缠好的钢丝平齐停止。

(3) 索夹节间缠丝

继起始端缠丝完成后，接着进行 2 个索夹之间的缠丝，过程如下：

① 缠丝机后端紧靠索夹下端面，前后行走架处于缠丝机前后端机架，缠丝机通过葫芦与猫道小横梁固定。安装储丝轮，后出丝轮出丝，在索夹前端开始起始段缠丝。

② 当缠绕钢丝长度达到 1 m 左右时，焊接钢丝并打磨，将钢丝由后出丝轮转至前出

丝轮。

③ 松开前后端机架与主缆之间的夹紧装置，缠丝机处于行走模式，卷扬机牵引机架前移，缠丝齿圈相对主缆静止不动(行走齿条向后拨动)，就位后固定机架。

④ 继续缠丝，当储丝轮剩余钢丝 6 圈左右并焊钢丝，剪断剩余钢丝，卸去空储丝轮。利用前行走架挂梁更换储丝轮。

⑤ 夹持架前行同③。

⑥ 储丝轮由前缠丝轮出丝，钢丝接头与前段钢丝并焊后，继续缠丝。

⑦ 松开夹持架与主缆夹紧机构，夹持架前行到上一索夹端部(缠丝齿圈相对于主缆静止)；前行走机构向下移动到夹持架中部，前机架顶升机构千斤顶回缩，夹持架前行跨越索夹；前机架顶升机构千斤顶顶升与主缆支撑，前行走机构顶升千斤顶回缩，前行走机构行走跨越索夹后千斤顶顶升与主缆支撑。

⑧ 缠丝机工作进行索夹区间尾端主缆缠丝、焊接。

(4) 缠丝焊接

节间缠丝每间隔 1～1.5 m 进行一次并接焊，并焊部位应在主缆上表面 30°圆心角所对应的圆弧范围内，以免铝热焊焊剂流淌。

相邻的缠绕钢丝以铝热焊剂焊接的方式进行连接接头处理。1 个索夹区间焊点分为 3 种：起始点并焊 3 圈、中间段间隔 1 m 并焊 2 圈、尾端手动缠丝每圈均并焊。铝热焊点外观呈小丘形，用砂轮机打磨保留 1 mm 以上的焊高。

因作业需要，临时停止缠丝时，迅速地进行 2 点焊接。如临时停止部位的焊接在 1 m 间距附近时，该处的 1 m 间距的焊接可省略。

在储丝轮钢丝剩余 6 圈左右时，钢丝并焊后切除多余钢丝。更换储丝轮，并焊接头。钢丝接头部位，应使端面相互接触，尽可能无间隙地施工。再次缠丝后在接头处注入黏缝材料，填埋间隙，各固结焊点如图 6-17 所示。

(5) 终止端(索夹下端部)缠丝

① 节间缠丝靠近下一索夹时，缠丝速度放慢，在主缆倾斜段要当心丝卷或大齿圈刮碰悬索。缠丝达不到端部则先停机。

② 按要求并焊钢丝，截断一头。

③ 将已缠好的一节钢丝用硬木棒或紫铜棒慢慢推打，直至进索夹端槽内，并与索夹加楔焊固。

④ 继续推打第 2 节已缠好的钢丝，直至密匝排丝已至先前停机位置。

⑤ 按要求并焊钢丝并截断。

⑥ 将缠丝机退回至被推移钢丝后，无缠丝部分的末端、丝头与末端接丝并焊牢固。

⑦ 继续正常缠丝至先前停机处，与先前推向前的一节段钢丝靠拢、并焊，然后切断丝头，打磨平整。

(6) 齿圈过夹

① 将齿圈旋至开口于正下方，拆下活动门的销钉及压板，打开活动门。

② 挂好齿圈防转拴拉链条，使牙嵌离合器脱开。

③ 启动主机走行系统，使齿圈慢速过索夹，直至齿圈前端面越过索夹端面约 600 mm 停止。

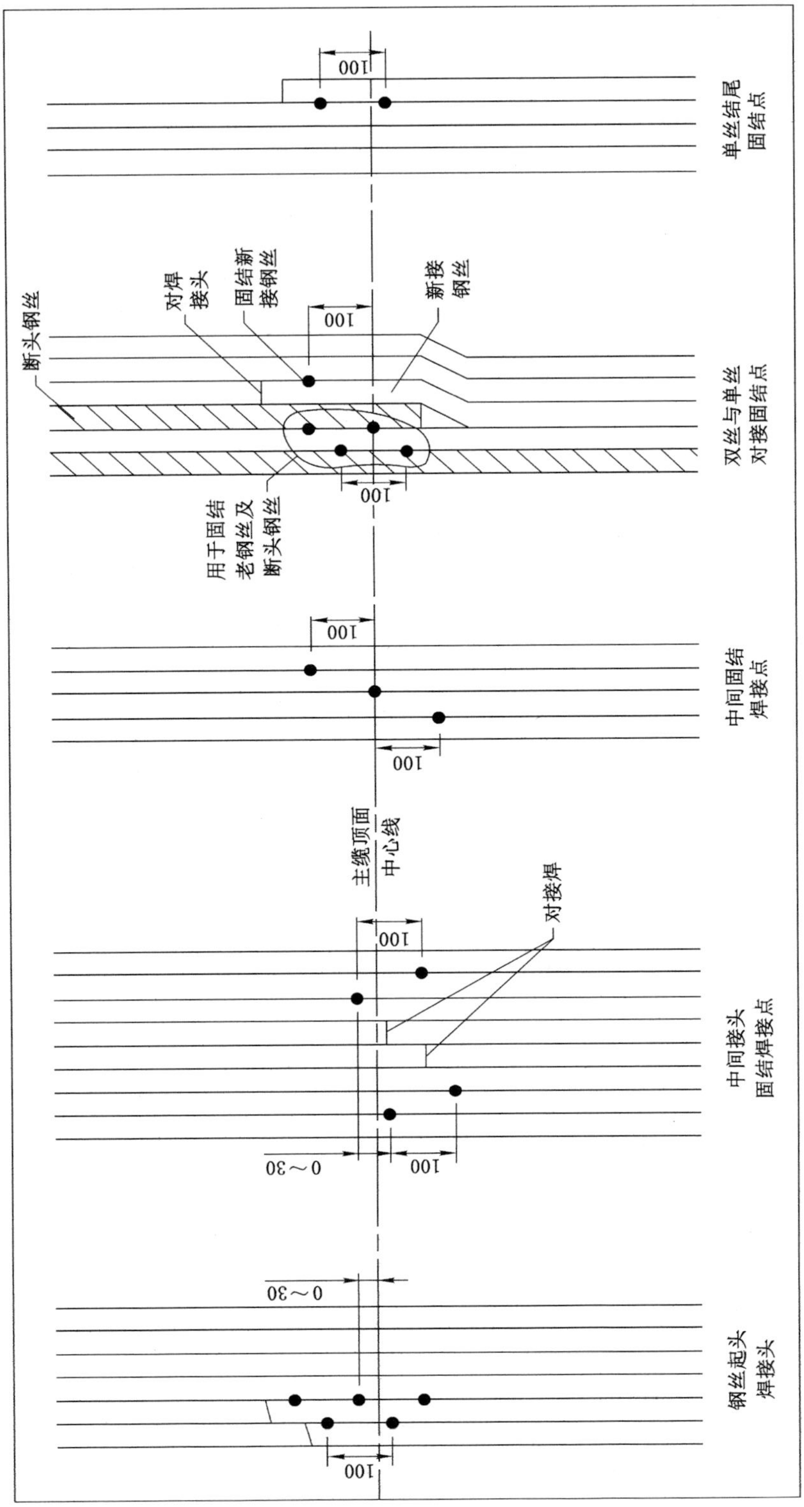

图 6-17　各固结焊点示意图（单位：cm）

④ 关闭复原并拴固齿圈活动门,使牙嵌离合器合上。

⑤ 装上端部缠丝附件,摘除齿圈上的拴挂链条,准备第 2 个节间的起始端端部缠丝。

⑥ 齿圈过中央扣索夹的要点:由于这几个索夹的外径大于齿圈内径和夹持蹄片的内空,因此必须事先取下齿圈。但夹持蹄片必须逐步退出,要始终保持缠丝机有前后 2 套夹持蹄片夹住主缆,以保证安全。

(7) 手动缠丝

缠丝机难接近的区域用手动缠丝。手动缠丝借助于专用的手动缠丝工具,单头施缠。如在索夹位置利用手工进行缠丝,缠丝到 12 cm 时停机。将这段钢丝向索夹边挤压,并用拉线器配合不致钢丝松弛,把端头钢丝排列整齐,当钢丝端头距索夹边有 2 cm 时,用铝热焊将主缆顶面钢丝端头焊接牢固,用砂轮把突出焊点磨平,拆下拉线器,切除多余钢丝,人工用木槌、尼龙棒将钢丝推入索夹端部环槽,直至环槽填满,钢丝嵌入索夹槽隙至少 3 圈,钢丝与索夹用尼龙楔固定。

6.5.3 主缆缠丝质量控制措施

1. 缠丝拉力

由于主缆缠丝的导入力在施工阶段将立即损失约 60%,因此在缠丝过程中控制缠丝拉力是关键。

首先要做好缠丝拉力标定工作,使缠丝拉力传感器能够真实准确地反映出钢丝的实际拉力,在显示屏上实时读数。每完成 100 m 缠丝,宜重新标定一次,检查缠丝拉力控制系统是否有变化;如果出现较大偏差,应立即停工检修,直至恢复正常。在正式开始缠丝后,缠丝机操作手应随时注意查看缠丝拉力的显示值,一旦出现较大幅度变化,应该停机调整。

2. 钢丝间隙

要严格控制好缠丝机行走速度与齿圈旋转速度的匹配关系,按照每旋转一圈行走8 mm来控制,一旦出现不协调,应立即停机调整,跳丝调节。

3. 索夹环缝处缠丝

索夹环缝处需要人工推入 3 圈钢丝,要注意推入前焊接牢靠,以防松弛。刮涂的密封膏应饱满、密实、没有缝隙。

4. 钢丝焊接

选用合适的钢丝焊剂和焊枪,正确使用,确保一次焊接成型,达到所需要的焊接强度。

第 7 章　钢桁梁制造与架设施工技术

7.1　钢桁梁简介

宜都长江公路大桥为主跨 1 000 m 双塔单跨钢桁梁悬索桥，组合桥面系，主缆矢跨比 1/9。图 7-1 为大桥立面图，图 7-2 为大桥横截面示意图。

钢桁加劲梁在主桁上弦杆端节点处设竖向塔连杆，全桥共计 4 个竖向塔连杆；在主桁上、下弦杆端节点的外侧各设 1 个横向抗风支座，全桥共计 8 个抗风支座。

组合梁桥面系为支撑于钢桁梁横梁上弦杆顶面的多跨连续结构，支点处设板式橡胶支座。

主桁采用华伦式桁架，横向共 2 片主桁，中心间距 36 m，桁高 7.5 m，全桥钢桁加劲梁共划分 35 个节段，分 5 种类型梁段 B1(B1′)、B2(B2′)、B3～B16(B3′～B16′)、B17(B17′)、B18，其中 B3～B16(B3′～B16′)为标准梁段，长为 30 m，各节段间工地环口采用高强度螺栓连接。标准节段节间长 7.5 m，4 个节间作为一个现场整体吊装。端部节段节间长度 15.26 m(B1、B1′)；跨中节段吊装长度 10.58 m(B18)。

主桁采用焊接整体节点结构形式，由上弦杆、下弦杆及腹杆组成。主桁上、下弦杆均采用箱型截面，内高 660 mm，内宽 660 mm，板厚 20 mm，节点处加厚至 28 mm，如图 7-3 上弦截面及图 7-4 下弦截面示意；主桁腹杆均采用工字型截面。

横向桁架采用焊接整体节点结构形式，由横梁上弦杆、横梁下弦杆及横梁腹杆组成，全桥主桁节间节点处均设有横向桁架。横梁上弦杆采用变高箱型截面，端部与主桁上弦整体节点等高，双向设置 2%横坡，内高 695.2～1 012.8 mm，内宽 400 mm，板厚 20 mm；横梁下弦杆采用箱型截面，内高 400 mm，内宽 400 mm，板厚 20 mm；横梁腹杆均采用工字型截面，上、下横梁截面示意如图 7-5、图 7-6 所示。

上、下平联布置采用 K 型支撑，在端部及跨中适当加密，均采用箱型截面，内宽 340 mm，内高 400 mm，板厚 12 mm。

桥面钢纵梁采用工字型截面，梁高 660 mm，腹板厚 12 mm；上翼板宽 400 mm，厚 12 mm；下翼板宽 400 mm，厚 14 mm。下翼板与支座上调平钢板焊接连接，调平钢板中心厚 20 mm。纵梁端部支座上方设置 16 mm 厚加劲隔板。纵梁纵向按长度划分共有 14.185 m、28.5 m、30 m、27.765 m、32.185 m、10.58 m 六类，纵向相邻钢纵梁通过高强度螺栓拼接形成连续结构。桥面全宽范围共 17 道钢纵梁，横向间距 2.063 m，纵梁间设置钢横系梁，通过 M24 高强度螺栓与加劲隔板连接，系梁采用 180 mm×110 mm×12 mm

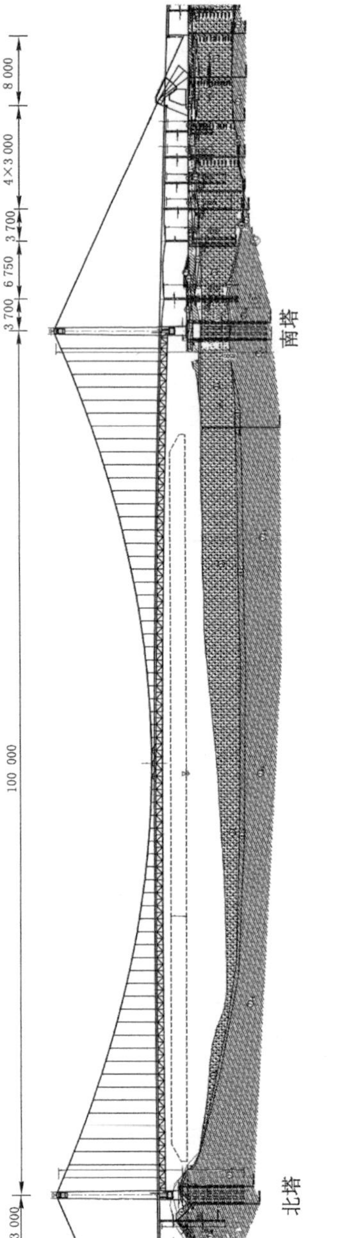

图 7-1 大桥立面图（单位: cm）

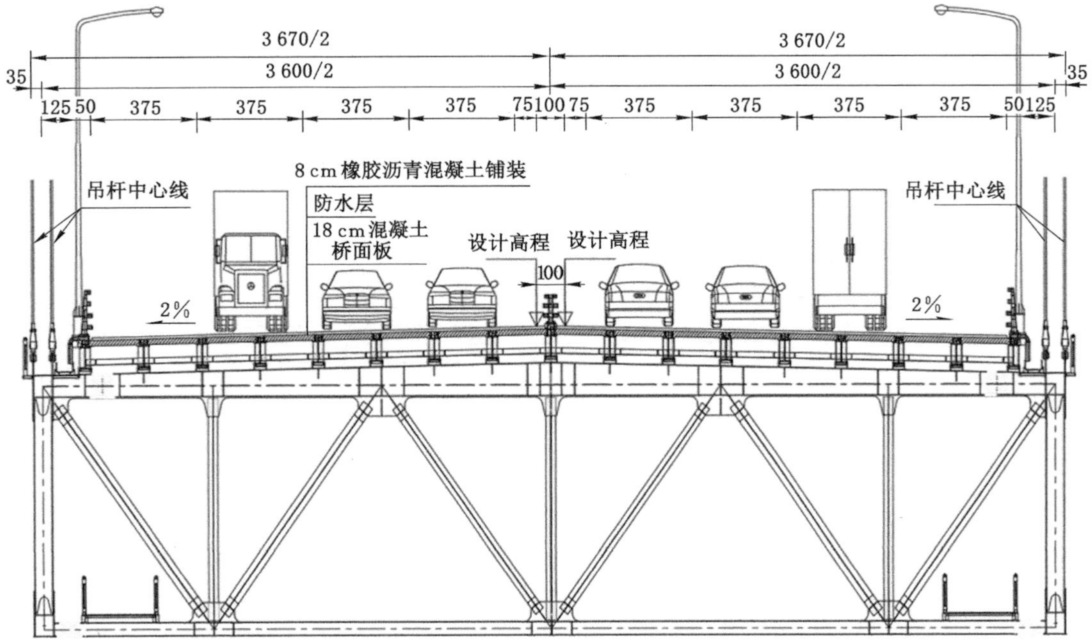

图 7-2　大桥截面示意图(单位:cm)

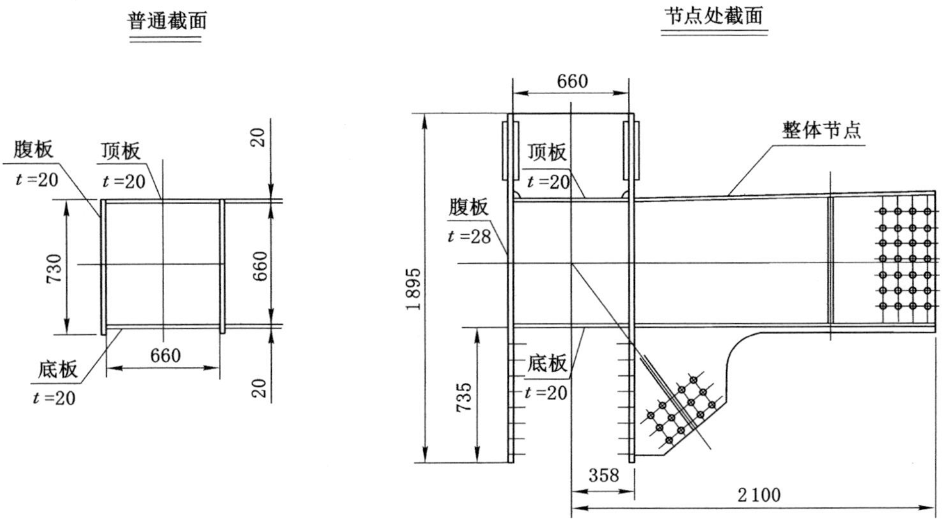

图 7-3　大主桁上弦杆截面

非等边角钢。

附属工程包括检修道、排水系统、路灯座、伸缩缝预埋、桥面系支座预埋、防撞护栏、立柱和检查车系统(轨道座、轨道及检查车)。

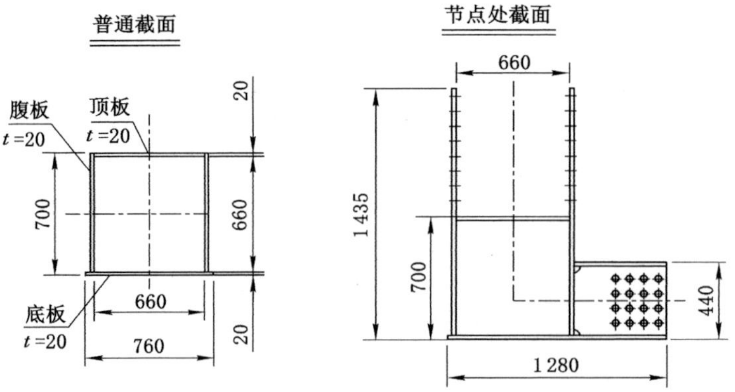

图 7-4　大主桁下弦杆截面

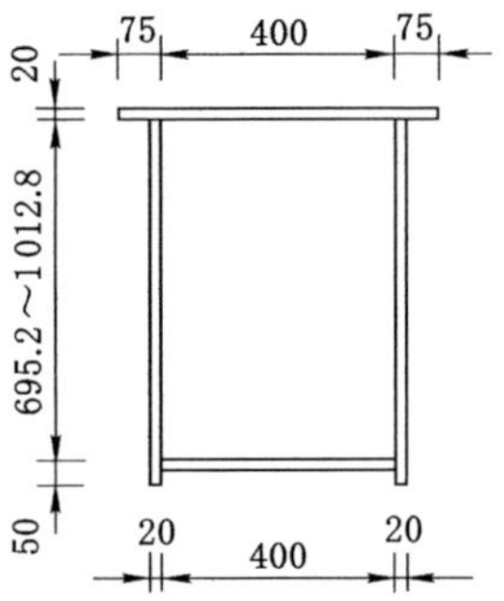

图 7-5　上横梁截面

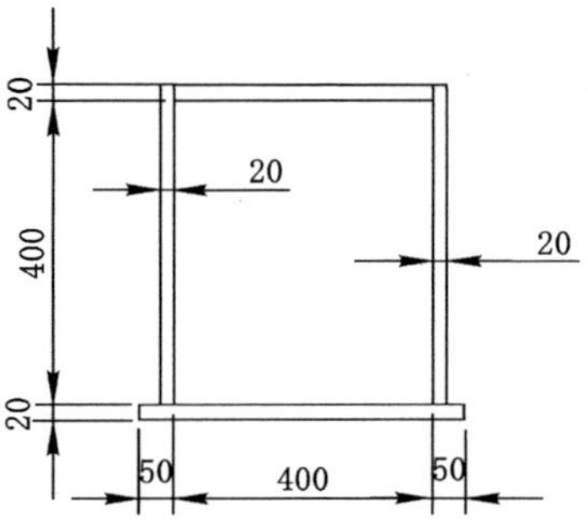

图 7-6　下横梁截面

7.2　钢桁梁架设

7.2.1　钢桁加劲梁

钢桁加劲梁由主桁架、横向桁架及上、下平联组成，桥面系结构采用钢-混凝土组合梁，全宽 33.5 m，整幅设计。纵梁支撑于钢桁梁横梁上弦杆上，单跨跨度与主桁节间相同，标准跨径 7.5 m、端部跨径 6 m。主桥桥面系纵向结构连续，全桥共分 7 联，端部联长 130.5 m，中间联长 135 m，其余联 150 m，联间为 1360 型模数式伸缩缝。

组合梁钢纵梁采用工字型截面，梁高 660 mm，腹板厚 12 mm；上翼板宽 400 mm，厚 12 mm；下翼板宽 400 m，厚 14 mm；支点处下翼板叠合支座调平钢板，钢板中心厚 20 mm；纵梁端部支座上方设置 16 mm 厚加劲隔板。

组合梁钢筋混凝土桥面板采用 C50 混凝土，分块预制。桥面板吊装就位后，纵、横向通过 C50 微膨胀混凝土湿接缝形成整体，钢梁和钢筋混凝土桥面板通过布置在纵向湿接缝处的 ϕ19 mm 栓钉剪力键形成组合梁。加劲梁如图 7-7 所示，各梁段吊装质量如表 7-1 所示。

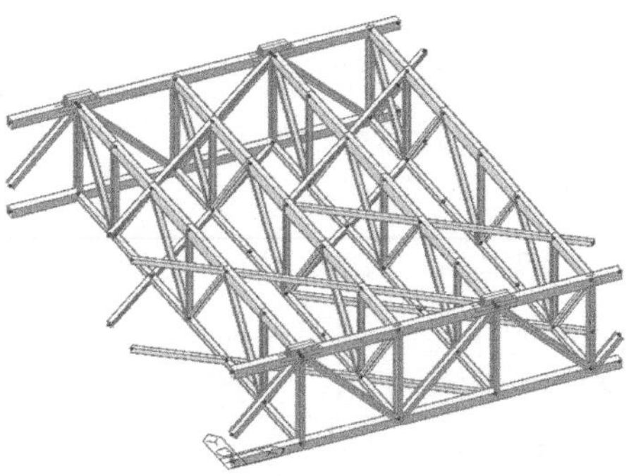

图 7-7　加劲梁立体图

表 7-1　加劲梁各梁段吊装质量统计表

节段号	梁段吊重/t	钢纵梁质量/t	梁段长度/m	备注
B1(B1′)	217.3	38.24	15.26	边梁
B2(B2′)	291.7	71.44	28.51	次边梁
B3～B17(B3′～B17′)	295.2	75.12	29.98	标准梁
B18	103.0	26.50	10.58	中梁

7.2.2　钢桁梁运输

钢桁梁制造和运输由武昌船舶重工有限责任公司承接，负责将加工好的成品安全、准时运达施工现场。成品节段采用自航甲板船水路运输，每船装载 2 个节段，加固完毕后运往大桥桥位。

1. 运输流程

钢桁梁运输作业流程如图 7-8 所示。

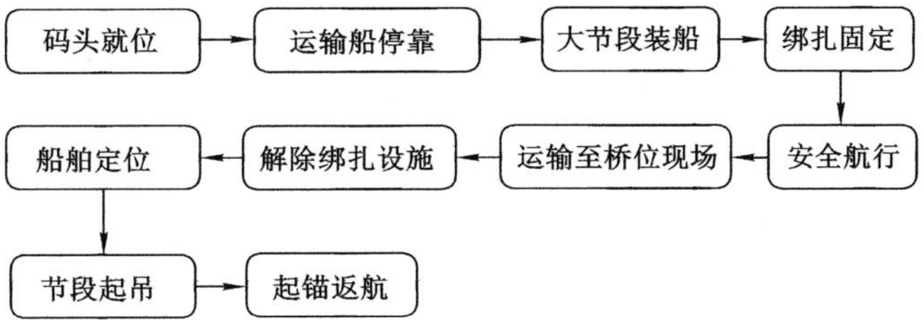

图 7-8　钢桁梁运输作业流程

2. 运输规划

钢桁加劲梁发运至黄冈华海船舶重工有限公司(距双柳本部约 50 km)临港基地，距离桥址约 600 km，单程运输时间为 7 d，途经洪湖、石首、沙市等到达桥址水域，运输船舶为5 000 t平板驳，单船每次运输 2 个节段，计划运输船只 6 艘，共计 19 个航次完成供货任务。

在吊装前运输船上标记节段的安放位置线，并在相应位置布置好钢墩，钢墩与船甲板加焊固定。节段与钢墩之间用 5 mm 左右的橡胶垫进行垫实。钢桁梁在船舶存放的方向顺船方向为梁段宽度，横向为梁的长度，所有钢墩设置在主桁节间位置。

3. 船舶定位

船舶到达桥址后，根据当天的风向、水流状况，确定抛锚方式，再用锚的功能和运输船舶的动力，逐步调节船舶方位，并精准地将运输船舶定位在吊装点。

在低洪水期，桥区的水位偏低，水流较小，航道宽度有限，为了航道的畅通和吊装安全，减小抛多锚的锚距宽度，运输船舶抛八字锚。

在中洪水期，船舶抛八字锚定位，八字锚的夹角约为 30°，抛出锚链 2 节约 50 m，两锚之间的距离约为 25.8 m，如图 7-9 所示。

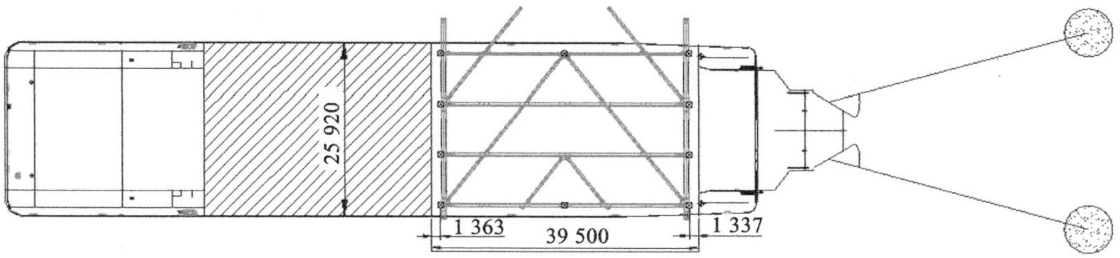

图 7-9　中洪水期八字锚定位

在高洪水期，水流强度大，采用八字锚，并加大夹角至 40°，多抛出锚链 75 m，两锚之间的距离约为 51.2 m，如图 7-10 所示。

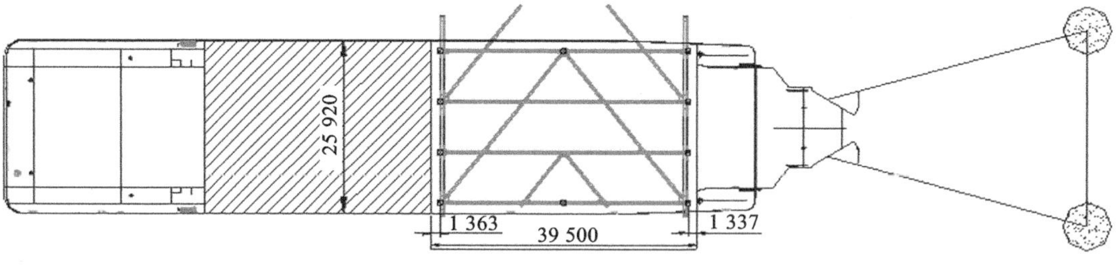

图 7-10　高洪水期八字锚定位

7.2.3　钢桁梁移动及存储

宜都侧非通航区域共有 3 个主梁节段（B1′～B3′），无法用船舶直接运输至安装位置下方，须采用运梁栈桥将这几个梁段（B2′、B3′梁段分 2 段）通过滑移的方式运移至现场，临时存放在栈桥上，再通过吊机起吊、安装。

1. 梁段上桥

浅滩及岸区的梁段经驳船运至栈桥处停靠码头，通过缆载吊机起吊，将岸区梁段 B1′～

B3′号梁段垂直起吊至与栈桥桥面标高齐平(其中 B2′、B3′梁段在钢桁梁加工厂内各划分为 2 个梁段,编号为 B2′-1、B2′-2 及 B3′-1、B3′-2,分段的主要原因是 B2′、B3′梁段自重约 430 t,梁段起吊荡移至栈桥上水平拽拉力达到 138 t,竖向角度约 17°,荡移施工风险太大),再利用塔顶上设置的 2 台 10 t 卷扬机各配合 80 t 滑轮组纵向牵引起吊的梁段,将其荡移至栈桥上的移梁支座上。

2. 梁段移动

在栈桥上按梁段结构形式标示出移梁支座的设计位置,并将支座摆放到设计位置。梁段下放至支座上后,采用千斤顶反拉作牵引系统移梁。移梁系统由反力墩、千斤顶、牵引螺纹钢、移梁支座及轨道组成,如图 7-11 所示。

反力墩设置在轨道上,在每个钢管桩位置设置一个,间距 6 m。移梁时将 50 t 千斤顶放置在反力墩移梁方向侧,并通过 ϕ32 mm 精轧螺纹钢筋与移梁支座连接。移梁支座与钢桁梁间设置橡胶垫块,与轨道间设置滑块。每段钢横梁下方设置 4 个移梁支座,如图 7-12 所示。

3. 梁段存储

存梁顺序与梁段吊装顺序应保持一致。总体吊梁顺序为:先吊装 B18 号梁段,再吊装 B17′～B5′号梁段(运梁船上直接起吊),最后吊装 B1′～B3′号梁段。B1′、B2′-1、B2′-2、B3′-1、B3′-2 号梁段在钢栈桥上拽拉就位后利用缆载吊机安装至设计位置(将 B2′-1、B2′-2、B3′-1、B3′-2 梁段在钢栈桥上连接为设计的 B2′、B3′梁段),B3′梁段暂时存放在栈桥上,待 B4′梁段吊装完成后,B3′梁段作为合龙段直接在栈桥上垂直起吊。因此,需要将 B1～B3′梁段吊装至栈桥上进行移运、临时存储。

7.2.4　钢桁梁架设

1. 钢桁梁架设步骤

钢桁梁架设步骤如表 7-2 所示。

2. 施工要点

(1) 吊点、吊具设计

在各梁段吊装时,需增设临时吊点,分 2 种工况的吊点,分别为:缆载吊机吊装(B1′～B17′)、临时索夹吊装(B1′)。吊点位置及结构与钢桁梁起吊过程中其本身面板及杆件受力和变形密切相关。

加劲梁吊装时需要在梁段上焊接临时耳板。所有梁段钢桁梁缆载吊机吊点均采用在上横梁箱室内焊接加强筋板。单个吊点采用 2 块耳板,考虑猫道宽度影响,最外侧耳板距离上弦杆中心 2 962.5 mm。

在 B1′梁段另增设临时索夹起吊时吊点,吊点设置在有竖腹杆处的上弦杆上,与永久吊索的吊点纵线距离为 12 m。

根据梁段结构形式的不同,分为端梁 B1′、合龙段、一般标准梁段,其结构形式和缆载吊机吊点设置如图 7-13 所示。

(2) 近塔端梁(B1 梁段)施工

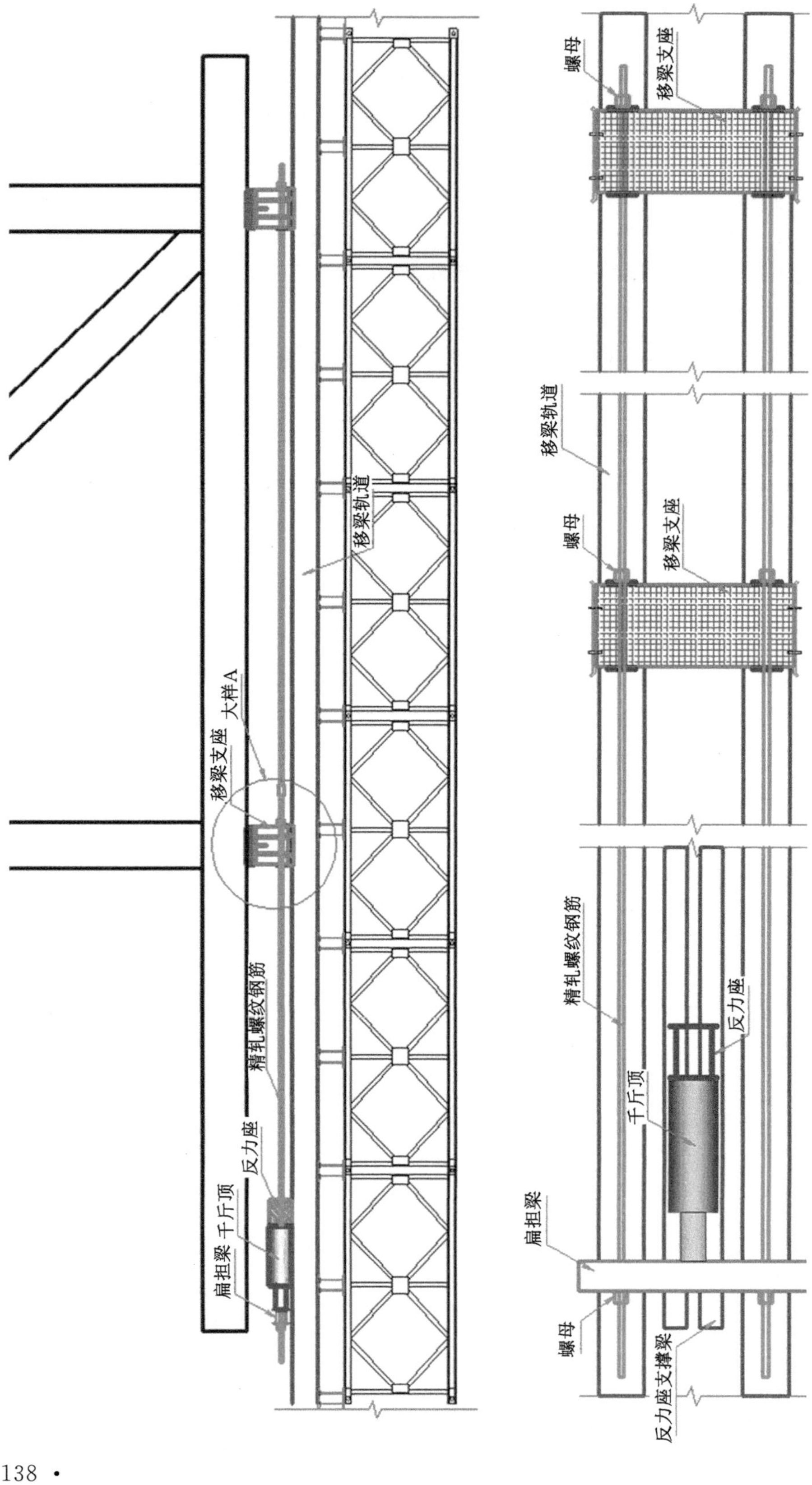

图 7-11 移梁牵引系统示意图

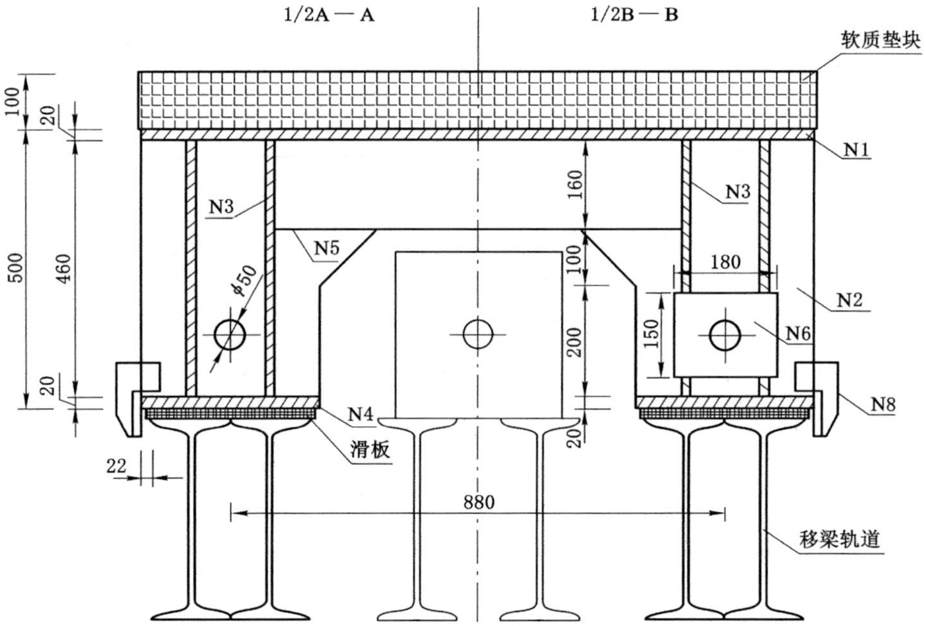

图 7-12　移梁支座构造图

表 7-2　钢桁梁架设步骤

步骤	施工流程
步骤一	1. 完成主缆架设、紧缆，安装索夹、吊索。 2. 搭设运梁栈桥、架梁平台。 3. 安装缆载吊机，进行空载、荷载试验
步骤二	1. 缆载吊机行走至主缆跨中。 2. 吊装 B17′～B5′号梁段
步骤三	B1′、B2′-1、B2′-2、B3′-1、B3′-2 梁段经驳船运至栈桥处停靠码头，采用缆载吊机起吊依次荡移至栈桥上临时存放，并将 B2′-1、B2′-2、B3′-1、B3′-2 梁段连接为设计的 B2′、B3′梁段
步骤四	缆载吊机行走至 B1′梁段位置，起吊 B1′梁段，B1′梁段通过临时吊索和塔连杆悬吊（临时吊索采用 200 t 滑车组）。 B1′梁段安装完成后，缆载吊机行走至 B2′梁段位置，起吊 B2′梁段至设计标高与 B1′梁段连接后，拆除 B1′临时吊索
步骤五	驳船停靠在 B4′梁段位置，缆载吊机起吊 B4′梁段至设计标高
步骤六	缆载吊机行走至 B3′梁段位置，B3′梁段为合龙段，缆载吊机起吊 B3′梁段快到设计标高时，利用塔顶 10 t 卷扬机配合 80 t 滑车组拽拉 B1′、B2′梁段后，再把 B3′梁段吊至设计高程

B1 梁段设计长度 15.26 m，吊装质量 256 t，根据设计图纸靠塔端使用塔连杆连接，另一

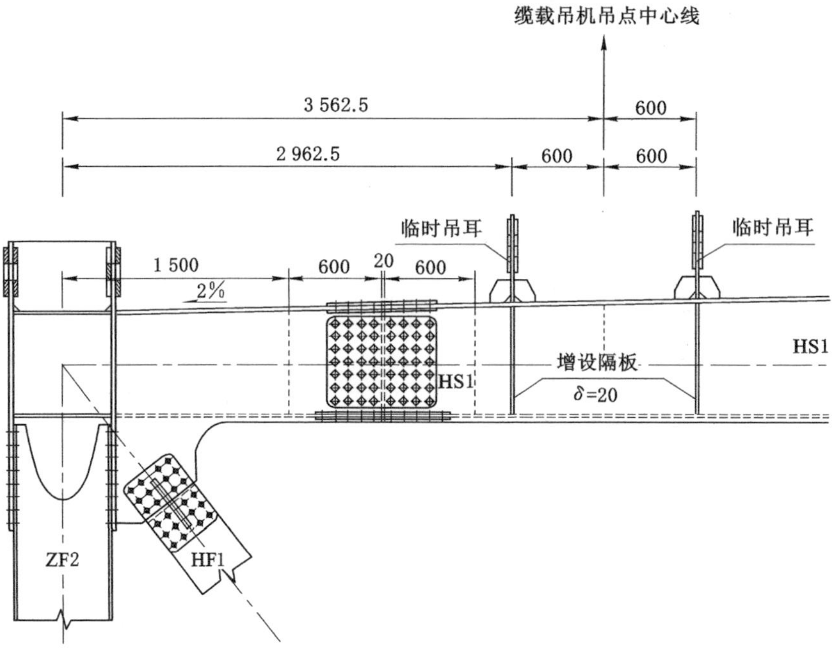

(a) B1′～B17′梁段吊点设置断面图

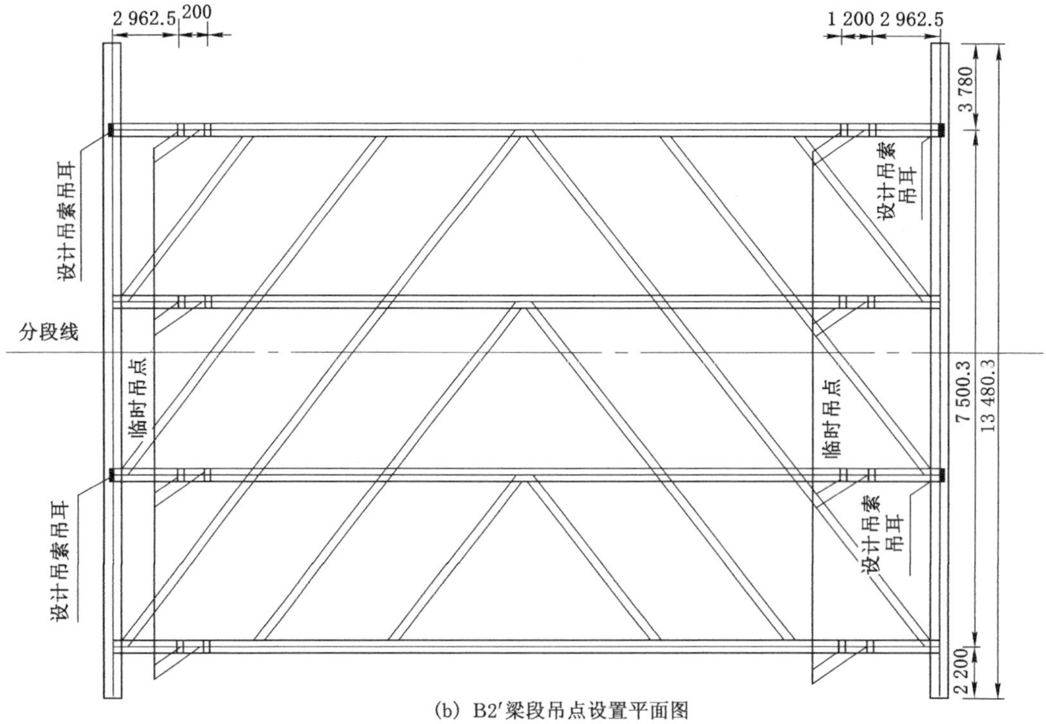

(b) B2′梁段吊点设置平面图

图 7-13　临时吊点增设图

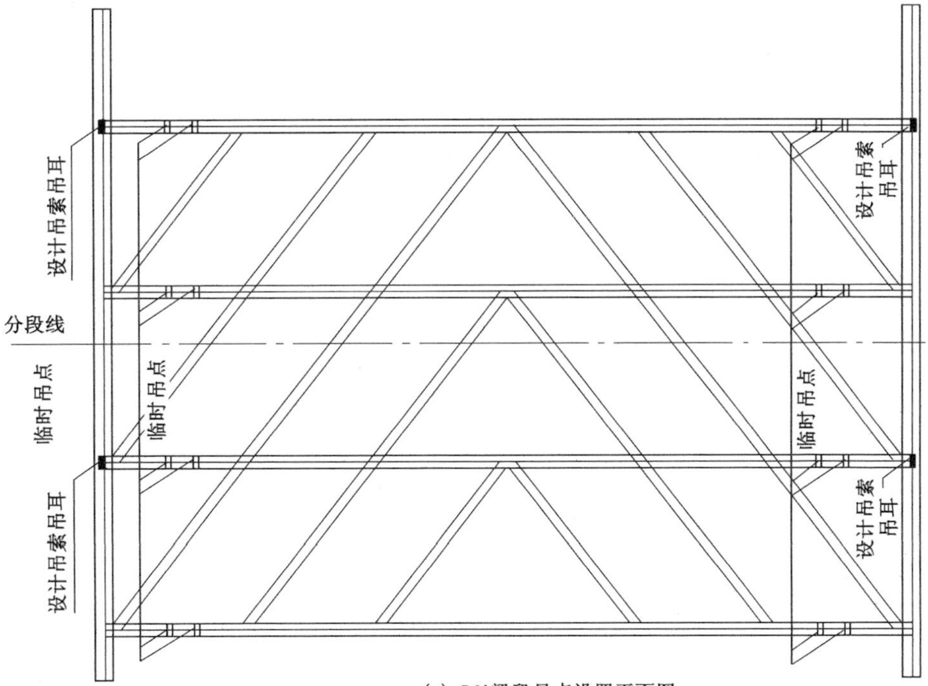

(c) B3′梁段吊点设置平面图

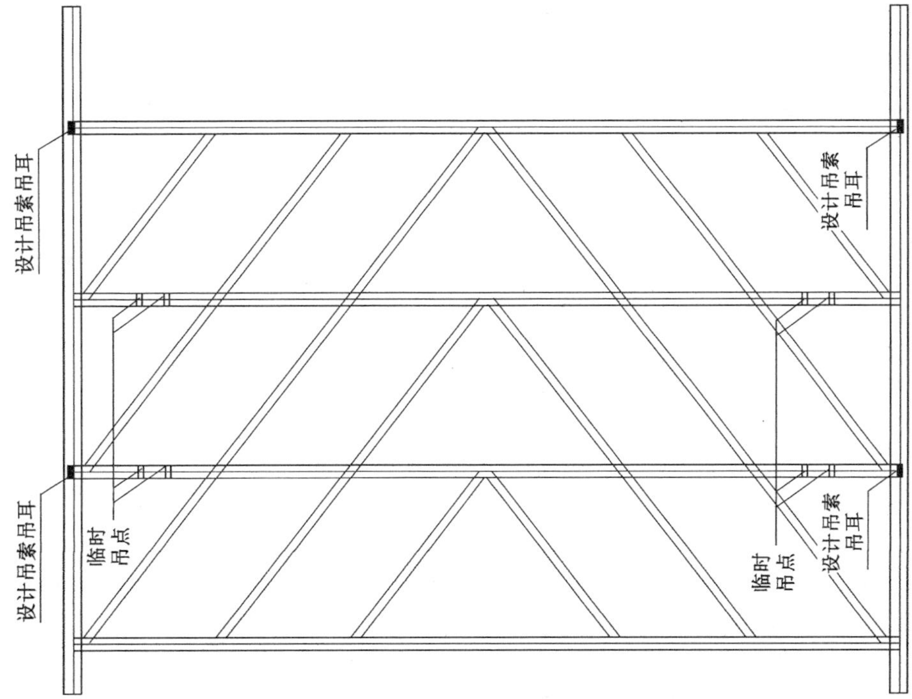

(d) B4′～B17′梁段吊点设置平面图

图 7-13(续)

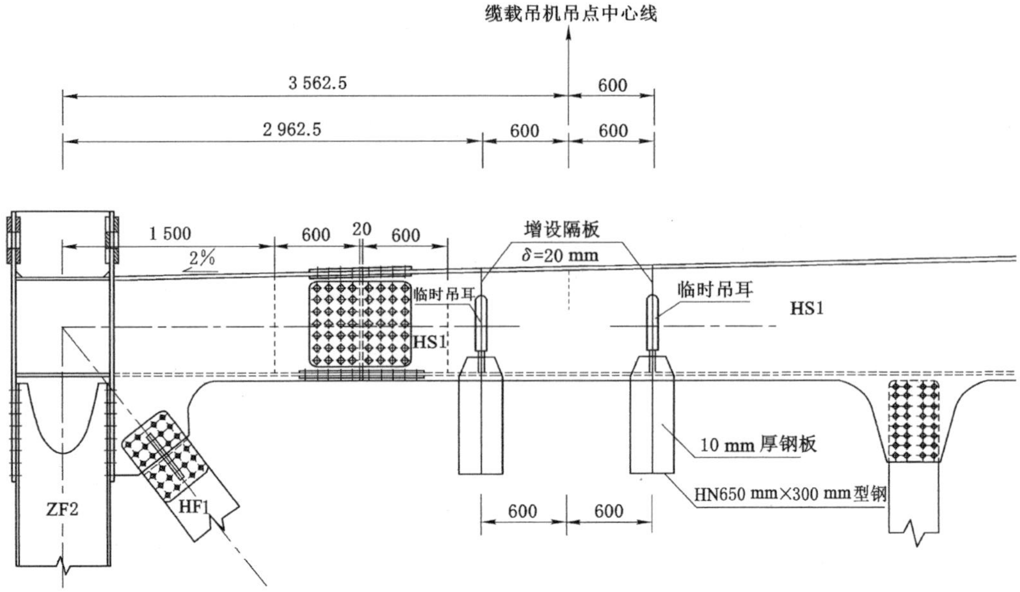

(e) B1′梁段吊点设置断面图

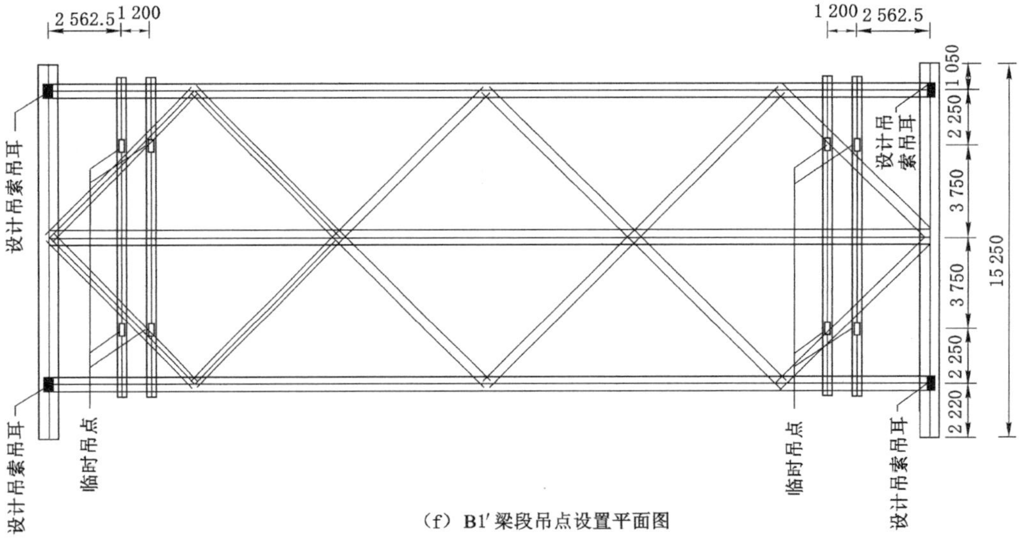

(f) B1′梁段吊点设置平面图

图 7-13(续)

端是无吊索端，待 B2′梁段吊装完成后与其连接固定，所以在 B2′梁段未吊装完成前需要使用临时吊索固定 B1′梁段。B1′梁段经驳船运至栈桥处停靠码头，通过缆载吊机起吊后荡移至搁梁栈桥上，栈桥牵引装置牵引 B1′梁段至塔区，缆载吊机行走至指定位置起吊 B1′梁段，起吊高度比设计高 50 cm，再通过拽拉装置荡移 B1′梁段至设计位置后，靠塔区安装塔连杆，另一端安装临时吊索，详见表 7-3。

表 7-3　近塔端梁(B1 梁段)施工步骤

施工流程
步骤一：B1′梁段经驳船运至栈桥处停靠码头，通过缆载吊机起吊后荡移至搁梁栈桥上，栈桥牵引装置牵引 B1′梁段至塔区
步骤二：缆载吊机行走至指定位置起吊 B1′梁段，起吊高度比设计高 50 cm
步骤三：通过副孔的牵引装置荡移 B1′梁段至设计位置后，靠塔区安装塔连杆，另一端安装临时吊索固定 B1′梁段

① 临时索夹

临时索夹请永久索夹制作单位根据施工工况，参照永久索夹直径设计，其结构尺寸详见图 7-14。

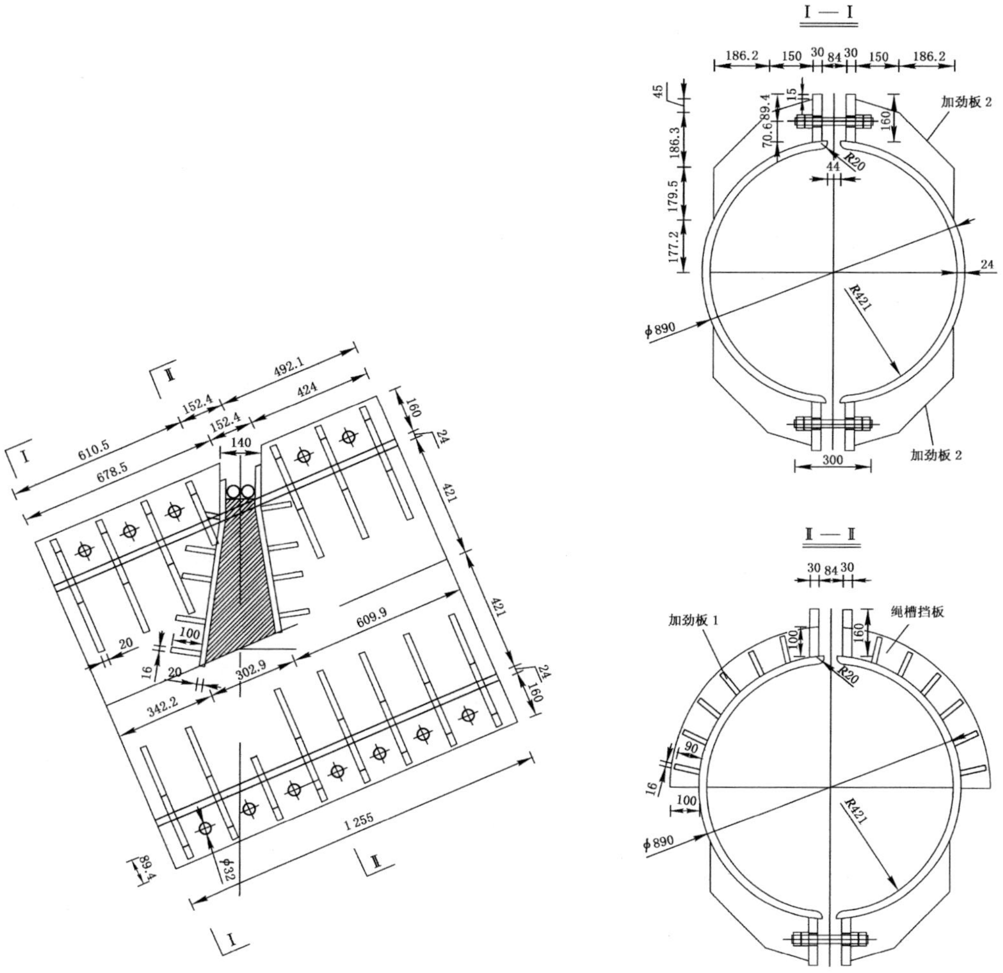

图 7-14　临时索夹结构图

经计算，选取 8 根 M48 螺杆，索夹长度取 1 000 mm。

② 滑车组

根据设计梁重，考虑起吊系统安全系数，采用 300 t 滑车组，安全系数 1.8；钢丝绳走丝 12 道，安全系数约为 6。

滑车组通过临时吊索悬挂在临时索夹上，临时吊索长度和结构参数参照设计图纸制造。上、下滑轮构造如图 7-15 所示。

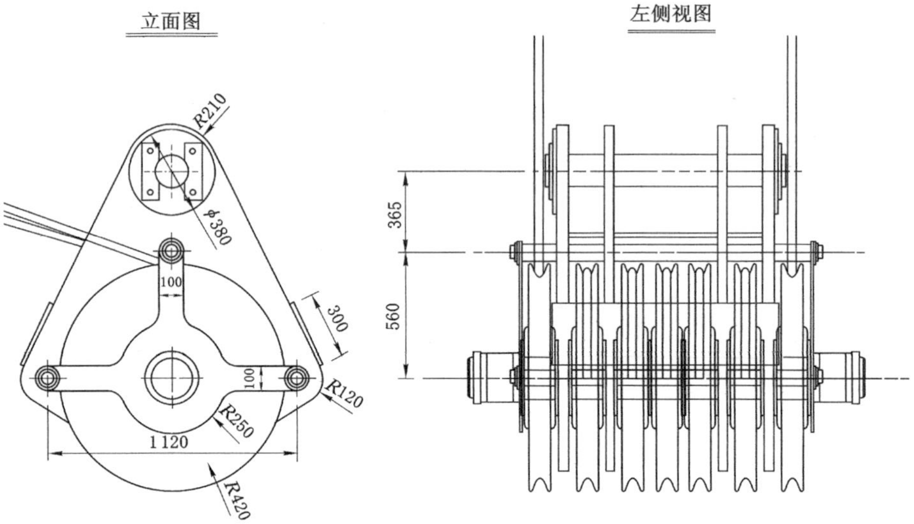

(a) 上滑轮构造

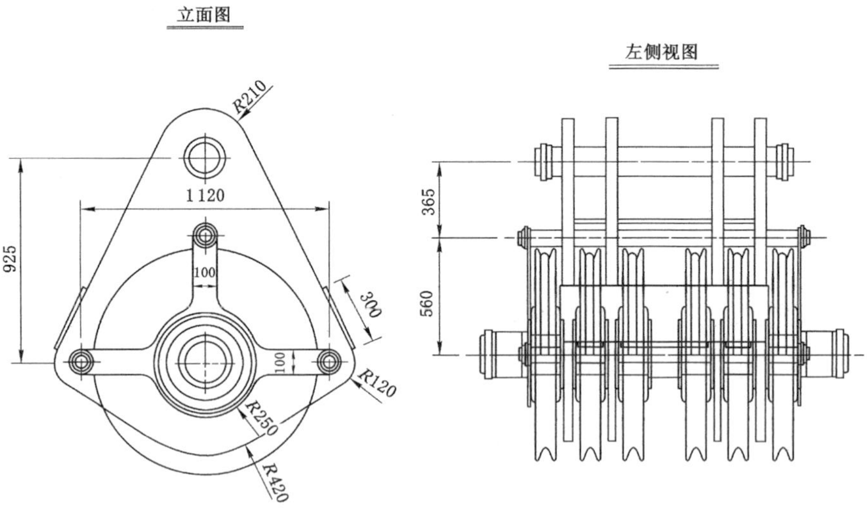

(b) 下滑轮构造

图 7-15　滑轮组构造图

③ 荡移牵引系统

荡移采用 10 t 卷扬机，配 ϕ26 mm 钢丝绳，钢丝绳走 6 丝；前端设置双根 ϕ54 mm 钢丝绳与 80 t 滑轮相连。

根据《重要用途钢丝绳》(GB/T 8918—2006)表 11 可知：ϕ22 mm 钢丝绳破断拉力为 417 kN；ϕ38 mm 钢丝绳破断拉力为 891 kN。

荡移角度为 17°，实际最重梁段为 B1′(256 t)，其单侧荡移牵引力为 78.26/2=39.1 t，实际 ϕ22 mm 钢丝绳受力为 391/6=65.2 kN。

ϕ22 mm 钢丝绳安全系数 K=417/65.2=6.4，满足规范要求的 5～6 倍。

ϕ38 mm 钢丝绳安全系数 K=891/97.8=9.1，满足规范要求的 5～6 倍。

(3) B2′、B3′梁段施工

B2′、B3′梁段属于浅滩区，运梁驳船无法停靠到指点位置，需要通过搭设栈桥把梁移至设计桥位下。B2′、B3′梁段吊装质量约 430 t，缆载吊机起吊后荡移至钢栈桥上的水平拽力及竖向夹角太大，通过计算水平力达到 136 t，竖向夹角最大为 17°。为了保证施工安全，将 B2′、B3′梁段横桥向截断，纵桥向分为 B2′-1、B2′-2、B3′-1、B3′-2 四个梁段，梁段分别通过运梁驳船运至栈桥码头后，通过缆载起吊荡移至栈桥上，再被水平牵引至设计桥位下，并且在栈桥上将 B2′-1、B2′-2、B3′-1、B3′-2 拼装为设计的 B2′、B3′梁段，再通过缆载吊机垂直起吊 B2′、B3′梁段。梁段划分示意图如图 7-16 所示。

(4) 标准梁段施工

河道内标准梁段经驳船运至设计位置下方后，通过缆载吊机垂直起吊至设计位置前端与吊索连接，后端与已安装好的钢桁梁临时连接。

钢桁梁在逐段架设过程中，各梁段采用铰连接。铰设置在钢桁梁上缘，下缘不连接，根据监控方案待桥面板及二期恒载配重并合龙后，进行逐段刚接。

钢桁梁在逐段架设过程中，为控制索塔塔偏量在许可范围内，需对塔顶主索鞍进行顶推。顶推时间、次数和各次顶推量根据塔偏监测结果及监控计算结果决定。拟采用 2 台 500 t 的液压千斤顶进行顶推。

(5) 合龙段施工

钢桁梁在吊装过程中测量已吊装梁段的线性、长度等数据，与模拟施工过程计算结果进行比较，预测和计算合龙空间数据。

步骤一：宜都侧合龙前，利用塔顶 10 t 卷扬机通过副孔现浇段箱梁上安装的定滑轮走丝对 B1′、B2′号梁段进行牵引预偏，使合龙空间大于合龙梁段长度 30 cm 后，通过缆载吊机垂直起吊合龙段。

步骤二：跨缆吊机提升合龙梁段的顶面与相邻梁段底面平齐后，开始慢速提升，同时利用手拉葫芦配合调整合龙段纵向位置，防止梁段间碰撞损坏梁段端口，直至合龙连接完成。

步骤三：合龙段连接时应先与中跨侧梁段进行连接，然后慢慢释放副孔牵引系统的牵引力，使预偏梁段逐渐靠近合龙段，回归原位后调整 2 个梁段高差完成连接合龙。

(6) 梁段间连接

① 梁段间的临时连接。钢桁加劲梁安装全桥共设置 15 组临时铰，钢桁加劲梁吊装阶段进行 10 组临时铰接口的铰固转换，桥面板铺装阶段进行 5 组临时铰接口的铰固转换。其中白洋侧分别在 B16 与 B17、B15 与 B16、B14 与 B15、B13 与 B14、B12 与 B13、B10 与 B11、B8 与 B9 处设置临时铰，如图 7-17 及表 7-4 所示。

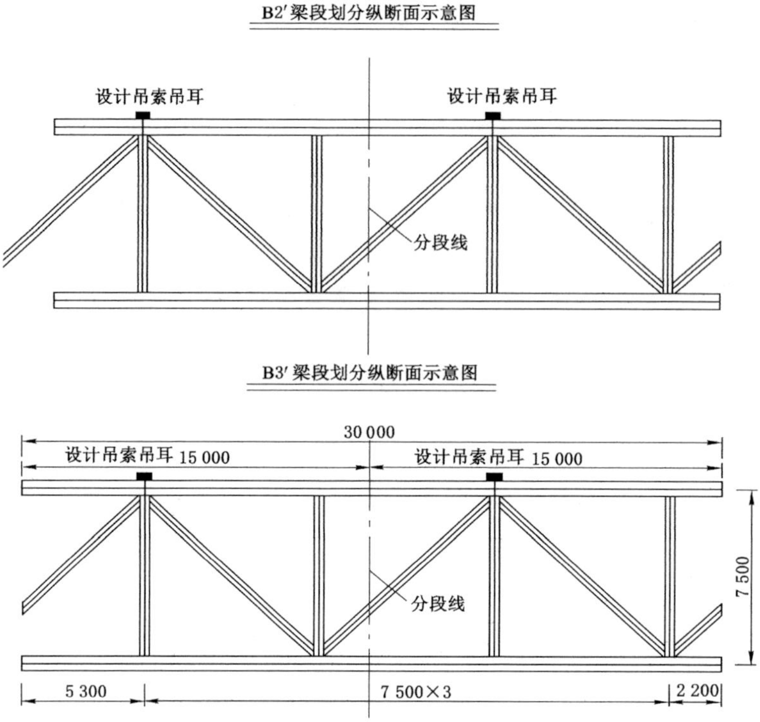

(a) B2′、B3′梁段原设计立面图

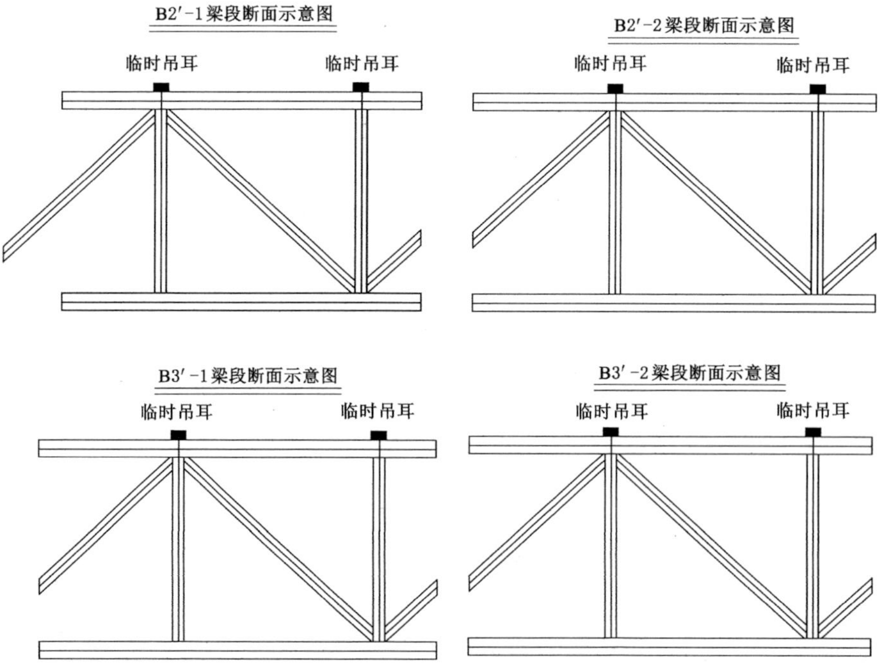

(b) B2′、B3′梁段重新分段后立面图

图 7-16　梁段划分示意图

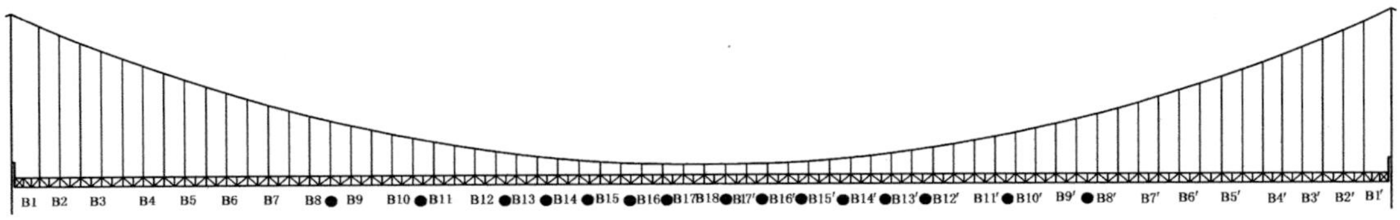

图 7-17　临时铰设置

表 7-4　临时铰设置位置

铰序号	左梁段号	右梁段号	铰序号	左梁段号	右梁段号
J01	B8	B9	J09	B17′	B16′
J02	B10	B11	J10	B16′	B15′
J03	B12	B13	J11	B15′	B14′
J04	B13	B14	J12	B14′	B13′
J05	B14	B15	J13	B13′	B12′
J06	B15	B16	J14	B11′	B10′
J07	B16	B17	J15	B9′	B18′
J08	B18	B17′			

临时连接采用冲钉和螺栓进行。根据《公路桥涵施工技术规范》(JTG/T 3650)，采用悬臂或半悬臂法拼装钢梁时，连接处所需冲钉数量应按所承受荷载计算决定，但不得少于孔眼总数的一半，其余孔眼布置精制螺栓。临时螺栓采用普通扳手施拧，只需要把螺帽带上，不能拧紧，以免对连接板造成影响。

② 梁段间的永久连接。根据监控单位的监控指令，开始对梁段采用高强度螺栓进行永久连接，并及时初拧到位，再去掉临时连接的螺栓和冲钉，换上高强度螺栓并初拧到位，最后将所有的高强度螺栓终拧到位。根据《钢结构高强度螺栓连接技术规程》(JGJ 82)规定，高强度螺栓连接的拧紧分为初拧、复拧和终拧，拧紧应使用定扭矩扳手。临时铰刚接时机如表 7-5 所示。高强度螺栓的设计预拉力、施工预拉力应符合表 7-6 的规定。

表 7-5　临时铰刚接时机

铰序号	刚接时机	铰序号	刚接时机
J01	B6、B6′吊装后	J09	B10、B10′吊装后
J02	B7、B7′吊装后	J10	B7、B8(B7′、B8′)两侧桥面系铺设完
J03	B5、B6(B5′、B6′)两侧桥面系铺设完	J11	B9、B9′吊装后
J04	B9、B9′吊装后	J12	B8、B8′吊装后
J05	B8、B8′吊装后	J13	B5、B6(B5′、B6′)两侧桥面系铺设完
J06	B10、B10′吊装后	J14	B7、B7′吊装后
J07	B17、B18(B17′、B18′)两侧桥面系铺设完	J15	B6、B6′吊装后
J08	B7、B8(B7′、B8′)两侧桥面系铺设完		

表 7-6　高强度螺栓预拉力　　单位：kN

螺纹规格	M22	M24	M27	M30
设计预拉力 P	200	230	300	370
施工预拉力 P_0	220	253	330	407

③ 大六角头高强度螺栓连接副用扭矩拧紧法。高强度螺栓施工步骤如下：

a. 施工准备。螺栓运到工地后，应先按螺栓、螺母、垫圈清点配套，并按螺栓长度分类造册，分箱存于专设的螺栓库中，接着进行栓合面摩擦因数复查。

b. 紧固工具。高强度螺栓需要的工具主要是扳手，分人工扳手和机动扳手两大类，机动扳手又分为风动和电动两类。为提高栓合效率，还需要平衡器，以平衡电动、风动扳手的重力。

c. 栓合方法。高强度螺栓栓合方法主要有扭矩法、转角法和扭角法。其施工工艺和注意事项如下：

——钢桥拼装所使用的高强度螺栓长度，必须符合拼装图要求。

——组装螺栓时，必须注意将垫圈孔内径倒角处与螺栓颈过渡圆弧处相配合，不得反装。

——螺栓穿装方向要正确，主桁节点螺栓向外穿，纵梁上下翼缘和上下平联向下穿。

——穿螺栓时，除个别死角处及纵梁上翼缘连接螺栓可旋拧六角外，其余必须旋拧螺母。

——雨天不得施拧螺栓作业；雨后拼装作业时，如栓合板、螺栓尚未干燥，应用高压风吹干再进行。

——初拧可用人工扳手、风动扳手或电动扳手；拧螺栓的顺序为由节点中央逐渐向四周边缘进行；大节点板应从板的中央顺杆向外进行。

——初拧须使板层达到密贴并使螺栓受到不小于设计轴力 20％的预拉力；采用松扣复拧办法时，按所拟定的施工工艺进行；最后终拧。

d. 施拧质量检查：

——由专人负责施拧质量检查，当天的高强度螺栓当天检查完毕，并做好检查记录。

——螺栓抽查数目：主桁大、小节点，纵横梁及联结系的每一螺栓群中检查的数目为其总数的 5％，其中每个主桁大节点不得少于 5 套。

——初拧检查，用 0.3 kg 小锤敲击螺母一侧，用手按住相对的另一侧，如颤动较大者即认为不合格，应予再初拧。初拧检查由施拧班组自检。

——终拧检查，先按前述检查划线错开情况的办法，确定初拧时有无漏拧以及垫圈或螺栓是否随螺母转动，之后用表盘扳手进行紧扣检查（如螺栓随螺母转动，应卡死螺栓头）。紧扣检查扭矩的超拧值或欠拧值均不得大于规定值的 10％（“规定值”通过试验确定）。

——“紧扣检查”即对已终拧高强度螺栓沿拧紧方向转动螺母，检查螺母刚刚转动时的紧扣扭矩。紧扣检查前，先在螺母、垫圈上划一细直线，以观测螺母转动情况。检查合格，在螺栓末端点以黄色油漆标记。

——每个节点或栓群抽查的螺栓，其不合格者不得超过抽查总数的 20％，对不合格的螺栓群应继续抽查，直到累计总数有 80％的合格率为止。然后对欠拧者（含漏拧者）补拧，对超拧者(含垫圈转动者)更换。

e. 钢桁梁吊装时注意事项:

——吊装指挥小组统一指挥信号,做到令行禁止,吊装作业由专人指挥,参加吊装的起重人员必须掌握作业的安全要求,做到分工明确。

——吊装作业前必须严格检查起重设备各部件的可靠性和安全性,并进行试吊。

——各种起重机械不得超负荷运行。

——吊装期间,若有相关焊接、氧割作业,禁止与钢绳、吊具、滑块等接触,不得损伤任何吊装设备。

——吊装作业期间,两岸设置安全检查组,负责检查索卡、卷扬机等有无移位、钢丝间有无接触交叉、滑轮是否转动、吊装系统配合是否正常等情况;如遇不良情况,及时向现场指挥报告,以做出及时的处理。

——作业人员应及时了解本地的气象和水文情况,遇大风天气,或者遇有雨(雾)天、视线不清时不得进行吊装作业。

参考文献

[1] 广东省长大公路工程有限公司.长大悬索桥施工技术手册[M].北京:人民交通出版社,2014.

[2] 黄小峰.大跨径钢桁悬索桥新施工技术控制研究[D].广州:华南理工大学,2012.

[3] 刘祖雄.基于BIM技术的施工材料精细化管理的应用研究[D].武汉:武汉理工大学,2018.

[4] 钱冬生,陈仁福.大跨悬索桥的设计与施工[M].成都:西南交通大学出版社,1999.

[5] 铁道部大桥工程局桥梁科学研究所.悬索桥[M].北京:科学技术文献出版社,1996.

[6] 严国敏.现代悬索桥[M].北京:人民交通出版社,2002.

[7] 伊藤学,川田忠树.超长大桥梁建设的序幕[M].刘健新,和丕壮,译.北京:人民交通出版社,2002.

[8] 中国建筑科学研究院,海南建设工程股份有限公司.建筑与桥梁结构监测技术规范:GB 50982—2014[S].北京:中国建筑工业出版社,2014.

[9] 中国交通建设股份有限公司.桥梁标准化施工指南:第五分册 悬索桥[M].北京:人民交通出版社,2017.

[10] 中交第一公路工程局有限公司.公路桥涵施工技术规范:JTG/T F50—2011[S].北京:人民交通出版社,2011.

[11] 中交公路规划设计院有限公司,哈尔滨工业大学.公路桥梁结构安全监测系统技术规程:JT/T 1037—2016[S].北京:人民交通出版社,2016.

[12] 周昌栋,谭永高,宋官保.悬索桥上部结构施工[M].北京:人民交通出版社,2004.

[13] 周孟波.悬索桥手册[M].北京:人民交通出版社,2003.

[14] 朱众.大跨度悬索桥桥梁健康监测系统设计与实现[D].西安:长安大学,2019.